종합대표기도문

머리말

이 책에는 우리가 1년(52주) 동안 사용할 수 있는 공예배 대표 기도문과 절기 때 사용할 수 있도록 절기에 맞춘 대표 기도문, 교회력에 따른 대표 기도문을 실었습니다.

그리고 상황마다 사용할 수 있는 주제별 대표 기도문, 심방 대표 기도문이 실려 있습니다. 더불어 말씀을 통해 기도할 수 있도록 말씀을 의지한 대표기도의 예를 몇 개 실어 보았습니다. 물론 이 기도문을 그대로 사용해도 무관하겠지만 기도해야 할 상황에 따라 많은 수정이 불가피할 수도 있습니다. 상황에 맞게 사용하시는 것이 옳은 줄 압니다.

누구나 대표기도에 대한 부담감을 가지고 있습니다. 그러나 저는 이것을 "거룩한 부담감"이라 말하고 싶습니다. 목사가 되어 주님의 일을 하는 것이 부족한 제겐 얼마나 부담으로 다가오는지 모릅니다. 그러나 저는 압니다. 그것이 거룩한 부담감이란 것을 말합니다. 이 거룩한 부담감이 우리를 중 안에서 자라게 할 것입니다.

이 책을 통해서 거룩한 부담감을 조금이라도 같이 나눌 수 있다면 만족합니다. 주께 헌신하며 올바로 섬기기로 노력하는 여러분에게 하나님의 축복이 함께 하길 기도합니다.

Contents _ 목차

머리말 / 3
예수님이 가르쳐주신 기도의 비유 / 6

I. 52주 예배 대표 기도문 ··· 16~303

1월 대표기도문	/ 16~39	7월 대표기도문	/ 160~183
2월 대표기도문	/ 40~63	8월 대표기도문	/ 184~207
3월 대표기도문	/ 64~87	9월 대표기도문	/ 208~231
4월 대표기도문	/ 88~111	10월 대표기도문	/ 232~255
5월 대표기도문	/ 112~135	11월 대표기도문	/ 256~279
6월 대표기도문	/ 136~159	12월 대표기도문	/ 280~303

II. 교회력에 따른 대표기도문 ································· 306~337

주현절 대표기도문 / 306~309
사순절 대표기도문 / 310~313
종려주일 대표기도문 / 314~317
고난주간 대표기도문 / 318~321
부활절 대표기도문 / 322~325
성령강림절 대표기도문 / 326~329
대강절 대표기도문 / 330~333
성탄절 대표기도문 / 334~337

III. 절기와 기념일에 따른 대표기도문 ······ 340~373

신년감사예배 대표기도문 / 340~343
설날주간 대표기도문 / 344~347
삼일절기념주일 대표기도문 / 348~349
어린이주일 대표기도문 / 350~353
어버이주일 대표기도문 / 354~357
현충일기념주일 대표기도문 / 358~359
맥추감사절 대표기도문 / 360~361
종교개혁주일 대표기도문 / 362~365
추수감사주일 대표기도문 / 366~369
송구영신예배 대표기도문 / 370~373

IV. 심방 대표기도문 ······ 376~409

대심방 대표기도문 / 376~379
첫돌 감사예배 대표기도문 / 380~381
개업 감사예배 대표기도문 / 382~385
수연·고희 감사예배 대표기도문 / 386~389
출산가정 심방 대표기도문 / 390~393
이사한가정 심방 대표기도문 / 394~397
신앙생활을 시작한가정 심방 대표기도문 / 398~401
병원입원 심방 대표기도문 / 402~405
장례예배(임종시) 대표기도문 / 406~407
장례예배(하관시) 대표기도문 / 408~409

V. 말씀에 의지한 대표기도문 ······ 412~439

예수님이 가르쳐 주신 기도의 비유
(누가복음11장1-13절)

기도를 가르쳐 주소서.

　예수님께서 기도를 마치시고 제자들에게 내려오실 때의 일이었습니다. 12제자 중 하나가 예수님에게 이렇게 부탁합니다.
　"주님, 요한은 자기 제자들에게 기도를 가르쳐 줍니다. 요한이 자기 제자들에게 기도를 가르쳐 준 것처럼 우리에게도 기도를 가르쳐 주십시오."
　예수님의 대답은 기도의 한 모델을 보여 주는 것이었습니다.
　"너희는 기도할 때 이렇게 기도해라."
　"아버지여, 이름이 거룩히 여김을 받으시오며, 나라이 임하옵시며 우리에게 날마다 일용할 양식을 주옵시고, 우리가 우리에게 죄지은 모든 사람을 용서하오니 우리 죄도 사하여 주옵시고 우리를 시험에 들게 하지 마옵소서."

　예수님은 제자들에게 이렇게 기도할 것을 말씀하시면서 두 가지의 비유를 들어 기도를 설명해 주셨습니다. 그 중 한 가지의 비유는 이렇습니다.

한 사람이 여행 중에 자신의 먹을 것이 떨어져서 친한 친구에게 찾아갔습니다. 너무 늦은 밤이기도 했지만, 이 친구에게는 이 사람을 먹일 만한 빵이 없었습니다. 이 친구는 한 가지 생각을 했습니다. 자신의 또 다른 친구에게 찾아가서 먹을 것을 달라고 요청하기로 했습니다.

모든 사람이 깊이 잠든 밤 문을 두드리는 소리가 들렸습니다.

"여보게 친구, 지금 내 친구가 찾아왔는데 내가 친구에게 줄 빵이 없네. 자네가 있으면 빵 세 덩이를 좀 내어주게!"

예수님은 이제 제자들에게 묻습니다.

"자, 너희들이 그 집 주인이라면 밤늦게 찾아와 세 덩이의 빵을 구하는 친구에게 '이보게, 나를 괴롭게 하지 말게! 우리는 이미 불을 끄고 자리에 누웠네, 아이들은 깊이 잠들어서 자네에게 빵을 내어 줄 수 없네' 이렇게 말하겠느냐?"

"아마, 친구이기 때문에 일어나지 못할지는 모르지만, 그가 부탁하는 그 간절한 부탁 때문에는 일어나서 빵을 내어 줄 것이다."

기도를 들으시는 하나님은 우리의 아버지

누가복음 11장 8절에는 한 밤중에 친구 집에 찾아와 떡 세 덩이를 구한 친구의 요구를 '강청함'이라고 표현하고 있습니다. 이 '강청한다'는 뜻은 '파렴치하다'는 뜻입니다. '뻔뻔하게 요구하다'는 뜻입니다. 생각해 보십시오. 한 밤중에 난데없이 찾아와 빵을 달라는 것이 옳은 일입니까? 아닙니다 그것은 참으로 무례한 행동입니다. 그러나 예수님은 말씀하십니다. 그가 친구이기 때문이 아니라, 그의 강청함 때문에라도 친구에게 빵을 제공할 것이라고 말입니다.

　예수님께서 제자들에게 기도를 가르치시며 제자들에게 요구한 것은 기도의 방법이나 순서가 아니었습니다. 예수님께서 제자들에게 가르치신 것은 기도의 태도였습니다. 기도하는 자가 어떤 자세로 기도해야 하는가? 그것을 예수님께서 제자들에게 가르치고 싶으셨던 것입니다.

　예수님께서 제자들에게 가르치고자 하셨던 태도는 바로 뻔뻔함입니다. 하나님 앞에 뻔뻔한 요구를 하라는 겁니다. 체면 불구하고 한 밤중에 찾아가 친구에게 빵을 요구한 사람처럼 그렇게 뻔뻔하라는 겁니다. 우리가 여기서 놓치지 말아야 할 중요한 이유가 있습니다. 우리가 이렇게 가지 하나님께 뻔뻔하게 기도할 수 있는 이유 그것은 어디서 비롯되어야 하는가가 더 중요합니다. 그 이유를 바로 알아야지만 우리는 하나님 앞에 뻔뻔할 수 있는 것입니다. 그 이유는 예수님의 기도에서 찾아볼 수 있습니다.
　예수님께서 제자들에게 처음으로 기도를 가르쳐 주셨을 때 예수님은 제자들에게 하나님을 아버지로 부르라고 하셨습니다.

"아버지여, 이름이 거룩히 여김을 받으시오며"

주기도문의 첫 부분은 아버지로 시작합니다. 우리의 기도를 들으셔야 할 대상이, 우리가 기도해야 할 대상이 바로 우리의 아버지라는 겁니다.

그래서 우리도 그렇게 기도합니다.
"하늘에 계신 우리 아버지"

그렇습니다. 우리가 하나님께 뻔뻔하게 요구하고 기도할 수 있는 가장 근본적인 이유는 하나님이 우리의 아버지이시기 때문입니다. 다시 말하면, 하나님은 우리의 아버지이기 때문에 우리의 요구를 들어줄 의무가 있다는 겁니다.

그렇기 때문에 뻔뻔하게 기도할 수 있는 것입니다. 아무리 큰 죄를 지어도, 믿음 생활 제대로 못해도, 우리는 구할 수 있는 것입니다. 이것은 예수님께서 하신 두 번째의 비유에서 더 확실하게 드러납니다. 설명이 필요 없는 부분이기 때문에 그 본문 전체를 살펴보겠습니다.

"내가 또 너희에게 이르노니 구하라 그러면 너희에게 주실 것이요 찾으라 그러면 찾을 것이요 문을 두드리라 그러면 너희에게 열릴 것이니 구하는 이마다 받을 것이요 찾는 이가 찾을 것이요 두드리는 이에게 열릴 것이니라 너희 중에 아비 된 자 누가 아들이 생선을 달라하면 생선 대신 뱀을 주며, 알을 달라하면 전갈을 주겠느냐 너희가 악할지라도 좋은 것을 자식에게 줄줄 알거든 하물며 너희 천부께서 구하는 자에게 성령을 주시지 않겠느냐 하시니라"(눅11:9-13)

여러분이 본문에서 우리가 가장 기억해야 할 말이 있다면 '하물며 너희 천부께서'입니다. 예수님의 말씀은 이런 것입니다.
"하물며, 하나님이 너희의 아버지이신데, 구하는 자들에게 성령을 주시지 않겠느냐"
하나님이 우리의 아버지이시기에 우리는 구할 수 있고, 찾을 수 있고, 문을 두드릴 수 있는 것입니다. 그래서 누가복음 11장의 기도의 비유는 아버지로 시작해서 아버지로 끝을 맺습니다. 그만큼 우리가 기도할 때 하나님을 우리의 아버지로 인식하는 것이 중요하다는 뜻입니다. 하나님을 우리의 아버지로 인식하지 못한다면 우리는 여전한 기도를 할 수 없습니다.

하나님을 우리의 아버지로 인식하지 못한다면 우리가 주님 앞에 온전하고 실수가 없을 때에만 구할 수 있을 것입니다. 그러나 우리가 주 앞에 온전하지 못하고, 실수가 많아도 여전히 기도할 수 있는 것은 하나님이 우리의 아버지이시기 때문인 것입니다. 어린아이가 기저귀가 펑할 정도로 오줌을 싸고도 당당하게 울 수 있는 이유는 당신이 우리 엄마 아빠니까 빨리 기저귀 갈아달라는 겁니다.

오줌 싼 놈이 되려 큰 소리 치는 이유가 무엇입니까?
엄마 아빠는 아기의 귀저기를 수시로 갈아줘서 아기가 편안할 수 있도록 만들어 주어야 할 의무가 있기 때문입니다. 이것이 바로 아버지와 아들의 관계입니다.

무엇까지 기도해야 하는가?

다시 첫 번째 비유로 돌아가 봅시다. 예수님께서 말씀해 주신 첫 번째 기도 가운데서 우리는 무엇까지 기도해야 하는가의 원칙을 배우게 됩니다. 한 밤중에 친구의 집에 찾아가 온통 난리를 부리며 요구한 것이 무엇이었습니까?
빵 세조각 이었습니다. 많은 돈을 요구한 것도 아닙니다. 생명을 요구한 것도 아닙니다. 빵 세 조각이 없으면 한 끼 굶어도 상관이 없습니다. 그러나 이 친구는 한밤 중에 찾아가 나리를 피우며 빵을 요구했다고 예수님은 말씀하셨습니다.

지금 이 친구는 어마 어마한 것을 가지고 친구에게 찾아간 것이 아니라 한 끼의 밥을 가지고, 빵 한 조각을 요구하기 위해 찾아간 것입니다. 이것은 우리가 어떤 기도제목을 가지고 하나님께 나아가야 하는가를 단편적으로 보여주고 있는 것입니다. 사소한 것까지라도 기도하지 않아도 될 것 같은 것까지라도 하나님께 가져올 것을 말쓸하신 것입니다. 그 어느 것 하나도 기동 하지 않을 것이 없습니다. 어떤 것이라도 우리의 기도는 가능한 것입니다.

하루는 엘리사에게 선지 생도들이 찾아와 선지 학교의 기숙사가 좁아 학생들이 머무를 수 없기 때문에 요단에 가서 나무를 베어 집을 지을 것을 허락하길 원했습니다. 엘리사는 그것을 허락했고, 그 또한 그 자리에 함께 했습니다. 한참을 나무를 베다가 선지자의 생도 중 한 사람의 도끼날이 그만 자루에서 빠져나와 강으로 빠지고 말았습니다.

더욱더 안타까운 것은 강에 빠진 도끼는 빌려온 것이었기에 책임을 져야 할 입장이었습니다. 선지 생도들은 너무 가난하였기에 도끼를 새로 사서 줄만한 여유도 없었습니다. 이들은 선지자 엘리사를 생각했고, 엘리사에게 문제를 해결해 줄 것을 요구했습니다.

엘리사는 나뭇가지를 베어 강물에 던졌고, 기적적으로 도끼가 물 위에 떠올랐습니다. 근신 가운데 있던 선지자의 생도는 오히려 큰 기쁨을 맛보게 되었습니다.

이 말씀은 왕하 6:1-7절까지 기록되어 있습니다. 이 말씀이 기록된 위치에 관심을 가져야 할 이유가 있습니다. 왕하 5장부터 7장까지는 이스라엘과 아람 나라와의 관계 가운데서 이스라엘을 구원해 내시는 하나님의 능력이 기록된 장입니다. 그런데, 그 한가운데 전혀 어울리지 않게 선지자 생도의 도끼를 떠오르게 한 사건이 기록되어 있습니다. 보통 문맥적인 흐름을 방해하지 않기 위해서라면 도끼가 떠오른 사건은 기록하지 않거나, 아니면 아람 나라와 이스라엘과의 관계에 대한 기술이 끝나고 기록했어도 무관합니다.

그런데 성경은 그 한 가운데 도끼가 떠 오른 사건을 기록하고 있습니다. 이것은 오히려 문맥의 흐름을 방해하는 것이 아니라, 오히려 본문의 의미를 더욱더 정확하게 하고 있습니다. 즉, 이스라엘에게 베푸셨던 하나님의 권능은 한 개인의 사소한 일에도 결코 소홀히 하지 않는다는 것입니다.

그러므로 크고 작은 일에도 우리는 여전히 하나님의 권능을 의지하고 기도해야 함을 성경은 알려주고 있는 것입니다. 비록 드러나지 않는다고 할지라도 하나님은 이처럼 우리의 세세한 부분까지 돌보고 계시다는 겁니다. 그러기에 우리는 이렇게 사소한 것까지 하나님께 구해야 하는 것입니다.

방법이 아닌 태도

많은 사람들은 기도의 방법에 대해서 배우려고 노력합니다. 그래서 기도의 다섯 손가락이나, 여러 가지 기도 훈련을 하려고 합니다. 이것은 참으로 중요한 일입니다. 그러나 그것보다 오히려 선행

되어야 할 것이 있다면, 기도하는 자의 자세, 곧 기도하는 우리가 취해야 할 태도에 대한 것입니다.

예수님은 제자들에게 기도를 가르치신 후 두 가지 비유를 통해서 우리에게 기도자의 자세에 대해서, 기도자가 취해야 할 태도에 대해서 말씀하고 계십니다.

첫째로 요구되는 태도는 하나님을 우리의 아버지로 인식하라는 것입니다. 그래야만 기도가 가능하기에 예수님은 그것을 첫 번째로 말씀하셨습니다. 또 하나, 무엇까지 구해야 하는가에 대한 태도입니다. 이것에 대한 자세는 우리가 구하지 못할 것은 없다는 것입니다. 어떤 것이든 우리는 주께 구할 수 있고, 요구할 수 있습니다.

사랑하는 여러분, 이제 우리는 기도의 방법뿐 아니라, 기도의 태도를 갖추는데도 우리의 열정을 기울여야 할 것입니다.

52주 대표기도문

1월 대표기도문

2월 대표기도문

3월 대표기도문

4월 대표기도문

5월 대표기도문

6월 대표기도문

7월 대표기도문

8월 대표기도문

9월 대표기도문

10월 대표기도문

11월 대표기도문

12월 대표기도문

1월 첫째 주 대표기도문 ①

날을 정하시고
날의 시작과 끝을 주관하시는 하나님

▍ 가슴 벅찬 새해를 허락하시고 새해의 시작을 예배로 시작하게 하신 은혜 감사합니다. 이스라엘 백성들이 새로운 일의 시작을 제사로 시작했던 것처럼 이 한 해의 시작도 예배로 시작하길 원하오니 우리가 드리는 예배 가운데 큰 영광으로 임재하여 주옵소서.

어제나 오늘이나 변함없는 은혜로 저희와 늘 동행하시는 하나님 이 한 해도 주께서 우리의 삶 가운데 동행하시어 주께서 원하시고 기뻐하시는 복된 한 해가 되도록 인도하여 주옵소서. 역대기에 기록되어진 야베스의 기도처럼 올 한 해 교회에 속한 모든 사랑하는 성도들에게 복에 복을 더하사 그들의 지경이 넓어지게 하시고, 주의 손이 도우심을 경험하게 하시어 모든 환난을 벗어나 근심이 없으며 기쁨이 넘치는 한 해가 되게 하옵소서.

주께서 피 값으로 세우신 교회가 이 땅 가운데서 빛과 소금의 역할을 다하게 하시며, 목사님과 모든 성도들이 하나 되게 하시어 주의 일을 아름답게 감당해 가도록 인도하여 주옵소서. 서로가 섬기며 사랑하게 하시어 나눔과 섬김의 기쁨을 누리는 복된 교회가 되게 하여 주옵소서. 갈길 몰라 헤매는 많은 사람들에게 삶의 지표를 제시하며, 지역사회 모든 사람들에게 정말로 필요한 교회로 인식되도록 주께서 인도하여 주옵소서. 교회에 속한 각 기관들 마다 올해는 갑절이나 부흥되어 하나님 나라가 성장되어지는 기쁨을 맛볼 수 있길 원합니다. 세우신 기관장들과 교사들에게 직분을 감당할 수 있는 능력을 허락하옵소서.

나라를 다스리는 대통령과 위정자들이 국민을 위해 자신을 희생할 수 있게 하시고 하나님을 경외함으로 섬길 수 있는 복을 허락하옵소서. 우리의 귀에 들려오는 소식들마다 감격되는 소식들, 감사하는 소식들이 들려올 수 있는 나라 되게 하옵소서.

오늘 말씀을 듣고 단 위에 서신 목사님을 성령 충만으로 채우시사 우리의 삶을 변화시키며, 좌절이 희망으로 바뀌는 복된 말씀이 선포되도록 인도하여 주옵소서. 성도들을 푸른 초장과 맑은 물가로 인도할 수 있는 좋은 목회자 되도록 은혜를 날마다 부어 주옵소서. 말씀 듣고 힘을 얻어 세상과 담대히 싸워 우리의 믿음의 승리를 보일 수 있는 복된 말씀을 주옵소서. 우리 구주 예수 그리스도의 이름으로 기도드립니다. 아멘

1월 첫째 주 대표기도문 ❷

거룩하고
자비로우신 하나님 아버지

▌새해 첫 주일을 맞이하여 우리를 주의 집에 불러주신 은혜에 감사합니다. 새 날을 맞아 벅찬 감격을 가지고 주님 앞에 나왔지만 여전히 우리의 심령이 성결하지 못함을 고백합니다.

이제껏 성결한 삶을 살기에 게을렀던 우리를 용서하시고, 깨끗한 심령으로 주님의 영광을 대할 수 있도록 정결한 마음을 주옵소서.

올해에는 늘 새로움으로 거듭나는 한 해가 되게 하시고, 우리뿐만 아니라 진실로 하나님을 섬기는 이 나라 모든 백성이 열심히 주님의 나라와 의를 구하는 한 해가 되게 하여 주옵소서. 또한 이 땅이 주의 뜻 안에서 자유하게 하시고 나라의 모든 위정자들이 주님의 공의를 나타내는 한 해가 되게 하여 주옵소서.

경제가 원활하게 돌아가게 하사 어려움 당하는 자들이 없게 하시며, 서로가 서로를 격려하며 칭찬하는 나라가 되게 하옵소서.

우리 가운데 질병으로 고생하는 성도들, 실직으로 인하여 아파하는 성도들, 물질적인 문제로 근심 중에 있는 성도들, 진학 문제로,

때로는 자녀의 문제, 그리고 신앙의 문제로 고민하는 성도들이 있습니다. 그들에게 주의 광명의 빛을 비추시사 모든 문제가 해결되게 하시고, 삶의 새로운 희망이 샘솟도록 인도하여 주옵소서.

새해를 맞이하여 주의 몸 된 교회를 위하여 새로이 사명을 감당할 임원들이 뽑혔사오니 임명된 일꾼들이 맡은 직임에 충성을 다하게 하시며 주님의 은혜로 일꾼 되었사오니 교만함과 나태함으로 주님의 영광을 가리는 일이 없도록 언행을 주장하시며 열심히 변치않도록 지켜 주옵소서. 서로서로 뜨겁게 사랑하여 부흥하는 원년이 되게 하여 주옵소서.

이 시간 우리를 위하여 예비하신 목사님과 함께 하사 성령의 은총을 허락하시고 성가대의 찬양을 기쁘게 받으시고 하늘 문을 열어 우리의 예배를 기쁘게 받아 주옵소서. 세우신 목사님을 통하여 우리에게 하늘의 비밀을 알 수 있도록 축복하여 주옵소서.
　예배의 시종을 주님께 의탁하오며 나의 죄를 보혈로 씻으신 우리 구주 예수 그리스도의 이름으로 기도드립니다. 아멘

1월 첫째 주 오후예배 기도문

온누리에 은혜를 주시어
새로움으로 거듭나게 해 주신 하나님!

새해의 주일 첫 예배를 주님 앞에 드리게 됨을 감사드립니다. 주신 날의 하루하루를 허송하지 않게 하시며, 열심히 주를 섬길 수 있는 날들이 되게 하여 주옵소서. 우리의 심령이 어린아이처럼 순전하게 주님만을 찬양하며 바라볼 수 있도록 축복하여 주시고 지난날 가난함과 가뭄과 실의와 고통 속에서 괴로워하던 저희들 모두가 새 소망을 가지고 주님 나라를 위하여 삶을 살아갈 수 있도록 축복하여 주옵소서.

오직 신령한 꿀을 먹고 하나님의 자녀가 되는 축복을 믿지 않는 이웃에게 전할 수 있는 힘을 주시고, 우리의 증거로 인하여 그들의 집과 가족이 구원받을 수 있도록, 예수 그리스도를 주님으로 영접하는 축복을 허락하여 주옵소서.

우리의 삶이 예수님의 향기가 날리는 거룩한 삶이 되도록 주의 인도를 구하오니 주님 허락하여 주옵소서. 죄악 된 우리를 거룩하게 하시고, 약한 우리를 강하게 하시며 어리석은 우리를 지혜롭게 하시어 우리 구주 되시는 예수님의 삶을 더욱더 깊이 깨닫는 한 해가 되게 하시며, 그의 사랑이 우리의 심령에 물같이 흐르게 하여 주옵소서. 올해에는 어떤 여건과 환경을 만나더라도 믿음으로 살아가려는 우리의 결단이 변치 않도록 하시고, 다시는 죄의 길로 들어서지 않는 복된 한 해가 되게 하여 주옵소서. 세상에 속해 살아가는 것이 아니라, 세상을 변화시키는 작은 예수가 되게 하옵소서.

교회를 사랑하시는 하나님!
우리 교회를 기억하시고 지켜 주옵소서. 주님의 크신 뜻과 섭리가 계셔서 이곳에 교회를 세워주시고 지금까지 이끌어 주시며 부흥하게 하시니 감사합니다. 성령의 역사하심에 의해 살아 움직이며 생명이 넘치는 교회가 되게 하시며 이 땅에서 천국의 기쁨을 보여 줄 수 있는 모범된 교회 되게 하옵소서.

담임목사님께 함께 하셔서 주님의 진리의 말씀을 베풀기에 부족함이 없는 능력을 허락하옵소서. 가정과 건강 또한 지켜 주심으로 온전히 몸 된 교회와 성도들을 위하여 일할 수 있게 하옵소서. 오늘 모인 모든 성도들에게 주의 충만한 사랑으로 임재하여 주옵소서. 우리 입술의 모든 말과 마음의 묵상이 주께 열납 되길 원합니다.
예수 그리스도의 이름으로 기도드립니다. 아멘

1월 둘째 주 대표기도문 ①

우리의 반석이시오
구원이신 하나님!

오늘도 주의 은혜를 찬송하며, 구속의 은혜를 감사하며, 영원히 찬양하는 주의 자녀들이 되게 하여 주옵소서. 정결케 사시는 하나님 추한 죄의 형상을 가지고 주님 앞에 나아갑니다. 우리의 힘과 능으로 이겨낼 수 없는 죄의 짐을 지고 살고 있음을 고백합니다. 그리고 그 죄의 사하심이 오직 주께만 있음도 믿습니다. 주님 우리 죄의 짐이 벗을 수 있는 자유함을 주시고, 그 자유함을 감사하며 날마다 베푸시는 주의 은혜에 감격할 수 있도록 인도하여 주옵소서.

주님 크신 능력으로 우리의 마음을 강하고 뜨겁게 하사 결심을 새롭게 하시고 말씀을 따라 살게 하여 주옵소서. 모순과 부조리한 세대 속에서도 하나님의 뜻에 순종하게 하시고 믿음으로 승리하게 하옵소서. 새해에는 새사람으로 살도록 은혜를 더하여 주옵소서.

사랑의 하나님 더욱더 주님의 은혜를 사모하게 하시길 원합니다. 오직 여호와 우리 하나님께 우리의 생각과 마음을 솔직하게 털어 놓게 하시고, 우리에게 거짓의 겸손이나 위선의 가리게를 주님의 거룩한 보좌에서 사용하지 않도록 우리의 심령을 강하고 담대하게 하시기를 원합니다. 사랑의 주님 우리의 있는 모습 그대로 나아갑니다. 주님의 자비를 믿고, 주님께서 우리를 반겨 천국잔치에 참여하게 하실 줄로 믿고 나아가오니 우리를 긍휼히 여겨 주옵소서. 한 해가 다 가도록 빛 되신 주님의 길에서 결코 떠나지 않는 생활을 할 수 있게 도와주옵소서.

특별히 저희 교회에 속한 모든 기관과 기관장들을 붙드셔서, 그들의 심령이 늘 새로운 소망과 새로운 능력을 허락하시고 청지기의 사명을 잘 감당할 수 있도록 도와주옵소서.

우리에게 말씀을 대언하시는 목사님을 붙들어 주시고, 전하는 말씀에 저희들의 심령이 새로워지는 시간이 되게 하여 주옵소서. 예배를 섬기며 돕는 손길들이 있습니다. 은혜로운 예배가 되도록 돕는 성가대원들, 성도들을 예배의 장소로 인도하는 차량봉사자들, 안내위원들 그 외 예배를 섬기는 모든 분들에게 큰 은혜 허락하여 주옵소서.

이 시간 모인 모든 성도들에게 주의 사랑을 한없이 부어 주옵소서. 우리를 구속하시고, 자녀 삼으시며, 주안에서 자라게 하시고, 제자로 부르시어 주의 일을 맡기시고 그 일을 감당케 하신 우리 구주 예수 그리스도의 이름으로 기도드립니다. 아멘

1월 둘째 주 대표기도문 ②

할렐루야
거룩하신 하나님!

주께서 허락하신 삶의 터전에서 주님의 이름을 높이며 주의 자녀로 살다가 주의 전에 나아와 예배하게 하시니 감사합니다.

좋으신 하나님, 고난과 역경이 끊이지 않는 세상을 살아야 하는 저희들입니다. 이 세상 가운데서도 여전히 믿음을 버리지 않고, 주께서 주신 십자가를 든든히 붙잡고 주 오시는 그날까지 우리의 맡은 바 본분을 다하는 주의 군사 되게 하여 주옵소서.

오직 여호와를 앙망하는 자는 독수리 날개 치며 올라감 같을 것이라고 선포하신 하나님, 우리에게 새 힘을 주시고 여호와를 앙망하므로 새 힘을 얻게 하시며 거친 세상에서 날마다 승리의 개선가를 부를 수 있는 우리가 되도록 은혜를 허락하여 주옵소서.

우리의 근본은 오직 여호와께로부터임을 기억하게 하시며 창조주 하나님을 기억하는 은혜를 허락하여 주옵소서. 삶 한가운데서 우리를 넘어뜨리려 하는 교만의 세력을 꺾으시고 오직 주 앞에서 겸손하여 주께서 주시는 은혜를 덧입도록 인도하옵소서.

은혜와 자비가 풍성하신 하나님!

우리가 주의 은혜를 사모하는 심령이 되게 하여 주옵소서. 주님을 떠나서는 아무것도 할 수 없사오니 우리가 주를 온전히 의지하게 하옵소서. 상처 입은 영혼을 주님의 손길로 치유하여 주시고 연약한 심령은 강하게 하시므로 세상 세파에 휩쓸리지 않도록 담대하게 하옵소서. 주 앞에 엎드린 우리의 심령을 굽어 살피사 주의 성령을 거두지 마시고, 구원의 감격과 기쁨을 영원히 누릴 수 있도록 우리를 감동시켜 주옵소서.

우리의 모든 필요를 아시는 아버지 하나님, 육신의 연약함으로 고통받는 이들을 보살피시고 치유해 주시길 원합니다. 그들이 어려움 가운데서도 주의 음성을 듣게 하시며 그 말에 순종할 수 있는 은혜를 허락하여 주옵소서.

이 시간에 주의 말씀을 선포하는 목사님을 도우셔서 우리를 향하신 하나님의 뜻을 바로 깨닫는 은혜의 시간이 되게 하시고 말씀을 듣고 행할 수 있는 믿음을 허락하셔서 성령의 귀한 열매 맺게 하여 주옵소서.

우리 구주 예수 그리스도의 이름으로 기도드립니다. 아멘

1월 둘째 주 오후예배 기도문

살아계신 하나님!

흑암과 같았던 세상에 빛으로 오신 예수 그리스도를 찬양합니다. 어둠 속에서 헤매던 가련한 저희들을 주님의 빛으로 부르시고 주의 자녀 삼으시며 새 생명을 허락하신 주님의 사랑을 감사드립니다.

은혜로우신 주님!

지난 한 주간은 세상에 살면서 저희들의 생각을 앞세우고 입술과 행위로 주님의 영광을 가릴 때가 많았습니다. 그래도 주님의 자녀이기를 원하는 지극히 이기적인 욕심이 저희들에게 있음을 고백하오니 용서하여 주옵소서.

성령의 은혜를 허락하시사 주님이 세상의 참된 소망임을 깨닫고 소망 중에 거하게 하시며, 그리스도에 대한 믿음만이 참된 능력임을 알고, 믿음의 사람이 되게 하셔서 빛과 소금의 일을 행하기에 부족함이 없도록 붙들어 주옵소서. 그리고 주님을 사랑하되, 마음을 다하여 사랑하게 하시고, 성품을 다하여 봉사하며 힘을 다하여 충성함으로써, 주님의 뜻을 온전히 이루어가는 충성스러운 일꾼이 되게 하여 주시옵소서.

주의 백성들 가운데 특별히 청지기로 불러서 세우신 주의 일꾼들에게 더욱더 힘과 능력을 더하여 주시고, 언제든지 주어진 사명을 잘 감당하게 하시고 그 가운데서 만족과 평안과 은혜가 있게 하여 주옵소서.

저들로 하여금 하나님 제일주의로 살게 하시고, 그렇게 살 때 그들의 삶이 풍요로워질 수 있도록 하여 주시옵소서. 언제든지 피곤치 않는 삶이 되게 하여 주시고, 달음박질하여도 향방 없는 자와 같지 않고, 오직 우리의 방향이 되시는 그리스도만을 향하여 나가게 하여 주옵소서.

오늘도 예배를 통하여 하나님께 영광 돌리는 저희들을 받아 주시고, 특별히 말씀을 증거 하시는 목사님을 붙들어 주셔서, 저희 모두가 말씀의 푸른 초장과 맑은 물가로 인도되게 하여 주옵소서.

세계 모든 나라들이 주를 향해 손을 들며 주님만이 왕 되심을 고백하고 입을 모아 주를 찬양하며 주 오실 날을 기다리는 소망의 나라들이 되게 하시옵소서. 기근과 전쟁의 소식을 멈추고 서로가 사랑하며 돕고 격려하는 복된 주의 나라가 이루어지게 하시옵소서.

열방의 주재이시며, 온 땅이 주의 것임을 선포합니다. 소망을 주시는 예수 그리스도의 이름으로 기도드립니다. 아멘

1월 셋째 주 대표기도문 ①

예배 가운데 주인으로
임재해 계시는 아버지 하나님!

　세상에 살면서 상처 받은 우리의 영혼들을 주님의 거룩한 전으로 불러주심을 감사드립니다. 이 세상의 그 어떤 사람들보다 나를 더 사랑하느냐고 물으시는 주님 앞에 담대히 그렇다고 대답할 수 없는 저희 모습임을 고백합니다. 그러나 믿음 없던 베드로에게 큰 믿음을 주시고 그를 반석이라 부르신 주님이시기에 우리에게 그와 같은 믿음을 허락하신 줄 믿습니다.

　주님 우리에게 더욱더 주님만을 바라볼 수 있는 은혜를 더하여 주옵소서. 그리하여 주님을 사랑함으로 교만하지 않게 하시고, 주님을 사랑함으로 이웃을 전도하게 하시고, 주님을 사랑함으로 우리의 성품이 변화하도록 함께하여 주옵소서.

　지금도 전 세계의 많은 나라에서는 기근과 전쟁, 그리고 내분으로 인한 갈등, 때로는 폭설과 폭염과 같은 재난으로 어려움에 처해 있는 많은 사람들이 있습니다. 하루에도 수없이 많은 사람들이 죽어가고 있는 현실입니다. 하루속히 이러한 어려움 가운데서 벗어나게 하시고, 삶의 평화와 기쁨을 맛보도록 인도하여 주옵소서.

사랑의 주 하나님!

홀로 영광 받으시고 주님의 선하심과 인자하심을 체험케 되는 이 시간이 되게 하여 주옵소서. 소돔과 고모라 같은 세상이지만 아직도 곳곳에 사랑을 나타내고 심어야 할 곳이 많습니다. 사랑을 베풀기에 인색한 우리의 마음을 변화시켜 주시고 주님의 사랑을 실천할 수 있는 우리가 될 수 있도록 인도하여 주옵소서.

우리의 연약한 믿음으로 주의 도우심을 간구합니다. 주님의 빛을 세상에 발하게 하시고 주님의 거룩한 백성으로서의 세상에서 승리할 수 있도록 힘주시고 능력 주시기를 원합니다. 깊은 슬픔과 고통 속에서도 십자가의 주님을 생각하며 우리의 보잘것없는 고난과 슬픔으로 쓰러지지 않도록 믿음을 더하여 주시고, 절망이 엄습할지라도 새로운 심령으로 거듭나게 하시는 주님의 능력을 의지하여 주옵소서.

오늘도 예배를 인도하시는 목사님을 더욱 뜨거운 성령으로 붙들어 주시고, 부족한 저희들이 예배의 순서 순서마다 동참할 때에 저희 가운데 성령이 운행하심을 체험하는 시간이 되게 하여 주옵소서.
우리를 위해 십자가를 지신 예수 그리스도의 이름으로 기도 드립니다. 아멘

1월 셋째 주 대표기도문 ②

우리 안에 살아
역사하시는 하나님!

주님의 광대하심과 주님의 크신 은혜에 영광과 찬송을 올려드립니다. 주님 홀로 영광 받아 주옵소서. 우리의 심령을 주관하시는 주님앞에 나옵니다. 우리의 심령으로 주님을 향하게 하심을 감사합니다. 우리의 연약함 때문에 세상에 미혹되지 않게 하시고 주님을 사모하여 주의 전으로 인도됨을 감사합니다. 우리가 세상에서 주님의 병사로 승리하게 하심을 감사합니다.

우리를 위하여 성령님을 허락하신 하나님 감사합니다. 한결같은 성령의 충만함으로 범죄치 않도록 축복하여 주옵소서. 우리에게 담대하게 세상을 이기도록 축복하여 주옵소서. 우리의 교만이 낮아지게 하시고, 우리의 어리석음이 지혜롭게 하시고, 우리의 믿음 없음이 더욱 강건한 믿음으로 성장하게 하옵소서.

주 하나님, 우리를 위하여 피 흘리신 그리스도를 기억하며 하나님 나라의 영광을 위하여 우리의 삶의 자세가 바뀌게 하시고, 우리의 마음이 온전히 하나님만을 바라볼 수 있도록 동행하여 주옵소서. 주의 나라를 사모하며 주님의 일에 봉사하는 손길들이 있나이다.

주께서 새로운 힘을 허락하시고 날마다 새로운 은혜를 공급하시어 봉사하는 손길 위에 축복하시되 그 봉사 위에 아름다운 결실들이 맺히도록 은혜 더하여 주옵소서. 주께 드리는 헌신이 가정과 집안의 복으로 이어지도록 봉사자들의 가정 위에 큰 은혜를 허락하여 주옵소서. 하나님의 선한 계획에 순종하게 하시고 세상에 좋은 씨앗을 심을 수 있도록 축복하여 주옵소서.

나라의 정치가 바로 서게 하시고, 경제가 활발하게 돌아가게 하시며, 가진 자가 없는 자들을 보살피게 하시며 낮은 자들은 높은 자들을 진심으로 섬기는 은혜를 허락하여 주옵소서.

오늘도 주님의 말씀을 선포하시는 목사님과 함께 하사 성령의 권능으로 붙들어 주시고, 주님의 권세와 주권이 선포되는 귀한 시간이 되게 하여 주옵소서. 우리의 심령에 귀한 말씀의 나무가 자라날 수 있도록 축복하여 주옵소서. 그 나무에 많은 지친 심령들이 쉼을 얻고 주님을 만날 수 있게 하는 우리가 되게 하여 주옵소서. 주님의 크신 이름을 찬송합니다.

승리하는 예배로 인도하여 주실 줄로 믿사오며 예수 그리스도의 이름으로 기도드립니다. 아멘

1월 셋째 주 오후예배 기도문

살아 역사하시는 하나님!

인생에게 행하신 놀라운 일을 인하여 찬송과 영광을 돌립니다. 주를 사모하는 자를 만족케 하시며 주린 영혼에게 좋은 것으로 채워 주시는 그 크신 사랑을 생각할 때 감사합니다. 하지만 우리의 인생이 곁길로 가는 것을 결코 허용치 않으시고 바른길로 인도해 주시기 위해서 오늘도 주님의 처소로 불러 주신 그 은혜를 생각할 때, 부족한 입술이지만 영광과 찬송을 올리지 않을 수 없습니다.

주님! 우리의 영광과 찬송을 받아주옵소서.
하나님께 나아와 주님께 순종하는 저희들입니다. 우리의 삶 속에서는 순종하는 마음이 없었던 저희들입니다. 사람의 겉모양만 남아 피리를 불어도 춤추지 않고 애곡 하여도 가슴을 칠 줄 모르는 저희들이었습니다.

이 시간 저희들의 감각 없는 마음을 성령의 불로 녹여 주시고 애통하며 회개하는 마음을 갖게 하여 주사, 주의 긍휼을 입고 주를 뵈올 수 있는 시간이 되게 하여 주옵소서.

영적으로 어두운 눈도 열리게 하시고, 더욱더 믿음의 시야를 넓게 가짐으로써 주님의 주권을 인정하며 살아가는 인생이 될 수 있도록 축복하여 주옵소서.

새해를 맞이했지만 아직도 우리들 가운데 묵은 고통들이 그대로 남아 있음을 고백합니다. "너희는 먼저 그의 나라와 그의 의를 구하라"고 말씀하신 주님의 가르침을 너무나도 잘 알고 있지만 늘 경직된 삶을 살 수밖에 없는 연약함을 불쌍히 여겨 주옵소서.

모든 죄악 된 습관들을 믿음으로 물리치게 하시고, 모든 어려움을 믿음으로 극복하게 하시며, 믿음의 주요, 온전케 하시는 예수만 바라보고 살아가는 인생이 되게 하시고 갈급한 심령들이 성령의 위로함을 받는 시간이 되게 하여 주옵소서.
모든 영광을 주께 돌리오며, 예수님의 이름으로 기도드립니다.
아멘

1월 넷째 주 대표기도문 ①

참 좋으신 하나님!

쌀쌀한 겨울바람 속에서도 우리를 주께 예배하도록 인도하신 하나님의 은혜에 감사합니다.

주님의 거룩한 성회를 기억하고 주님의 크고 높으신 이름을 높이고자 오늘 이 자리에 모였습니다. 모인 모든 성도들이 주를 찬양하는 소리를 들으시고, 하늘에 영광이 가득 차게 하시며 우리에겐 예배하는 기쁨이 충만하도록 인도하여 주옵소서. 우리가 주님을 알기 전부터 우리를 알고 구원하기 위하여 예수님의 보혈로 구원하신 은혜를 참 감사합니다.

사랑의 하나님, 이제 조금 있으면 민족의 명절인 설날이 다가옵니다. 우리의 이웃을 돌아볼 수 있는 우리가 되도록 도와주옵소서. 모든 은사 중의 으뜸인 사랑의 은사를 받게 하시고, 우리에게 세상의 빛이 되라 하셨사오니 우리가 빛의 소명을 감당할 수 있도록 축복하여 주옵소서.

사랑이 없는 곳에 사랑을, 빛이 없는 곳에 빛을 심을 수 있는 성도들이 될 수 있도록 축복하여 주옵소서. 믿지 않는 이 나라의 많은 이들을 위해서 기도 하게 하시며 그들을 위하여 봉사의 손길을 쉬지 않도록 축복하여 주옵소서. 하나님의 이름을 찬양하며 주님 앞에 모인 우리에게 서로 협력하며 선을 이루도록 은혜 내려주옵소서.

전 세계 모든 나라와 열방 그리고 민족들이 주를 높이며 예배하는 그날이 속히 오길 기대합니다. 각 심령을 변화시키시며 하나님의 자녀로 삼으시는 성령의 역사가 온 세계 가운데 불같이 일어나도록 하시고 주의 성령께서 태초에 천지 가운데 운행하셨던 것처럼 세계 가운데 운행하셔서 성령으로 감동된 자들이 나오게 하시고, 주를 위해 즐거이 헌신하는 자들이 날마다 늘어나도록 젊은이들을 일으켜 주옵소서.

지금도 세계 곳곳에서 선교사로 사역하며 복음을 전하는 선교사들에게 성령의 위로와 도움을 허락하여 주옵소서.

하나님! 간절히 간구하는 것은 저희 교회를 위하여 기도하오니 작은 모임들마다 하나님께서 친히 역사하심으로 우리의 모든 것들이 주님의 몸 된 교회를 위하여 지체의 역할을 감당할 수 있는 믿음을 허락하여 주옵소서. 우리를 승리케 하시는 우리 구주 예수 그리스도의 이름으로 기도드립니다. 아멘

1월 넷째 주 대표기도문 ②

우리의
아버지 되시는 하나님!

이 시간도 주님의 자녀 된 우리가 찬송과 영광과 감사를 드릴 수 있도록 허락하신 은혜에 감사합니다. 우리들은 주님의 부르심에 다만 간절하고도 갈급한 마음으로 엎드립니다.

거룩한 자녀로 특권을 가진 우리의 어리석음과, 신앙 없이 살아온 한 주간의 삶을 용서하여 주시고, 이 시간 우리의 심령을 성령으로 채우시고, 마음으로 하나님을 사랑하고 주시는 말씀에 겸손히 순종하는 시간이 되게 하옵소서. 겨우 예배만 드리고 가는 이 시간이 되지 않기를 원합니다.

헌금은 드려도 자신은 드리지 않는 사람이 되지 않기를 기도합니다. 봉사는 드려도 몸을 드리지 않는 사람이 되지 않기를 원합니다. 입술은 드려도 자기중심은 드리지 않는 사람이 되지 않기를 원합니다.

전능하신 하나님!
마음과 영이 하나 되어 주 앞에 드리는 이 시간이 되게 하옵소서. 주의 말씀을 들을 자격이 없지만 주님을 간절히 찾는 자를 거절치 않으시는 주님의 사랑을 생각하며, 오늘도 꿀 송이보다 더 단 주의 말씀을 사모하게 하옵소서. 주의 말씀으로 인하여 우리의 믿음이 더욱 자라나게 하시고 메마른 심령을 말씀의 단비로 촉촉이 적셔주시며 우리에게 행하신 주님의 자애로우심과 인자하심을 다시금 피부 깊숙이, 뼛속 깊숙이 느끼는 시간이 되게 하여 주옵소서.

오늘도 예배를 섬기는 성도들이 있습니다. 저들의 수고를 주께서 기억하시고, 심는 대로 거두는 축복이 항상 있게 하시며 이 시간 육신의 병으로 고통받는 자 있습니까?

삶의 고통에 상처 받은 자 있습니까? 주님의 말씀을 듣는 순간 육신의 병이 치료되게 하시고, 상처 받은 영혼이 위로와 쉼을 얻을 수 있도록 인도하옵소서. 또한, 하나님의 교회를 섬기기 위하여 세워진 직분자들이 있습니다. 장로님, 권사님, 안수집사님, 집사님 모든 분들이 서로 섬기며 돌볼 수 있는 은혜가 있게 하옵소서. 그리하여 교회가 날마다 부흥되어지는 감격을 맛보게 하시며 이 땅 가운데 천국이 이루어지고 있음을 증거 할 수 있게 하여 주옵소서. 주님만이 예배의 주관자가 되시며 홀로 영광 받아 주옵소서.

우리의 예배를 기쁘게 받으시는 우리 구주 예수 그리스도의 이름으로 기도드립니다. 아멘

1월 넷째 주 오후예배 기도문

날마다 우리를 새롭게 하시는 하나님!

■ 쓸모없는 우리의 인생을 버려두지 아니하시고 주님의 백성으로 불러 주셔서 빛과 진리 가운데로 인도하여 주시니 감사합니다. 벌써 새해의 한 달이 저무는 자리에 섰으나 우리들의 연약함으로 인하여 다시금 주님과 멀어지고 있는 우리를 용서하여 주옵소서.

믿음이 없는 우리의 약함을 용서하여 주시고 지난 한 주간도 우리 영혼을 경영하시는 주님께서 함께 계심에도 불구하고 혼자인 것처럼 생활하며 괴로워했나이다. 이제 아버지 집으로 돌아온 우리를 긍휼히 여기시고 주님을 주인으로 모시고 살아갈 수 있는 심령으로 변화시켜 주시길 원합니다.

오늘도 주님 앞에 메고 온 온갖 근심과 절망의 멍에들을 풀어서 가볍게 하시고, 힘에 겨워 감당치 못해 스스로 포기하는 어려운 문제들도 고통을 다루시는 주님의 손길을 통하여 해결되는 복된 시간이 되기를 원합니다. 예배를 드리는 가운데 성령의 위로가 있게 하시고, 목사님을 통하여 주의 말씀을 전달받을 때에 위로부터 내리시는 계시의 은총을 충만히 받는 시간이 되게 하옵소서.

기관마다 세우신 귀한 주의 종들을 기억하시고, 저들을 통해서 주의 교회가 반석 위에 튼튼히 세워지게 하시며, 주의 나라가 날마다 확장되는 역사가 있게 하옵소서.

"많은 자들에게 구할 것은 충성이라"고 하셨으니 주님께서 주신 직분을 인하여 더욱더 눈물을 흘리며 무릎을 꿇는 자들이 되게 하옵소서.

아직도 추위가 계속되고 있습니다. 돈 없고 집 없어서 추위에 떠는 가련한 사람들이 많습니다. 그들에게도 따뜻한 주님의 손길이 전달 되게 하시고, 모두가 잘 살고 더불어 행복하게 사는 사회가 될 수 있도록 함께 하여 주옵소서.

새해를 시작하며 스스로에게 다짐했던 약속들과 주께 기도하며 서원했던 제목들이 있는 줄 압니다. 한 달이 지난 지금 그 약속과 기도의 제목을 돌아보게 하시고 스스로를 채찍질하여 능히 감당할 수 있도록 은혜를 허락하여 주옵소서.

주님의 은혜와 사랑 앞에 다시 한번 엎드려 경배하오니, 우리에게 새롭게 하는 영을 허락하여 주옵소서. 우리 구주, 생명의 근원이 되신 예수 그리스도의 이름으로 기도드립니다. 아멘

2월 첫째 주 대표기도문 ①

사랑 많은신 아버지 하나님!

▎새해의 첫 달을 은혜 가운데 보내게 하심을 감사합니다. 한 주간 동안도 세상에서 승리케 하시다가 오직 여호와의 영광을 위하여 우리를 다시금 이곳에 모이게 하심을 감사합니다. 세상에서 부끄러웠던 우리들입니다. 우리의 생각과 언행으로 혹시 주님의 이름을 망령되게 하지는 않았었는지 되짚어 봅니다. 주님 우리의 죄를 용서하여 주옵소서.

우리에게 있는 세상의 습성으로 인하여 죄를 인식하지 못하는 우매한 심령을 용서하여 주옵소서. 하나님께서 우리를 불러 거룩한 백성으로 삼아 주셨지만 우리는 어찌하여 이웃을 향해 저주와 불평과 원망을 하고만 있는지 주님, 애통하며 회개하오니 우매한 저희들을 용서하여 주옵소서.

그들에게 빛이 될 수 있도록 믿음을 더하여 주시고 그들의 삶에 도움이 될 수 있도록 축복하여 주옵소서. 그러므로 그들에게 주님의 거룩한 백성의 삶을 알게 하시며 주님 나라의 확장에 참여할 수 있는 복을 허락하여 주옵소서. 또한 주님의 말씀을 붙잡고 승리의 삶으로 축복받을 수 있도록 은혜를 더하여 주옵소서. 진정으로 주님의 삶을 본받아 의롭고 참되고 거룩한 삶이 이 땅에 살아가는 동안 넘쳐나게 하시옵소서.

예배를 통하여 우리의 회개가 습관이 되게 하지 마시고 진정으로 삶의 거룩한 열매로 주님께 드릴 수 있는 복을 허락하여 주옵소서. 이 시간 주님의 말씀을 들으면서 깨달음이 있기를 원합니다. 심령의 변화가 있기를 원합니다. 주님의 뜻을 따라 순종의 삶을 실천할 수 있는 능력을 받기를 원합니다. 역사하여 주옵소서.

특별히 이 시간 말씀을 강론하시는 목사님을 붙드시고, 말씀에 귀 기울인 모든 자들이 주님의 음성을 듣는 시간이 되게 하여 주옵소서. 예배를 돕는 위원들이 있습니다. 저들의 아름다운 봉사의 손길을 통해서 더욱더 아름다운 예배가 드려지게 하시고 복된 예배가 되게 하여 주옵소서.

우리의 예배를 기쁘게 받아 주시기를 원합니다. 주님의 은혜를 간절히 사모하는 마음으로 예배의 순서 순서마다 참여하는 우리 가운데 성령이 친히 운행하시고, 우리의 연약함을 도와주실 것을 믿사옵고, 우리를 죄와 사망에서 구원하신 예수 그리스도의 이름으로 기도드립니다. 아멘

2월 첫째 주 대표기도문 ❷

거룩하신 하나님!

한 주간 동안도 세상에서 승리케 하시다가 오직 여호와의 영광을 위하여 우리를 다시금 이곳에 모이게 하심을 감사합니다.

세상에서 부끄러웠던 우리들입니다. 우리의 생각과 언행으로 혹시 주님의 이름을 망령되게 하지는 않았었는지 되짚어 봅니다. 주님 우리의 죄를 용서하여 주옵소서.

우리에게 있는 세상의 습성으로 인하여 죄를 인식하지 못하는 우매한 심령을 용서하여 주옵소서. 하나님께서 우리를 불러 거룩한 백성으로 삼아 주셨것만 우리는 어찌하여 이웃을 향해 저주와 불평과 원망을 하고만 있는지 주님, 애통하며 회개하오니 저희들의 어리석음을 용서하여 주옵소서.

그들에게 빛이 될 수 있도록 믿음을 더하여 주시고 그들의 삶에 도움이 될 수 있도록 축복하여 주옵소서. 그러므로 그들에게 주님의 거룩한 백성의 삶을 알게 하시며 주님 나라의 확장에 참여할 수 있는 복을 허락하여 주옵소서. 주님의 말씀을 붙잡고 승리의 삶으로 축복받을 수 있도록 은혜를 더하여 주옵소서.

진정으로 주님의 삶을 본받아 의롭고 참되고 거룩한 삶이 이 땅에 살아가는 동안 넘쳐나게 하시옵소서. 예배를 통하여 우리의 회개가 습관이 되게 하지 마시고 삶의 거룩한 열매로 주님께 드릴 수 있는 복을 허락하여 주옵소서. 이 시간 주님의 말씀을 들으면서 깨달음이 있기를 원합니다. 심령의 변화가 있기를 원합니다. 주님의 뜻을 따라 순종의 삶을 실천할 수 있는 능력을 받기를 원합니다. 역사하여 주옵소서.

　　특별히 이 시간 말씀을 강론하시는 목사님을 붙드시고, 말씀에 귀 기울인 모든 자들이 주님의 음성을 듣는 시간이 되게 하여 주옵소서. 예배를 돕는 위원들이 있습니다. 저들의 아름다운 봉사의 손길을 통해서 더욱더 아름다운 예배가 드려지게 하시고 복된 예배가 되게 하여 주옵소서.

　　우리의 예배를 기쁘게 받아 주시기를 원합니다. 주님의 은혜를 간절히 사모하는 마음으로 예배의 순서 순서마다 참여하는 우리 가운데 성령이 친히 운행하시고, 우리의 연약함을 도와주실 것을 믿사옵고 우리를 죄와 사망에서 구원하신 예수 그리스도의 이름으로 기도드립니다. 아멘

2월 첫째 주 오후예배 기도문

할렐루야!
사랑의 하나님 감사합니다

▌주일 오후의 성대한 찬양 잔치에 우리를 부르시며 우리로 하나님의 이름을 찬양하게 하심을 감사합니다. 하나님의 크신 은혜의 단비가 메마른 심령을 촉촉이 적셔주시기를 원합니다.

사랑의 하나님, 우리의 죄로 인하여 돌아가신 예수님을 우리는 알고 있으면서도 한 주간 동안 죄인으로서의 삶을 살았습니다. 하나님 우리를 긍휼히 여겨 주옵소서. 우리의 죄로 인하여 멸하지 마시고 의인의 길로 인도하시고 죄인 된 습성을 버릴 수 있는 지혜와 힘을 허락하여 주옵소서. 주님의 피 흘리심과 주님의 고난을 기억하게 하시며 주님의 고난에도 참여하며 주의 보혈을 의지하는 새 사람이 되게 하시옵소서.

사랑과 은혜가 충만하신 하나님 우리로 믿지 않는 가족을 구원할 수 있도록 능력을 더하여 주옵소서. 그리하여 온 가족이 주일이면 손에 손을 잡고 주의 전을 찾아 기쁨으로 주께 예배할 수 있도록 인도하여 주옵소서. 사랑의 하나님! 완악한 심령 속에 봄이 되어 얼음이 녹아짐과 같은 은혜를 허락하시어 강퍅한 심령들이 녹아지게 하시고 죄악에서 놓임과 은혜를 내려 주시며 이후로 그들에게 오직 여호와 하나님을 섬기고 오직 여호와 하나님께만 영광을 돌리는 귀한 영혼이 되게 하여 주옵소서. 그들에게 주님의 피 흘리심과 주님의 속죄하심을 증거 하게 하옵소서.

능력의 하나님께서 우리를 담대히 하사 우리로 증거 하게 하시는 역사가 일어나게 하시고 사랑의 하나님 우리의 예배를 위하여 헌신하는 손길들을 기억하시고 그 손길 위에 복이 쌓이게 하시되 천국의 귀한 보화가 쌓이게 하시며 그 손길이 닿는 곳마다 채워짐의 역사가 일어나도록 축복하여 주옵소서.

교회를 채우게 하시며, 각 구역을 채우게 하시며, 또한 삶의 마음까지도 주님의 충만한 은혜로 채워줄 수 있는 귀한 손길들이 되도록 축복하여 주옵소서. 사람이 떡으로만 살 것이 아니요 주님의 입에서 나오는 말씀으로 살아야 한다고 말씀하신 주님 우리에게 하나님의 말씀을 대언하실 목사님을 단위에 세워주심을 감사합니다. 우리에게 말씀 증거 하실 때에 크신 권능으로 함께 하시고 우리가 그 말씀으로 인하여 영육이 강건하게 하여 주옵소서.

우리의 죄를 위하여 십자가에 달리신 예수 그리스도의 이름으로 기도드립니다. 아멘

2월 둘째 주 대표기도문 ①

사랑과 은혜가
가득하신 하나님!

지난 한 주간도 성령님의 인도하심에 우리를 지켜 보호해 주신 은혜 감사합니다.

우리 안에 성령님의 역사하심에 순종할 수 있는 믿음을 허락하사 주께 나아오게 하심을 또한 감사합니다. 그러나 주님 우리는 아직도 주님의 인도하심에 순종하지 않고 우리의 이익과 욕심대로 삶을 이끌어 가고 있습니다. 우리의 죄를 용서하여 주옵소서.

완악하고 사욕에 눈먼 심령을 용서하시고 주님의 거룩한 보혈을 생각하며 우리 삶의 자세가 바뀌어 지기를 원합니다. 주님 우리를 인도하여 주옵소서.

사랑의 하나님!

아직 날씨가 쌀쌀하여 우리의 이웃을 돌아보게 합니다. 우리의 이웃에 굶거나 헐벗은 자가 있습니까? 우리를 보내 주옵소서. 그들을 위하여 주님의 사랑을 나누어 전할 수 있는 우리가 될 수 있도록 은혜의 단비를 내려 주시고 우리를 축복하심으로 그들에게 온정의 손길을 보낼 수 있게 하옵소서.

사랑의 하나님!

새해가 벌써 두 번째 달의 중순으로 향하고 있습니다. 년 초에 주님만을 의지하여 순종하며, 주님의 십자가의 길을 따라 가겠노라고 다짐을 하던 우리의 모습을 뒤돌아봅니다. 우리의 약한 다짐이 어떻게 되었는지요? 주님, 우리에게 다시 새로운 힘을 허락하사 주님을 위해 우리의 삶의 여정을 친히 주장하사 우리가 온전히 하나님께 영광을 돌려 드릴 수 있는 길을 가게 하시고, 날마다 바른 길로 인도하여 주옵소서.

온 세계 열방이 주의 소유임을 고백합니다. 아침 해가 뜨는 곳에서부터 저녁 해가 기우는 곳까지 모든 열방들이 주를 찬양하며 경배하게 하여 주옵소서. 성령의 물이 강같이 흘러넘치며 온 맘으로 주를 경배하게 하옵소서.

오늘 예배를 섬기는 모든 손길들을 축복하시고, 그 봉사로 인해 더욱 하나님께로 다가가는 은혜를 더하여 주옵소서. 말씀을 전하시는 목사님께 함께 하사 우리의 영육이 강건해지는 귀한 말씀이 되도록 축복하여 주옵소서. 우리를 위해 십자가에 달리신 예수 그리스도의 이름으로 기도드립니다. 아멘

2월 둘째 주 대표기도문 ❷

신실하신 하나님!

▍ 우리에게 오늘도 새로운 날을 허락해 주심을 감사합니다. 우리의 심령이 오직 주님 만을 향하여 영광을 돌리게 하심을 감사합니다. 우리의 감사와 찬양을 받아 주옵소서. 지난 일주일을 뒤돌아 봅니다.

우리의 주홍 같은 죄들을 오직 주의 보혈로 씻으사 깨끗하게 하여 주옵소서. 우리는 아직도 죄의 속성에서 벗어나지 못하고 주님의 이름을 더럽히는 추악한 일을 서슴지 않음을 고백합니다.

주님의 보혈을 의지하여 주를 향한 우리의 믿음을 지키게 하시며 우리의 가슴이 오직 주님의 불같은 성령으로 가득하게 하옵소서.

사랑의 하나님! 또한 우리 교회로 세상의 빛과 소금의 역할을 감당하게 하시며 주님께서 주신 교회의 목적이 무엇인지 알게 하시고 마음에 주님의 사랑을 품게 하시어 우리로 세상의 빛과 소금의 역활을 감당하도록 은혜를 더하여 주옵소서.

사랑의 주님! 우리의 믿음을 되돌아봅니다. 우리의 믿음은 하나님의 영광을 위한 것이 아니라 어쩌면 나의 영광을 위한 것은 아니었는지 새삼 생각해보지 않을 수 없습니다.

주님! 주께서 믿음 주신 것이 오직 하나님의 영광을 위한 것임을 알게 하셔서 우리의 세속의 옷을 벗게 하시고 주님이 주시는 세마포로 단장하게 하시며 주님의 영광의 자리에 서게 하여 주옵소서.

오직 주의 영광을 위하여 삶을 달려갈 수 있는 우리가 될 수 있도록 은혜 충만케 하여 주옵소서.

주님 오늘 예배를 주장하시고 우리가 드리는 기쁨의 제사를 받아 주옵소서. 우리의 감사를 받아 주옵소서. 예배를 통하여 큰 복을 받게 하시고 곳간마다 차고 넘치는 역사가 일어나게 하시옵소서.

예배를 드리는 것이 만복의 근원이 됨을 깨달아 알게 하여 주옵소서. 예배를 섬기는 손길들을 기억하시고, 주님의 군사 되어 날마다 승리하며 나아가는 복을 허락하여 주옵소서. 찬송할 때에 우리의 마음이 열리게 하시고, 말씀을 들을 때에 하늘에 놀라운 비밀을 발견하도록 인도하여 주옵소서. 우리의 물질만 드리지 않게 하시고 몸과 마음과 뜻과 정성을 다하여 주를 섬기게 하시옵소서.

우리의 도움이 주께로부터 옴을 기억하게 하셔서 전적으로 주를 의지하는 믿음의 삶을 살게 하여 주옵소서. 아름다운 찬양으로 영광 돌리는 성가대에도 큰 은혜 허락하사 천군 천사의 목소리로 찬양케 하옵소서. 예수 그리스도의 이름으로 기도드립니다. 아멘

2월 둘째 주 오후예배 기도문

우리의
예배를 받으실 하나님!

■ 하나님을 의지하고 그 뜻대로 살기를 원하는 사람들이 한 자리에 모였나이다. 흙 한 줌에 불과한 우리가 하나님의 은혜로 인하여 영생을 받기까지 높이심을 감사하오며, 우리의 몸을 전능하신 하나님께 드려 헌신하고자 합니다.

온전하신 하나님!

예배드리는 우리의 부족함을 돌아보시고 의지하고 다가가는 우리를 사랑으로 감싸 주옵소서. 영과 진리로 예배드리는 이 시간, 우리가 얼마나 무가치하고 무자격한 존재들인지 다시 한번 깨닫고 주께 나가오니 주님 우리를 긍휼히 여기사 우리의 죄악을 벗게 하여 주옵소서.

온전히 주님만을 바라보며 믿음으로 승리하게 하시고 불의와 적당히 타협하며 세속의 종이 되기에 부끄럽지 않았던 우리를 고백합니다. 주께 소망을 두지 않으면 뿌리를 잃은 갈대처럼 물 위에 떠다닐 것을 알지만 사리사욕과 세상의 염려 때문에 불신앙에 치우쳤던 것을 용서하여 주옵소서.

이 시간 주님 앞에 예배드릴 때에 죄로 오염된 우리의 영과 육을 주님의 보혈의 피로 정결하게 씻어주시고 주님의 거룩한 자녀로 다시 태어날 수 있도록 도와주옵소서.

이 나라와 교회를 위해서 간구합니다. 정치의 혼란과 경제의 어려움으로 불안한 백성들의 마음을 위로하시고 우리에게 평안을 주사, 주님만이 신음하는 민족을 구할 수 있다는 것을 깨닫게 하여 주시고, 진정으로 어두운 세상을 향해 생명의 빛을 비췰 수 있는 살아있는 교회가 되길 원합니다.

날씨가 많이 춥습니다. 아직도 많은 곳에서 그늘지게 살아가며 가난과 어려움 속에 있는 형제자매들을 봅니다. 그들의 고난 가운데 주님 함께 하셔서 위로자가 되시며, 그들과 동행하여 주옵소서.

주님의 사랑으로 모든 어려운 자들을 품을 수 있는 사랑을 또한 우리에게 부어 주옵소서.

오늘도 진리의 말씀을 들고 단 위에 서신 목사님을 강하게 하시고 가정도 지켜 주셔서 주님의 몸 된 교회와 성도를 위하여 온전히 일하실 수 있도록 도와주옵소서. 교회의 영적 지도자로서 바로 서게 하시며 성령의 충만함으로 성도들을 먹이게 하옵소서.

거룩하신 예수 그리스도의 이름으로 기도드립니다. 아멘

2월 셋째 주 대표기도문 ①

거룩하고
자비로우신 주님!

▌주의 성령으로 우리를 주 안에서 온전케 하심을 경배합니다.

우리에게 영생을 약속하신 주님, 우리가 온전히 주님만을 바라볼 수 있도록 은혜를 주옵소서. 버려야 할 것과 끊어야 할 것이 있음에도 끊지도 버리지도 못하고 살아온 우리를 용서하여 주옵소서.

고마우신 하나님!

우리에게 날마다 감사한 매일을 허락하심을 감사합니다. 그 매일을 당신을 섬길 수 있는 기회를 허락하심에 또한 감사합니다. 우리에게 주어진 일들로 인하여 하나님을 시험하지 않게 하시고 세월을 허송하지 않게 하옵소서. 지극히 작은 일에 충성함으로 그리스도를 통한 축복을 보게 하옵소서.

우리의 작은 힘이 주님 나라의 확장에 도움이 되도록 우리에게 능력을 허락하사 우리로 이웃을 전도하게 하시고 우리로 믿는 자의 본이 될 수 있는 믿음을 더하여 주옵소서. 우리에게 맡겨주신 사명을 잘 감당하게 하시고, 매일매일 성실함으로 주님의 뒤를 따르게 하시고 우리에게 인내하며 승리하고 절망하지 않도록 주님 동행하여 주옵소서. 교만하여 자기의 의를 드러내며 정당화하고 남을 원망하고 불평하는 삶을 살았습니다. 통회하며 뉘우치는 회개를 받으시는 주님께서 우리의 죄를 용서하여 주사 하늘의 충만한 은혜를 내려 주옵소서. 원하옵기는 우리를 늘 주안에 거하게 하사 주님이 원하시는 삶을 살게 하옵소서.

우리를 위하여 이곳에 교회를 세우시고 목사님을 세우셨으니 주께서 친히 감찰하시고 우리로 세상에서 빛이 되게 하시고 목사님 위에 함께 하사 크신 은혜로 강건하게 붙드시기를 원하오며 저희 모든 지체들이 한마음으로 주님의 보좌를 사모하게 하옵소서.

열방과 민족들이 주께 손을 들고 경배하며 시온의 성산을 향하여 달려 나와 주를 찬양하는 날을 사모하며 기다립니다. 열방이 주의 것임을 선포합니다. 오늘 드리는 이 예배가 열방의 주재이신 하나님을 높이는 예배가 되게 하여 주옵소서. 찬양으로 승리를 선포하게 하옵소서.

우리에게 세상을 이기는 복을 허락하여 주시기를 간구하오며 죄 없으신 예수 그리스도의 이름으로 기도드립니다. 아멘

2월 셋째 주 대표기도문 ②

만물을 창조하신 하나님!

▌ 우리에게 전능하신 하나님의 자녀가 되는 권세를 주심에 감사합니다. 주님을 영접하는 영광을 주심을 감사합니다. 우리가 중 앞에 엎드려 경배하오니 주님 우리의 예배를 받아 주옵소서.

이날을 주님이 정한 거룩한 날임을 알아 주님의 전에 나아와 경배하게 하심을 감사합니다. 우리의 찬송과 감사를 받아 주옵소서.

우리의 생사화복을 주장하시며 날마다 눈동자처럼 우리를 보호하시는 하나님! 오늘 평안하다고 지난날 어려웠던 때를 잊었으며 내가 배부르다고 배고픈 사람을 외면했습니다.

용서의 은총을 베푸사 십자가 보혈의 능력으로 정결한 몸과 마음으로 거듭나게 하시옵소서. 이후로는 자신의 모든 것을 다 주고 또 주고도 여전히 사랑하여 주시는 주님처럼 살게 하여 주옵소서.

우리에게 믿음을 주고 자녀가 되게 하신 하나님!
우리의 믿음 없으므로 인하여 우리를 꾸짖지 마시고 우리를 주님의 선한 도우심으로 온전케 하여 주옵소서. 우리가 주님의 역사하심에 더욱 순종하게 하셔서서 하나님의 공의가 온 땅에 널리 펼쳐지게 하옵소서.

거룩하신 하나님!
부끄러운 우리의 삶을 고백합니다. 주님 우리는 일주일 동안도 교만하여 나보다 못난 사람을 업신여기고 나보다 약한 사람을 짓눌렀으며 나보다 가난한 자를 우습게 보았습니다. 주님 용서하여 주옵소서. 죄 없으셔도 우리를 위하여 십자가의 중한 형벌을 받으신 주님을 기억하며 우리에게 더욱 성숙한 믿음을 갖게 하심으로 주님의 사랑을 실천할 수 있도록 은혜를 더하여 주옵소서.

우리 앞에 수없이 요구되는 많은 선택과 결단 속에서 주님의 미소를 만나게 하시고 하나님의 영광을 위하여 우리가 낮아질 수 있도록 함께 하여 주옵소서. 우리를 위하여 세우신 목사님 위에 함께 하사 주님의 말씀을 전하실 때에 큰 은혜가 임하며 우리의 삶이 변화되도록 인도하여 주옵소서.
우리의 믿음이 강건해지기를 원하오며, 주님의 사랑을 실천하여 세상을 정하게 하는 소금의 역할을 감당하게 하여 주옵소서. 우리를 죄에서 구원하신 예수 그리스도의 이름으로 기도드립니다. 아멘

2월 셋째 주 오후예배 기도문

우리의 추한 모습들까지도 사랑으로 안으신 주님!

■ 우리에게 주님의 편에 서게 하시며 우리로 주 하나님을 경외하는 믿음을 허락하심에 감사합니다.

우리가 드리는 이 예배가 하나님과의 신령한 교제를 나눌 수 있는 귀한 시간이 되게 하시고, 성도들 간에도 정감이 넘치는 교제가 이루어질 수 있도록 하여 주옵소서.

사랑의 하나님, 우리에게 도움의 손길을 펼치사 우리가 당하는 고난으로 인하여 범죄치 아니하도록 은혜를 더하여 주옵소서.

주 하나님! 우리가 하나님을 사랑하는 소망으로 오직 하나님을 경외하게 하심을 감사하오니 어떤 상황에서도 주님을 찬양하며 감사할 수 있는 믿음을 허락하여 주옵소서.

사랑의 하나님!

특별히 하나님의 섭리 속에 이곳에 몸 된 교회를 세워 주셨으니 주님 우리 교회로 주님의 사랑을 실천하는 귀한 지체가 될 수 있는 믿음을 더하여 주옵소서. 우리에게 이웃을 돌아보게 하시고 굶지는 않는지, 추위에 떨고 있지는 않는지 그들을 돌아볼 수 있는 귀한 복을 허락하여 주시고 주님의 거룩한 백성으로 변화될 수 있도록 그들에게 주님을 증거케 하시옵소서. 경제가 많이 힘들고 어렵다고 합니다. 이 어려움 가운데 힘들고 고단하여, 자신의 목숨을 스스로 끊는 자들이 늘어나고 있습니다. 다시는 그러한 일이 없게 하시고, 주께서 위로자가 되어 주사, 새롭게 일어설 수 있는 힘을 허락하여 주옵소서.

날씨가 추운 가운데서도 국방의 의무를 다하고 있는 국군장병들에게도 함께 하사, 나라를 위하여 헌신하는 즐거움이 있게 하옵소서. 그들의 건강을 지켜 주옵소서. 또한 우리의 예배를 위해서 기도드립니다. 하나님 우리의 예배로 인하여 우리에게 복을 허락하시되 앞날이 열려 형통케 되는 복을 허락하시고 우리의 감사와 찬양으로 인하여 복을 허락하시되 주 하나님이 주시는 새 힘으로 날마다 승리하게 하시옵소서.

사랑 많으신 하나님! 우리에게 훌륭한 목사님을 허락하셨사오니 우리가 하나님의 말씀을 들을 때에 죄인의 옷을 벗게 하시고, 하나님의 신령한 것들을 사모할 수 있도록 함께 하여 주옵소서.

예배의 시작이오니 주님께서 끝까지 홀로 영광 받으시기를 간구하오며 우리를 위해 돌아가신 예수 그리스도의 이름으로 기도합니다. 아멘

2월 넷째 주 대표기도문 ①

참 좋으신
여호와 하나님!

하나님께서 우리를 위하여 베풀어 주신 은혜와 사랑에 감사하여 주의 전에 나아와 감사와 찬양을 드리게 하심을 감사합니다. 우리의 감사와 찬양을 열납하여 주시고 하나님의 사랑을 더욱 베풀어 주옵소서.

경건하게 주님의 품에 안기기를 바라는 우리를 불쌍히 여기사 긍휼을 베풀어 주옵소서. 우리의 욕심으로 인하여 감사하지 못한 우리를 용서하여 주옵소서. 우리의 추한 입술을 열어 찬양하지 못한 것을 용서하여 주옵소서. 우리의 더러운 죄로 인하여 주님의 영광이 가려진 것을 용서하여 주옵소서.

우리에게 더러운 죄를 벗게 하여 주옵소서. 우리로 하나님의 영광에 참여하게 하시며, 하나님의 영광의 빛으로 나아갈 수 있도록 함께 하여 주옵소서.

사랑 많으신 하나님, 이 나라 이 민족을 위해서 기도하오니 우리에게 주님의 사랑을 인하여 이 나라가 복음화되게 하여 주시고 나라의 위정자들을 돌아 보사 저들로 서민들의 민생고를 알게 하시어 먼저 그들의 후생복리를 돌아볼 수 있도록 함께 하여 주옵소서. 또한 우리로 어려운 이웃들을 돌아보게 하시고 그들에게 주님의 사랑을 실천할 수 있는 마음을 허락하여 주옵소서.

　우리의 예배를 위하여 기도하오니, 주님! 우리가 드리는 예배를 기쁘게 받아 주시고 친히 주관하시고 우리에게 은혜의 단비를 허락하여 주옵소서. 솔로몬이 일천 마리의 소를 잡아 주께 드린 일천번제의 예배가 오늘 이 시간이 되게 하시고 우리의 모든 것을 주께 드리는 즐거운 헌신이 있길 원합니다.

　교회에 속한 모든 기관들을 위해 기도합니다. 어린 주일학교로부터 학생회, 청년회, 남.여선교회에 이르기까지 주의 은혜로 부흥되어지는 역사를 경험케 하시며, 살아 역사하는 생동력 넘치는 기관들이 되게 하여 주옵소서.

　우리를 위하여 단위에 세워주신 목사님 위에 함께 하사 우리에게 주님의 말씀을 대언하실 때에 크신 은혜로 더하여 주옵소서.

　우리의 심령이 그 말씀으로 인하여 세상을 이기게 하시고 성령의 단비를 허락하사 새 생명 주옵소서. 예배의 시종을 주님께 위탁하오며 우리를 죄에서 구원하신 예수 그리스도의 이름으로 기도드립니다. 아멘

2월 넷째 주 대표기도문 ②

은혜가
충만하신 하나님!

우리에게 지난 한 주간의 평안을 허락하심을 감사합니다. 우리가 주님의 공의를 인정하며 순종하는 한 주간을 보내게 하심을 감사합니다. 거룩하신 하나님의 전에 당신의 영광을 위하여 나아오게 하심을 감사합니다.

우리의 예배를 통하여 하나님께 영광을 돌리게 하시며, 감사를 통하여 하나님의 축복의 역사가 일어날 수 있도록 함께 하여 주옵소서. 주님, 우리로 하나님의 나라를 위하여 헌신할 수 있는 복을 허락하여 주시고 헌신의 참된 즐거움을 맛볼 수 있는 큰 은혜를 주옵소서.

우리의 발길로 인하여 하나님의 나라가 확장되게 하시고, 우리의 입술로 인하여 주님이 증거 될 수 있도록 함께 하여 주옵소서. 우리에게 주님의 증인이 될 수 있는 권능을 허락하사 우리로 세상에서 주님의 증인이 될 수 있는 복을 허락하여 주시고 하나님의 백성으로 거룩하게 살아갈 수 있는 귀한 복을 더하여 주옵소서. 또한 주의 몸 된 교회를 위하여 기도드립니다.

우리의 교회가 주님의 몸으로 합당하도록 은혜를 더하여 주옵소서. 세상에서 구원의 방주 역할을 능히 감당할 수 있게 하셔서 꺼져가는 진리의 횃불을 다시금 불태우는 교회가 되게 하옵소서. 주님의 삶을 본받고 따르는 교회가 되어 세상을 정화시키는 소금의 역할을 감당하게 하옵소서.

그리하여 거친 세파에서 방황하는 심령들이 이 제단을 통하여 주님의 사랑을 깨닫고 진리의 말씀으로 인도되어 새로운 삶을 살아가게 하시며, 믿음과 소망과 사랑으로 가득 차서 하나님을 경외하고 이웃을 사랑하게 하옵소서. 성도의 삶으로 인도하시어 우리로 세상을 이길 수 있는 힘을 허락하여 주옵소서.

사랑 많으신 하나님!
이 자리에 보이지 않는 지체들을 위하여 기도드립니다. 그들이 고통 중에 있거든 해방되게 하시고, 그들이 고난 중에 있거든 평안하게 하시고, 그들이 주님의 공의에 거하지 않아 이 자리를 잊고 있거든 긍휼히 여기사 마음을 돌이켜 주님만 바라볼 수 있도록 함께하여 주옵소서. 모든 사랑으로 충만하신 우리 구주 예수 그리스도의 이름으로 기도드립니다. 아멘

2월 넷째 주 오후예배 기도문

은혜의 하나님!

허물 많은 우리를 하나님의 전에 나아와 찬양하며 예배드릴 수 있는 복을 허락하신 은혜에 감사합니다. 우리의 어리석음이 하나님을 경외하지 못하게 한 것은 아닌지요. 우리의 욕심 많음이 하나님께 감사하지 못한 것은 아닌지요. 또한 우리의 교만함이 하나님의 이름을 경솔히 여기지는 않았는지요.

우리의 죄를 용서하여 주시고 우리로 하나님의 거룩한 성도의 옷을 입게 하셨으니 우리로 성도의 본이 되게 하여 주옵소서. 우리로 하나님 나라의 거룩한 백성으로 살게 하옵소서.

사랑의 하나님!

부족한 우리들이 한 주일을 살면서 하나님의 전을 사모하며 산 것이 아니라 이웃의 허물로 인하여 우리의 즐거움이 되고 이웃의 고난으로 인하여 우리가 부요하지는 않았습니까?

지금도 세계 곳곳에 하나님의 나라를 선포하기 위하여 복음 사역을 감당하고 있는 선교사님들을 위해 기도합니다. 주를 위해 즐거이 헌신하고 있는 가운데 있사오니 사역에 열매가 맺어지게 하시고 낙망 가운데서라도 주의 놀라운 인도하심을 볼 수 있도록 큰 은혜를 허락하여 주옵소서. 십자가 군병 되어 승리의 개선가를 부르려 기쁨으로 주를 맞이하도록 인도하여 주옵소서.

하나님! 우리의 입술을 친히 주장하사 우리로 예수님의 제자 된 본을 받게 하시어 온유하고 인내하며 사랑으로 주님을 증거 할 수 있는 저희가 될 수 있도록 함께 하여 주옵소서. 긍휼히 여기사 우리의 허물과 죄로 인하여 우리를 정죄하지 마시고 우리가 하나님의 영광을 위하여 삶을 드릴 수 있도록 우리를 변화시켜 주옵소서. 우리의 모든 것은 주님의 것임을 고백합니다.

존귀하신 하나님!

우리의 몸과 재물과 재능까지 드리오니 기쁘게 받아 주옵소서. 성가대의 찬양이 영혼 깊은 곳에서 나오는 곡조가 되게 하시고 찬양이 메아리칠 때마다 비둘기 같은 성령이 하늘로부터 내리게 하옵소서. 우리에게 주님의 말씀을 대언하실 목사님을 친히 주장하사 우리에게 영혼의 만나를 내려 주옵소서. 우리의 심령이 하나님의 말씀에 힘입어 세상을 이길 수 있는 복을 허락하여 주옵소서. 항상 우리와 동행하심을 믿사오며 우리를 사랑하시는 예수님의 이름으로 기도드립니다. 아멘

3월 첫째 주 대표기도문 ①

공의로우신 하나님!

우리에게 하나님의 사랑과 보살피심을 늘 깨우쳐 알게 하심에 감사합니다. 하나님의 사랑이 어찌 이리 큰지 우리가 감당치 못하겠나이다. 우리의 영혼이 오직 하나님의 영광을 위하여 찬양하고 감사하며 영광 돌릴 수 있도록 함께하여 주옵소서.

사랑의 하나님!
우리의 죄를 기억하지 마시고 우리를 주님의 초장위에 쉬게 하여 주옵소서. 세상에서 주님을 잊고 너무도 많은 방황을 했습니다.
주님, 우리의 영혼과 육신은 곤고하여 주님의 품에 잠드오니 우리에게 쉼을 허락하여 주옵소서. 우리의 죄로 인하여 버려질 수밖에 없었던 우리를 고백하오니 주님 우리를 도우시옵소서. 우리로 하나님 의 푸른 초장에 거할 수 있도록 은혜를 더하여 주옵소서.

존귀하신 하나님!
우리가 주님을 의지하는 것이 세상을 이기는 방편이 되게 하시고 우리에게 하나님의 공의로우심을 기억하게 하시고 우리를 하나님의 거룩한 백성으로 세상을 이길 수 있는 믿음을 더하여 주옵소서.

우리의 이웃을 돌아보게 하시고 우리가 그들에게 예수님을 증거한 것 같이 그들 또한 세상에 나아가서 예수님을 증거 할 수 있는 귀한 지체가 되도록 함께 하여 주옵소서. 그들의 삶에 하나님의 임재하심을 볼 수 있는 기회가 있게 하여 주시고 우리로 그들을 위하여 기도하게 하심을 감사합니다.
　긍휼의 주님!
　아직도 가난과 기근으로 허덕이는 세계 많은 민족들이 있습니다. 한 끼 먹을 양식이 없어 죽어야만 하는 사람들이 많습니다. 그 땅의 평화를 내려 주옵소서. 풍요로움을 허락하시어 삶의 기쁨을 누리게 하여 주옵소서. 주께 돌아오는 역사가 그곳 가운데 일어나도록 역사하여 주옵소서.

　하나님! 이 시간 우리를 위하여 하나님의 말씀을 전하실 목사님을 위해서 기도하오니 목사님께 특별한 능력을 허락하셔서 우리가 그 입술을 통하여 증거 되는 말씀들로 인하여 복을 받는 사람으로 변화되게 하여 주옵소서. 건강 또한 강건하게 지켜 주시고 기도할 때마다 성령님의 역사하심이 나타날 수 있도록 함께하여 주옵소서.
　우리의 예배를 기쁘게 받으시기를 원하오며 거룩하신 예수 그리스도의 이름으로 기도드립니다. 아멘

3월 첫째 주 대표기도문 ②

사랑과 은혜가
충만하신 하나님!

오늘도 거룩한 성회로 모여 하나님의 인자하심을 찬양하며 경배할 수 있는 복을 허락하여 주시니 감사합니다.

우리의 예배를 기쁘게 받아 주옵소서. 우리의 예배를 통하여 복을 허락하여 주시고 우리의 감사를 통하여 오직 하나님만이 영광 받으시기를 원하오니 저희와 함께하여 주옵소서. 한 주간 동안도 우리를 지켜주심에 감사하여 우리가 하나님 앞에 모였사오니 주님을 기쁘게 예배할 수 있도록 은혜를 허락하여 주옵소서.

하나님! 우리가 더러운 죄인의 모습으로 일주일을 살다가 하나님의 거룩하심을 기억하여 하나님의 전에 나아오게 하심을 감사하오니 우리를 긍휼히 여기사 우리의 더러움을 씻겨 주시는 주님의 보혈을 의지하여 세상에서 하나님의 거룩하심을 드러낼 수 있도록 우리를 변화시켜 주시기를 기도합니다. 우리의 기도를 응답하여 주시기를 간구합니다.

사랑의 하나님!

우리를 하나님의 선하신 계획안에 거하게 하시며 우리를 하나님의 선하신 계획의 도구가 되게 하여 주시고 우리로 어두움의 권세를 이기는 빛이 되게 하여 주시고 우리의 삶이 썩어지지 않는 소금의 역할을 감당할 수 있도록 함께하여 주옵소서. 우리의 삶이 하나님께 거룩한 제사로 드려지기를 원하오니 주님 우리의 기도를 들어 응답하여주옵소서.

우리가 성도의 교제를 나누게 하시며 우리의 교제를 통하여 하나님의 영광이 더욱 빛나게 되기를 원하오니 성령의 열매가 맺게 하시고 예수님의 성품을 닮아갈 수 있는 복을 허락하여 주옵소서.
하나님의 거룩한 백성의 향기가 우리의 삶에서 풍겨 나오기를 원하오니 하나님 우리의 삶을 주관하여 주옵소서. 또한 하나님 우리의 예배를 위하여 돕는 손길들 위에 함께하사 축복하여 주시고 성가대 위에 특별히 임하사 마음과 정성을 다하여 하나님을 찬양할 수 있도록 축복하여 주옵소서.

하나님의 말씀을 듣고 단위에 서신 목사님께 특별히 함께하사 우리에게 하나님의 말씀을 증거 하실 때에 우리의 영혼에 하나님의 성령의 빛이 비춰게 하여 주시고 그 빛으로 인하여 어두움을 이길 수 있는 권세를 허락하여 주옵소서. 예배를 주님께 의탁하오며 거룩하신 예수님의 이름으로 기도드립니다. 아멘

3월 첫째 주 오후예배 기도문

존귀하신 하나님!

우리에게 존귀하신 주님으로 오심을 감사합니다. 우리에게 사랑과 희생의 본을 보이시려고 이 세상에 오심을 감사합니다. 우리가 하나님의 형상으로 지음을 받았으니 감사합니다. 온전히 하나님의 영광을 위하여 살아갈 수 있도록 함께 하심을 감사합니다. 우리에게 복을 주시려고 예배드리게 하심을 감사합니다.

공의로우신 하나님!
죄인이었던 우리를 고백합니다. 우리의 죄를 용서하시고 이후로는 죄인의 삶을 살지 않도록 이끌어 주시고 우리에게 새로운 힘을 허락하사 세상을 이길 수 있는 복을 허락하여 주옵소서. 주님의 공의로우심으로 인하여 우리가 하나님을 경외함으로 범죄치 아니하도록 축복하여 주옵소서.

우리의 입술은 왜 이리도 완악한지, 우리의 손길은 왜 이리도 강퍅한지, 주님 우리의 언행을 친히 주장하셔서 주님의 본을 보일 수 있는 저희들이 될 수 있도록 함께 하여 주옵소서. 범죄치 아니하도록 우리를 주야로 지켜 주시기를 원합니다. 우리에게 하나님 이외의 다른 영에 사로잡히지 아니하도록 날마다 눈동자처럼 지켜 보호하여 주옵소서. 하나님의 거룩한 선민으로서의 삶으로 인도하시고 우리에게 부족함이 없이 채워 주시는 주님으로 인하여 날마다 감사와 찬양의 제사가 되게 하시고 입술을 열 때마다 하나님의 영광을 찬송하게 하여 주옵소서. 성도로서 부끄럽지 않은 우리가 되게 하여 주옵소서.

오늘도 저희들이 주님을 간절히 사모하는 마음으로 예배드리며 기도하고 말씀을 들을 때에 내주하시는 주님의 임재하심을 강하게 느낄 수 있도록 하시고 우리를 위하여 예비하신 축복이 넘치도록 부어주시는 복된 시간이 되게 하여 주옵소서. 말씀을 전하시는 목사님을 성령의 능력으로 인도하시기를 원합니다.

또한 상처 받은 심령들이 많은 이때에 우리의 마음을 주님의 말씀으로 치유하시고 싸맬 수 있도록 갑절의 능력을 허락하여 주옵소서. 예배의 시종을 주님께 의탁하오며, 상한 심령을 위로하시는 우리 구주 예수 그리스도의 이름으로 기도드립니다. 아멘.

3월 둘째 주 대표기도문 ①

은혜가
풍성하신 하나님!

우리를 택하사 우리로 하나님을 찬양하게 하시려고 하나님의 전에 불러 주신 은혜에 감사합니다. 보잘것없는 우리의 인생을 하나님을 경외하기 위한 수단으로 변화시키사 하나님의 전에 찬양과 영광을 돌리게 하시니 감사합니다. 우리가 참으로 하나님께 감사하기는 어려운 시국 속에서도 교회에 속한 모든 가정을 지켜 보호하여 주신 은혜에 감사합니다.

거룩하신 하나님!

우리가 범죄 하여 주님 앞에 나왔음을 고백하지 않을 수 없사오니 주님 우리들의 죄들을 용서하여 주시고 우리의 예배를 기쁘게 받으시기를 원하오니, 주님, 하나님의 영광을 가리우지 아니하도록 우리의 삶을 주장하여 주옵소서.

이웃이 고통당할 때 돌아보게 하시고, 세상의 유혹이 내게 시련이 된다 할지라도 오직 하나님의 영광을 위하여 이겨낼 수 있도록 새 힘을 허락하여 주옵소서. 이 나라를 위해서 기도하오니, 이 땅의 주인은 오직 여호와 하나님이심을 인정하고 주의 의를 인하여 이나라 이 땅이 복음화될 수 있도록 함께 하시고 이 나라의 위정자들을 하나님의 의로운 오른손으로 붙드사 오직 하나님의 영광된 나라가 되게 하시옵소서.

이 땅의 세워진 교회들을 위해서 기도하오니 주님의 지체된 우리가 하나님께서 우리에게 명하신 본분을 감당할 수 있는 복을 허락하여 주시고, 우리로 하나님께 칭찬받는 귀한 청지기가 되게 하옵소서.

동행하시는 하나님!
오늘도 우리를 거룩한 성회로 이곳에 모으셨다가 우리가 각자의 가정으로 직장으로 돌아갈 때에도 하나님이 함께 계셔 우리의 삶을 인도하여 주시기를 간구합니다. 우리의 기도를 응답하여 주시고 하나님의 거룩한 백성으로 일주일을 살다가 하나님의 전으로 나아올 수 있는 복을 허락하여 주옵소서.

오늘 선포되어질 말씀 가운데 함께하사 우리의 영과 혼과 골수와 관절을 쪼개고도 남는 말씀이 되게 하시어 하나님을 향한 새로운 피조물로 태어나게 하시옵소서. 지금은 예배의 첫 시간이오니 마치는 시간까지 주님 홀로 영광 받으시기를 간구하며 죄 없이 돌아가신 예수 그리스도의 이름으로 기도드립니다. 아멘

3월 둘째 주 대표기도문 ②

공의로우신 하나님!

▌ 허물많은 우리를 하나님께로 돌이켜 오게 하심을 감사합니다. 우리의 불의로 인하여 멸하지 아니하시고 긍휼히 여기시고 용서하신 은혜에 감사합니다. 우리가 하나님을 알기 오래전부터 우리를 아시고 우리의 모든 필요에 공급하시는 하나님, 참으로 감사합니다.

우리로 하나님의 전에 감사와 찬양이 끊이지 않도록 축복하여 주옵소서. 지난 한 주간도 눈동자처럼 보호하시다가 하나님의 전에 나아와 예배를 드리게 하시니 감사합니다. 하나님 홀로 영광 받으시기를 원합니다.

긍휼의 하나님!
우리에게 성도의 삶을 요구하셨건만, 우리가 한주일 동안 살아온 것을 되돌아봅니다. 주님 우리를 긍휼히 여기사 용서하여 주옵소서. 입술로 하나님께 감사하는 성도의 삶을 살아야 하건만 우리의 입술은 이웃의 허물을 증거 하는 입술이었음을 고백하오니 용서하여 주옵소서. 우리의 눈이 하나님을 바라보는 성도의 눈이어야 했지만

라 이 땅이 복음화될 수 있도록 함께 하시고 이 나라의 위정자들을 하나님의 의로운 오른손으로 붙드사 오직 하나님의 영광된 나라가 되게 하시옵소서.

이 땅의 세워진 교회들을 위해서 기도하오니 주님의 지체된 우리가 하나님께서 우리에게 명하신 본분을 감당할 수 있는 복을 허락하여 주시고, 우리로 하나님께 칭찬받는 귀한 청지기가 되게 하옵소서.

동행하시는 하나님!
오늘도 우리를 거룩한 성회로 이곳에 모으셨다가 우리가 각자의 가정으로 직장으로 돌아갈 때에도 하나님이 함께 계셔 우리의 삶을 인도하여 주시기를 간구합니다. 우리의 기도를 응답하여 주시고 하나님의 거룩한 백성으로 일주일을 살다가 하나님의 전으로 나아올 수 있는 복을 허락하여 주옵소서.

오늘 선포되어질 말씀 가운데 함께하사 우리의 영과 혼과 골수와 관절을 쪼개고도 남는 말씀이 되게 하시어 하나님을 향한 새로운 피조물로 태어나게 하시옵소서. 지금은 예배의 첫 시간이오니 마치는 시간까지 주님 홀로 영광 받으시기를 간구하며 죄 없이 돌아가신 예수 그리스도의 이름으로 기도드립니다. 아멘

3월 둘째 주 대표기도문 ②

공의로우신 하나님!

▌ 허물많은 우리를 하나님께로 돌이켜 오게 하심을 감사합니다. 우리의 불의로 인하여 멸하지 아니하시고 긍휼히 여기시고 용서하신 은혜에 감사합니다. 우리가 하나님을 알기 오래전부터 우리를 아시고 우리의 모든 필요에 공급하시는 하나님, 참으로 감사합니다.

우리로 하나님의 전에 감사와 찬양이 끊이지 않도록 축복하여 주옵소서. 지난 한 주간도 눈동자처럼 보호하시다가 하나님의 전에 나아와 예배를 드리게 하시니 감사합니다. 하나님 홀로 영광 받으시기를 원합니다.

긍휼의 하나님!
우리에게 성도의 삶을 요구하셨건만, 우리가 한주일 동안 살아온 것을 되돌아봅니다. 주님 우리를 긍휼히 여기사 용서하여 주옵소서. 입술로 하나님께 감사하는 성도의 삶을 살아야 하건만 우리의 입술은 이웃의 허물을 증거 하는 입술이었음을 고백하오니 용서하여 주옵소서. 우리의 눈이 하나님을 바라보는 성도의 눈이어야 했지만 우리의 눈은 불의를 보고도 못 본척하였고, 우리의 눈은 범죄 할 것을 찾지는 않았는지 우리의 죄들을 용서하여 주옵소서. 이후로는 범죄치 아니하도록 하나님만을 위한 성도가 되도록 은혜로 날마다 새롭게하여 주옵소서.

사랑의 하나님!
교회를 위해서 기도드립니다. 우리 모든 성도들이 오직 하나님만을 섬기고 오직 하나님만을 위해 봉사하며 하나님의 영광을 위하여 교제를 나눌 수 있는 우리가 되게 하여 주시고 우리를 주님의 몸 된 교회의 지체되기에 부끄럽지 않는 삶으로 인도하여 주옵소서. 그러므로 세상을 이기게 하시고, 세상에서 주님의 증인 되는 복을 허락하여 주옵소서.

이웃을 위하여 기도하고 봉사하게 하시고 그들의 필요에 도움의 손길이 될 수 있는 복을 허락하여 주옵소서. 우리에게 하나님이 주신 여력으로 이웃을 위하여 헌신할 수 있는 믿음을 더하여 주옵소서. 또한 예배를 위하여 봉사하는 많은 손길들을 축복하시고 말씀 들고 단위에 서신 목사님 위에도 함께하사 충만한 은혜를 쏟아 주시기를 간구하오며 우리의 죄를 대속하신 예수 그리스도의 이름으로 기도드립니다. 아멘

3월 둘째 주 오후예배 기도문

생명 되신 하나님!

▎이 시간 주님께 귀한 예배를 드리게 하시니 감사합니다. 세상 향락에 빠져 주님을 부인하던 우리가, 세상과 타협하며 믿음을 잃어버리던 우리가 하나님의 전으로 나아와 예배를 드리게 하시니 감사합니다.

우리의 연약함을 예배를 통하여 회복되어 하나님께 영광 돌리게 하여 주옵소서. 우리에게 신령한 꼴을 먹이시려 불러 주신 은혜에 감사합니다. 우리의 몸이 자라는 것 같이 영적으로도 성장할 수 있도록 함께 하여 주옵소서.

자비로우신 하나님!

우리의 죄를 용서하시고 우리의 죄로 인해 우리를 정죄하지 마시고, 우리를 불쌍히 여기사 죄를 사하여 주옵소서. 세상 향락에 빠지더라도 주님만이 나의 삶의 주재자이심을 인정하고 고백하게 하시며, 세상과 타협하지 않게 하시고, 우리에게 담대한 믿음을 허락하셔서, 우리의 믿음으로 세상을 이길 수 있는 힘을 날마다 공급하여 주시기를 간구합니다. 우리 기도를 들어 응답해 주옵소서.

하나님께서 우리에게 맡겨주신 사명이 있사오니 우리가 그것을 감당할 때에 기쁨이 되게 하시고, 우리에게 그 사명으로 인하여 살아가는 이유가 되게 하심으로 성도의 삶으로 하나님께 영광 돌리도록 축복하여 주옵소서. 그것으로 인하여 피곤하거나 어려움을 당할 때에도 하나님만을 바라보며 승리할 수 있도록 함께하여 주옵소서.

우리 교회에 속한 많은 성도님들이 모두 함께 한마음 한 뜻으로 기도하며 전도에 힘써서 주님의 선한 사업에 동참하도록 축복하여 주옵소서. 주님이 보시기에 아름다운 주님의 귀한 재단이 되게 하여 주옵소서.

순종함으로 하나님의 영광이 드러나게 하시고, 우리의 순종이 하나님께 열납 되기를 원하오니 하나님, 우리의 기도를 들으시고 우리에게 하나님이 주신 사명을 잘 감당할 수 있는 믿음을 허락하여 주옵소서.

목사님을 통하여 주시는 말씀으로 은혜받게 하시고, 그 말씀으로 인하여 세상을 이길 수 있는 복을 허락하여 주옵소서. 날마다 하나님의 말씀을 가슴에 품고 살아감으로 하나님을 볼 수 있는 귀한 복을 허락하여 주옵소시. 거룩하신 예수 그리스도의 이름으로 기도드립니다. 아멘

3월 셋째 주 대표기도문 ①

사랑과 구원의 하나님!

▎우리를 사랑하사 우리 죄를 대신하여 십자가를 지신 주님의 고난을 생각합니다. 주님의 고난을 기리는 사순절을 통하여 저희들로 하여금 자기를 부인하고 자기 십자가를 지고 주님을 따를 수 있도록 도와주시옵소서. 더욱 경건하고 더욱 겸손한 마음으로 낮아지신 주님을 본받을 수 있게 하옵소서.

긍휼의 하나님!
우리의 참담한 일주일을 고백합니다. 기도해야 하는 시간에 기도하지 않고, 참고 기다려야 하는 시간에 분노했던 죄를 용서하여 주옵소서. 조금 선한 일을 한 것에도 칭찬받기를 원했고, 봉사를 하면서도 하나님의 영광을 드러내기보다는 인간의 욕심을 앞세웠습니다. 우리의 죄를 사하여 주옵소서.

우리의 타락한 죄성을 용서하시어 깨끗한 심령으로 정결하게 하시고 우리의 타락한 영혼을 맑게 하여 주옵소서. 오직 주님만을 바라보며 살게 하시고, 날마다 하루하루를 주님과 동행하는 임마누엘의 삶이 되게 하옵소서.

오늘 이 예배를 통하여 우리의 회개로 주님과 연합되는 귀한 시간이 있게 하시고 우리의 삶 속에서 친히 간섭하시는 주님을 만날 수 있도록 축복하여 주옵소서.

거룩하신 하나님!
우리에게 제자들의 발을 친히 씻겨 주신 예수님을 본받아 저희도 십자가의 사랑을 실천할 수 있는 우리가 되게 하시고 이웃을 십자가의 사랑으로 품는 우리가 되게 하시고 세속적인 것들로 배불러지는 교회가 되지 아니하도록 우리로 성도의 본분을 지킬 수 있는 복을 허락하여 주옵소서. 주님이 당신을 위하여 아무것도 취하거나 챙겨 놓지 않으셨던 것처럼 우리의 모든 것으로 영적으로 가난한 자를 부요케 하는 십자가의 정신이 살아있는 우리의 삶이 되기를 원합니다.

오늘도 피 묻은 십자가의 복음을 증거 하시기 위해 단 위에 서신 목사님을 기억하시고, 불붙는 마음으로 말씀을 선포하실 때 십자가의 사랑이 멀리 있었던 저희 심령이 회개하고 통곡의 자리로 변화되게 하옵소서. 언제나 은혜로운 찬양으로 예배를 돕는 성가대 위에도 큰 사랑으로 덧입혀 주옵소서. 우리를 죄에서 구원하시기 위해 모든 것을 아낌없이 내어 놓으신 예수님의 이름으로 기도 드립니다.
아멘

3월 셋째 주 대표기도문 ❷

십자가의
사랑을 보여주신 하나님!

▌ 경배와 찬양을 돌립니다. 세상에서 살면서 상처 받은 영혼들을 주님의 거룩한 전으로 불러주신 주님께 감사를 드립니다. 허물 많은 저희들이 주님의 은총을 사모하여 이 자리에 모였사오니 복을 허락하여 주옵소서. 존귀하신 주님의 성호를 경외함으로 두려워해야 함에도 불구하고 옛사람의 구습을 쫓아 썩어져 가는 세상을 살아가고 있지는 않았는지요?

 이 세상을 쫓아 살려고 하는 유혹 앞에 힘없이 빨려 들어, 주님 지신 십자가의 은혜를 저버리지 않도록 붙들어 주시기를 원합니다. 세상을 이기는 힘이 주님께 있음을 깨닫습니다. 바람 앞에 놓인 등불처럼 흔들리기 쉬운 우리를 주님의 크신 권능으로 붙잡아 주셔서 늘 세상을 이기는 능력의 삶이 되게 하여 주옵소서.

 양초가 자신의 몸을 태워 어두움을 밝히듯 우리 몸이 주님을 닮아 없어지게 하옵소서. 주님을 뵈올 때까지 십자가의 대한 벅찬 감격을 끌어안고 선한 싸움을 다 싸우면서 주님을 볼 수 있게 하옵소서. 우리에게 믿지 않는 많은 영혼들의 본이 되게 하여 주옵소서.

은혜와 사랑의 주님!

우리 교회를 위해서 기도하오니 주님의 피 값을 주고 사신 이 교회가 건물만 그럴듯하고 십자가를 상실한 교회가 되지 말게 하시고 구석구석마다 피 묻은 십자가의 정신과 복음이 깊게 스며들게 하셔서, 교회를 찾는 모든 심령들이 십자가의 예수 그리스도를 만나게 하시고, 가슴을 찢는 회개와 그리스도의 피조물로 그 십자가의 감격을 머리가 아닌 가슴으로 체험하는 영적 부흥이 있게 하옵소서. 그러므로 우리가 하나님의 영광의 빛 가운데 거하게 하시고 우리의 삶이 제사로 드려지는 귀한 역사가 일어나게 하시옵소서.

주님의 몸 된 교회를 위하여 주님께서 주신 귀한 직분을 맡아서 충성하는 손길들을 기억하시고, 저들의 수고가 더해질 때마다 주님을 사랑하는 신앙고백이 넘쳐나게 하옵소서.

특별히 예배를 위하여 찬양을 드리는 성가대 위해 함께 하시고 십자가의 사랑으로 말씀을 전하시는 목사님 위에 함께 하사 우리의 예배가 풍성케 하시고 우리의 예배를 기쁘게 받으시길 원하오며 예배의 시종을 주님께 의탁하오며, 지금도 우리를 피 묻은 십자가 앞으로 이끄시는 예수 그리스도의 이름으로 기도드립니다. 아멘

3월 셋째 주 오후예배 기도문

거룩하신 하나님!

구약의 오랜 시간 속에서 우리에게 약속하신 메시야를 이 땅에 보내시고 구속의 사역을 완성하심으로 말미암아 우리가 생명을 얻게 되었음을 감사합니다. 이 은혜에 감사하는 저희들이 오늘도 기도와 찬송으로 주님만을 경배하오니 받아 주옵소서. 우리의 예배로 기쁨의 제사가 되기를 원합니다.

공의로우신 하나님!
우리에게 세상의 유혹에 빠져 탕자처럼 방황하고 주님께서 허락하신 은혜를 허비하지 않도록 동행하시기를 원합니다. 오늘의 평안으로 하나님의 구속에서 떠난 삶을 살고 있지는 않은지 오늘의 배부름으로 인하여 하나님의 간섭하심을 잊고 있지는 않은지 우리의 삶을 되돌아봅니다.
저희는 죄인이었음을 고백하지 않을 수 없습니다. 우리의 교만함과 우리를 감추기 위한 정당함을 용서하여 주옵소서. 크신 은혜를 베푸사 우리가 십자가의 보혈의 능력으로 정결한 몸과 마음으로 거듭나게 하옵소서.

오늘 이 시간 주님께 예배드리는 이 모습이 바로 십자가의 사랑 앞에 죄 사함을 받은 인생들의 삶인 것을 믿습니다. 주님 앞에 예배할 때마다, 못 박혀 죽으신 주님을 기억하며, 주님의 몸 위에서 쏟아지는 십자가 보혈로 저희 영혼이 잠기는 놀라운 은혜가 있게 하옵소서.

우리의 마음을 깨끗하게 하사 주의 영광을 찬양하게 하여 주옵소서. 온 심령이 새롭게 창조되고 피곤한 육신이 치유함을 얻을 수 있는 귀한 시간이 되기를 원합니다. 우리를 향하신 선하심과 인자하심을 찬양합니다

오늘도 십자가의 복음을 설교하시는 목사님을 십자가의 능력으로 붙드시고, 말씀을 듣는 저희 모두는 우리의 삶을 붙들고 계시는 주님의 은혜를 깨닫게 하옵소서. 주님의 몸 된 교회를 위하여 몸 받쳐 충성하는 일꾼들을 붙잡아 주시고, 저들의 수고가 더해질 때마다 신령한 주의 은혜를 맛보게 하옵소서.

지금은 예배의 처음 시간이오니 마치는 시간까지 함께 하여 주시고 주님 홀로 영광 받으시기를 원하오며 우리를 죄에서 구원하신 예수 그리스도의 이름으로 기도드립니다. 아멘

3월 넷째 주 대표기도문 ①

성령의 주 하나님!

■ 우리로 하나님의 전을 사모하며 연단을 통하여 소망을 갖게 하시며 하나님의 성령으로 사로잡힌 우리가 되게 하시니 감사합니다. 우리의 입술로 감사와 찬양이 끊이지 아니하도록 축복하신 은혜 또한 감사합니다. 우리의 삶을 친히 주관하시고, 우리의 필요를 공급하시는 하나님, 감사합니다.

씻기시고 태우시는 주님!
죄를 소멸해 주시는 은혜를 간절히 구합니다. 없어져야 할 것들이 완전히 없어지는 이 시간이 되기를 원합니다. 정결한 새 사람으로 변화되게 하여 주옵소서. 그래서 바울처럼 주님만을 바라보며 믿음을 지키는 삶이 되게 하시옵소서.

자신의 몸을 십자가에서 죽으심으로 우리에게 생명을 주셨으니 오늘 저희들도 우리 자신을 깨뜨려 주님의 말씀에 순종하는 삶을 살게하시고, 갈한 심령들이 주님의 말씀으로 영원히 목마르지 아니할 생수를 얻을 수 있도록 십자가의 복음을 전하게 하옵소서.

오늘 이 시간 주님께 예배드리는 이 모습이 바로 십자가의 사랑 앞에 죄 사함을 받은 인생들의 삶인 것을 믿습니다. 주님 앞에 예배할 때마다, 못 박혀 죽으신 주님을 기억하며, 주님의 몸 위에서 쏟아지는 십자가 보혈로 저희 영혼이 잠기는 놀라운 은혜가 있게 하옵소서.

　우리의 마음을 깨끗게 하사 주의 영광을 찬양하게 하여 주옵소서. 온 심령이 새롭게 창조되고 피곤한 육신이 치유함을 얻을 수 있는 귀한 시간이 되기를 원합니다. 우리를 향하신 선하심과 인자하심을 찬양합니다

　오늘도 십자가의 복음을 설교하시는 목사님을 십자가의 능력으로 붙드시고, 말씀을 듣는 저희 모두는 우리의 삶을 붙들고 계시는 주님의 은혜를 깨닫게 하옵소서. 주님의 몸 된 교회를 위하여 몸 받쳐 충성하는 일꾼들을 붙잡아 주시고, 저들의 수고가 더해질 때마다 신령한 주의 은혜를 맛보게 하옵소서.

　지금은 예배의 처음 시간이오니 마치는 시간까지 함께 하여 주시고 주님 홀로 영광 받으시기를 원하오며 우리를 죄에서 구원하신 예수 그리스도의 이름으로 기도드립니다. 아멘

3월 넷째 주 대표기도문 ①

성령의 주 하나님!

▌우리로 하나님의 전을 사모하며 연단을 통하여 소망을 갖게 하시며 하나님의 성령으로 사로잡힌 우리가 되게 하시니 감사합니다. 우리의 입술로 감사와 찬양이 끊이지 아니하도록 축복하신 은혜 또한 감사합니다. 우리의 삶을 친히 주관하시고, 우리의 필요를 공급하시는 하나님, 감사합니다.

씻기시고 태우시는 주님!
죄를 소멸해 주시는 은혜를 간절히 구합니다. 없어져야 할 것들이 완전히 없어지는 이 시간이 되기를 원합니다. 정결한 새 사람으로 변화되게 하여 주옵소서. 그래서 바울처럼 주님만을 바라보며 믿음을 지키는 삶이 되게 하시옵소서.

자신의 몸을 십자가에서 죽으심으로 우리에게 생명을 주셨으니 오늘 저희들도 우리 자신을 깨뜨려 주님의 말씀에 순종하는 삶을 살게하시고, 갈한 심령들이 주님의 말씀으로 영원히 목마르지 아니할 생수를 얻을 수 있도록 십자가의 복음을 전하게 하옵소서.

우리의 모든 삶이 오직 하나님을 위한 귀한 성도의 삶이기를 원하오며, 우리의 삶이 하나님께 산제사로 드려지기를 원하오니 우리에게 도움의 손길을 허락하시기를 간구합니다.

사랑의 주님을 본받기를 원하오니 주님을 본받아 십자가를 지고 사는 삶이란 무엇보다도 희생적인 봉사의 삶임을 저희들이 깨닫습니다. 구원의 주님을 위해 개인적으로 세상적인 욕망은 포기하고 순종할 수 있도록 도와주옵소서. 높아지려는 마음과 명예보다, 그 어느 곳에 있든지 주님께 감사하며 헌신과 봉사로 십자가의 사랑을 나타내는 삶을 살게 하여 주옵소서.

거룩하신 하나님!
또한 우리의 예배를 위하여 돕는 많은 손길들이 있사오니 하나님의 거룩한 은혜로 그 손길들 위에 축복하시고, 그 손길들 위에 함께 하사 날마다 새롭게 되는 은혜를 허락하여 주옵소서.

말씀을 들고 단위에 서신 목사님 위에 축복하사 우리의 심령이 하나님의 은혜에 충만케 하여 주옵소서. 말씀을 붙들고 세상을 이길 수 있는 힘을 허락하여 주옵소서.

예배의 시종을 주님께 의탁하오며 거룩하신 예수 그리스도의 이름으로 기도드립니다. 아멘

3월 넷째 주 대표기도문 ❷

언제나 지극하신 사랑으로
우리를 보호하여 주시는 주님!

■ 우리를 위하여 목숨까지도 버리신 그 크신 사랑을 받을 자격이 없음에도 불구하고 조금도 꾸짖지 아니하시고 다시금 우리를 불러주신 은혜에 감사하며 경배합니다. 우리를 받아주옵소서. 이 예배를 통하여 우리에게 복을 허락하시고, 우리의 기도로 인하여 하나님의 영광의 빛을 힘입을 수 있도록 축복하여 주옵소서.

거룩하신 하나님!
연약한 우리를 용서하여 주시고, 우리의 연약함으로 인하여 범죄하는 우리를 용서하여 주옵소서. 십자가의 주님만을 바라보고 살아가겠노라 하면서도 작은 유혹에 쉽게 흔들리며 살았습니다.
아직도 죄가 저희 안에서 왕노릇함을 깨닫습니다. 통회하고 자복하오니, 주님 우리를 정결케 하시고 세상을 이길 힘을 허락하여 주옵소서. 죄의 종이 되지 아니하도록 은혜를 더하여 주옵소서.
오늘도 열매 맺는 삶을 위하여 주님의 고난에 적극적으로 동참하면서 살기를 원하는 성도들을 붙잡아 주시고, 세상의 빛과 소금으로 사는 것을 잊지 않게 하시옵소서.

하나님 보시기에 아름다운 성도의 역할을 감당할 수 있는 우리가 되게 하시고, 주님의 사랑을 실천하게 하시어 우리의 이웃을 위하여 기도하게 하시옵소서.

이웃의 아픔으로 인하여 주님의 고난을 기억하사 우리로 그들에게 도움의 손길을 펼 수 있는 복을 허락하여 주옵소서.

오늘도 생명의 복음을 증거 하기 위하여 목사님께서 단위에 섰사오니 하나님의 은혜로 구원의 복음을 힘있게 선포할 수 있도록 이끌어 주옵소서. 또한 성가대의 귀한 직분을 감당하는 성가대원들 위에 함께 하사 크신 은혜로 하나님의 성호를 찬양할 때에 더욱 공교히 찬양할 수 있는 복을 허락하여 주시고, 우리의 찬양으로 하늘 문을 여시고 하늘의 신령한 비밀들을 알게 하여 주옵소서.

만왕의 왕이시지만 이곳 낮은 땅에 임하시어 십자가를 짊어지심으로 우리를 구원하시며, 또한 부활하셔서 지금도 우리에게 부활의 소망이 되시며, 주 오실 날을 기다리는 소망 가운데 살게 하시는 은혜를 감사합니다. 그 은혜를 날마다 찬양하며 살게 하여 주옵소서. 믿음의 주요, 소망의 근원이시며, 사랑의 능력 되시는 우리 구주 예수 그리스도의 이름으로 기도드립니다. 아멘

3월 넷째 주 오후예배 기도문

인자하신 하나님!

■ 오늘도 하나님의 전에 나아오게 하심을 감사합니다. 하나님의 말씀을 사모하여 이곳에 오게 하시고, 우리의 마음을 하나님의 은혜를 사모하는 갈급한 심령으로 허락하심을 감사합니다. 우리로 하나님의 말씀으로 인하여 복을 받게 하시고 그 약속의 말씀으로 소망을 갖게 하심으로 세상을 이기는 복을 허락하여 주옵소서.

거룩하신 하나님!
우리의 부끄러운 삶을 고백합니다. 우리가 하나님의 사랑 안에 거한다 하면서도 우리의 죄로 인하여 하나님의 사랑을 부인하는 때가 많사오니 하나님의 강권하시는 은혜로 거룩하게 하여 주옵소서.

오직 여호와를 신뢰함으로 우리의 마음이 정결케 하시기를 원하오며, 우리의 마음이 깨끗하게 됨으로 하나님의 성호를 찬양하도록 축복하여 주옵소서. 우리로 하나님과 상관없는 사람이 되지 않게 하시고 모든 것들이 하나님의 울타리 안에 거하게 하시옵소서. 우리의 모든 것들을 친히 주장하시기를 원하오니 우리의 기도를 들어 응답해 주시옵소서. 또한 성도의 가정 가정마다 사랑의 줄로 붙들어 주시기를 원합니다. 고통과 어려움이 있는 가정도 있사오니, 이럴 때일수록 고난도 유익이 된다는 성경말씀을 굳게 의지하고, 우리의 목자 되셔서 좋은 것을 주시기를 원하는 주님만을 의지하게 하시옵소서.

나라가 힘들고 어려워지면서 교회의 책임이 너무도 큼을 절감합니다. 어지러운 나라를 가슴에 품고, 마음을 쏟아 주님 앞에 울부짖던 믿음의 선조들처럼, 이때를 가시 돋친 눈으로만 볼 것이 아니라 진정으로 이 나라를 통하여 주님 앞에 부르짖지 않고는 견딜 수 없는 영적인 부담을 느끼며 교회마다 성도마다 기도하게 하시옵소서.

오늘도 목사님을 붙들어 주시고, 말씀마다 저희 심령 속에 살아서 역동하는 역사가 있게 하여 주옵소서. 주님을 닮기를 원하여 몸을 드리며 봉사하는 일꾼들의 땀방울로 교회가 든든해지고 구원받는 숫자가 날마다 더해지는 축복이 있게 하옵소서.

예배의 시종을 주님께 의탁하오며 십자가의 사랑으로 우리를 구속하여 주신 예수 그리스도의 이름으로 기도드립니다. 아멘

4월 첫째 주 대표기도문 ①

거룩하신 하나님!

신록이 무르익는 계절입니다. 해마다 우리에게 새로운 계절로 즐겁게 하심을 감사드립니다. 푸른 들을 보면서 하나님의 관대하심을 찬양하게 하시니 감사합니다. 주님의 수난으로 우리가 새 생명을 얻게 하심을 감사합니다. 주님께서 고난의 쓴잔을 받지 않으셨더라면 저희들은 여전히 죄의 종노릇 하면서 마귀의 자식으로 살았을 것입니다.

하지만 저희 대신 주님이 질고를 지시고 징벌을 받으시고 찔림과 상함을 받으셨기에, 우리가 나음을 입었고 죄 사함 받고 구원을 소유한 축복된 자녀로 살게 되었음을 믿나이다. 십자가에 달리셨던 주님을 기억하고, 주님의 그 위대하신 사랑에 늘 감격하며 주님을 사모하는 저희들이 되게 하여 주옵소서.

오 주님! 우리 속에 있는 죄악의 쓴 뿌리들을 제거시켜 주시고 주님을 위해 아낌없이 향유를 부은 마리아처럼, 온 마음으로 주님을 찬양하는 저희들이 되게 하여 주옵소서. 입술로 다른 이를 정죄하지 않게 도와주시고, 마음으로 다른 이를 미워하지 아니하도록 주께서 친히 붙들어 주시기를 간구합니다. 우리의 입술이 하나님의 거룩한 영으로 사로잡히게 하시고, 우리가 무릎으로 더욱 주님께 가까이 갈 수 있도록 축복하여 주옵소서. 주님의 피 묻은 십자가를 언제나 사랑하게 하시고, 주께서 받으셨던 고난의 쓴잔을 이제 우리가 받게 하여 주옵소서.

주님의 사랑을 기억하며 다른 이들의 가슴에도 주님의 사랑을 심을 수 있도록 축복하여 주옵소서. 주님의 피 값을 주고 사신 교회도 종교적인 겉치레들로만 가득 찬 외식하는 교회가 되지 말게 하시고 진정으로 주님의 이름을 드높이고 죄악의 사슬을 풀어 생명과 자유를 주신 주님을 함께 찬양할 수 있는 교회가 되게 하여 주옵소서.

예배드리는 동안 평화와 구원의 왕이신 주님과 깊은 교제를 나누는 시간이 되게 하여 주옵소서. 말씀을 강론하시는 목사님도 성령의 능력으로 붙들어 주옵소서. 하나님의 성호를 찬양하는 찬양대도 하나님의 거룩하심을 위해 이 자리에 있게 하시고, 봉사하는 손길로 예배를 돕는 모든 손길 위에 함께하사 축복하심으로 우리의 입술에 감사가 넘치도록 축복하여 주옵소서. 우리를 죄악에서 구원하신 예수 그리스도의 이름으로 기도드립니다. 아멘

4월 첫째 주 대표기도문 ❷

영광의 하나님!

우리로 하나님의 거룩하심을 찬양하며 이곳에서 하나님의 은혜를 사모하며 오게 하신 은혜에 감사합니다. 우리의 입술이 오직 하나님을 찬양하기를 원하오니 주님, 우리를 도우사 우리로 하나님의 거룩한 백성으로서의 입술을 갖게 하여 주옵소서. 날마다 감사와 찬양이 끊이지 아니하는 입술이 되게 하여 주옵소서.

거룩하신 하나님!
아직도 주님을 본받기에 힘들어하는 저희들을 긍휼히 여기시고 주님의 십자가 사랑만 붙들고 어두운 세상을 십자가의 정신으로 밝히며, 불꽃처럼 살아갈 수 있는 저희들이 되게 하여 주옵소서. 특별히 간구하는 것은 이 나라를 긍휼히 여겨 주옵소서.

갈수록 나라가 어수선해지고 경제적 불안이 심화되고 있사오니 평화의 왕이 되시는 주님께서 이 민족을 치료하시고 건지시기를 간구합니다. 이 나라는 어찌하여 이리도 어두워져만 가고 있는지 주님 우리로 세상의 빛이 되게 하시고, 이 나라를 위하여 기도할 수 있는 귀한 믿음을 더욱 허락하여 주옵소서.

우리의 연약함이 죄가 되지 아니하도록 강함을 허락하시고, 우리의 가난함이 죄가 되지 아니하도록 부요케 하시기를 간구합니다. 우리로 하나님을 바라고 섬길 수 있는 귀한 믿음을 허락하시고, 우리의 어리석음으로 하나님을 부인하고 저주하는 범죄를 범하지 않도록 지혜로 축복하여 주옵소서. 하나님의 말씀을 붙잡고 일생을 승리할 수 있도록 축복하여 주옵소서.

　아직도 사단은 성도를 넘어뜨리려고 온갖 것을 총동원하여 몸부림치고 있나이다. 십자가 신앙으로 강하게 무장함으로써 마귀의 궤계를 능히 물리칠 수 있도록 하시옵소서. 이 시대를 정복하는 십자가의 군병이 되게 하옵소서. 이곳에 하나님께서 허락하신 성전을 세우셨으니 우리로 하나님의 은혜를 나누며 교제하는 귀한 전이되게 하시고, 우리의 모든 것이 하나님을 찬양하며 하나님의 성호를 찬양할 수 있는 귀한 성도들이 될 수 있도록 축복하여 주옵소서.

　예배를 위해 돕는 손길들을 기억하사 축복하시고 특별히 하나님의 말씀을 들고 단위에 서신 목사님께 함께 하사 우리에게 은혜의 말씀을 전하실 수 있도록 능력으로 동행하여 주시기를 간구합니다. 우리 주 예수 그리스도의 이름으로 기도드립니다. 아멘

4월 첫째 주 오후예배 기도문

거룩하신 주님!

▎이 시간 주님의 험난한 십자가를 묵상해 봅니다. 예수님의 고통의 절규가 얼룩진 십자가 위에 우리의 죄와 정욕의 덩어리들이 엉켜 있음을 고백합니다. 주님의 고통은 우리의 허물 때문인 것을 이제 깨닫고 감격과 찬양으로 십자가를 바라봅니다. 저희들의 죄를 용서하여 주옵소서.

이 고난 주간에 주님의 고난을 철저히 배우기 원합니다. 나귀를 타시고 예루살렘에 올라가신 주님의 겸손, 자기의 뜻보다 아버지의 뜻이 이루어지기를 원하시고, 섬김을 받기보다는 섬기며 사신 주님의 생애, 만민의 죄를 담당하고 희생의 제물이 되어 주신 주님의 사랑을 상기하며, 저희들 또한 그렇게 살기를 원하며 다짐하는 저희들이 되게 하여 주옵소서.

이 시간 또한 우리의 믿지 아니하는 이웃을 위해서 기도합니다. 무엇보다도, 갈 길을 몰라 방황하는 심령들이 자유와 평화를 주시기 위해 오신 주님을 만나게 하시고, 천국의 복음이 임함으로 주님의 복된 소식을 깨닫게 하옵소서. 주님의 교회를 사랑하여 몸을 드려 충성하는 성도들에게 주께서 주시는 기쁨이 충만하게 하옵소서. 우리도 때때로 호산나를 부르고 주님을 왕으로 섬긴다고 하였으나 곧 마음이 변하여 주님을 십자가에 못 박은 무리들처럼 알게 모르게 주님을 부인하고 배반하는 것을 일삼고 있나이다. 우리를 강하게 주장하사 하나님의 거룩한 백성으로 살기에 부족함이 없도록 축복하여 주옵소서. 특별히 단위에 세워주신 목사님을 위해서 기도드립니다.

우리에게 하나님의 말씀을 대언하실 때에 성령님의 인도하심을 원하옵고, 우리의 심령들이 깨어지는 역사가 일어날 수 있도록 축복하여 주옵소서. 우리로 온전히 말씀에 의지하여 순종할 수 있게 하시고, 하나님의 인도하심에 따라 순종하는 저희들이 되도록 은혜를 더하여 주옵소서.

또한 이 시간 귀한 예배를 위하여 수고하는 모든 손길들 위에 하나님의 거룩하심과 임재하심이 나타나게 하시고 저들의 삶이 축복받을 수 있는 은혜를 더하여 주옵소서.

지금은 예배의 첫 시간이오니 마치는 시간까지 함께하여 주실 줄로 믿사옵고, 거룩하신 예수 그리스도의 이름으로 기도드립니다. 아멘

4월 둘째 주 대표기도문 ①

할렐루야!

▌부활하신 주님을 찬양합니다. 우리의 죄로 인하여 십자가의 사망을 이기신 주님을 사랑합니다. 하나님의 계획에 순종하셔서 하나님의 역사를 이루게 하신 주님을 경배합니다. 주께서 부활하심으로 말미암아 참된 소망을 주시고 교회를 굳게 세우셨음에도 불구하고 저희들은 여전히 주님의 부활을 의심하여 널리 증거 하지 못했던 의심 많은 연약한 존재들이었습니다.

자비하신 주님!
주님이 사랑하시고 친히 세우신 교회도 부활의 소망으로 넘쳐나는 교회가 되게 하옵소서. 이 교회를 찾는 자마다 부활의 주님을 만나게 하는 교회가 되게 하옵소서. 다시 사신 부활의 주님을 찬양하며, 주님 앞에 드리는 이 예배에 주님이 함께 하실 줄 믿습니다.
또한 우리로 부활의 신앙으로 무장하게 하심으로 우리가 하나님의 영적 군병이 될 수 있도록 축복하여 주옵소서. 빈 무덤을 우리에게 보이사 우리를 가르치시며, 우리 또한 부활의 첫 열매되신 예수 그리스도를 믿음으로 부활할 수 있음을 확신할 수 있는 거룩한 성도가 되도록 인도하여 주옵소서. 많은 사람들은 부활을 의심하여 일어날 수 없는 일이라고 단정하여 믿으려 하지 않지만, 우리에게 이 부활을 믿을 수 있는 믿음을 주시니 감사합니다.

제자들이 부활을 경험한 후 부활의 증인이 되어진 것처럼 우리 또한 부활의 증인 되어 믿지 않는 자들에게 예수 그리스도의 부활을 증거 하길 원합니다.

나는 부활이요 생명이라 말씀하시며, 사망의 권세를 이기시고 승리하신 주 예수를 믿음의 주요 온전케 하시는 분으로 맞을 수 있도록 허락하여 주옵소서. 온 성도들의 가정에 부활의 기쁨이 충만하길 기도합니다.

거룩하신 하나님!
우리를 위하여 단위에 세워주신 목사님 위에 날마다 새로운 힘으로 축복하시고 영육 간의 강건함을 허락하심으로 우리를 위하여 말씀을 준비하실 때에도 우리를 위하여 심방하시고 우리를 위하여 기도하실 때에도 주의 허락하신 기쁨이 충만한 역사가 일어나게 하여 주옵소서. 우리의 예배를 기쁘게 받아 주옵소서.
거룩하신 예수님의 이름으로 기도드립니다. 아멘

4월 둘째 주 대표기도문 ❷

할렐루야!

▎사망 권세를 이기시고 부활하심으로 영원한 승리를 주신 주님! 갈보리의 십자가를 승리의 면류관으로 바꾸신 예수 그리스도의 높으신 이름을 찬양합니다. 이제껏 주님의 부활하심을 의심하여 널리 증거 하지 못했던 우리였습니다. 믿음이 없음으로 인하여 일어난 이 모든 잘못들을 용서하여 주시고, 주님의 은혜 가운데 새로운 인생길을 걷게 하여 주옵소서.

부활하신 주님의 뒤를 따라, 죽어도 다시 살아 영원히 주님의 나라에서 영생할 것을 믿으며, 소망 중에 고통을 이기며 환난을 극복하며 주님처럼 승리하며 살게 하옵소서. 이 약한 심령에 부활의 신앙을 갖게 하셔서, 옛 행실을 벗고 주님의 구속의 사랑을 이웃에게 전할 수 있는 저희들이 되게 하여 주옵소서.

믿음만 넘쳐나게 하시옵소서. 우리에게 부활을 믿는 확신을 주시고, 죽었던 대지에 새 생명을 허락하시는 것처럼 우리에게도 새 생명을 허락하여 주옵소서. 얼어붙은 우리의 마음 밭에 새 생명이 움

트게 하시고 철의 장막같이 닫혔던 우리의 마음에 부활의 주님을 맞이함으로 새롭게 하시옵소서. 두려움에 사로 잡혔던 마리아가 부활하신 예수님을 만나고 기뻐하였던 것같이 이 시간 우리에게도 기쁨과 즐거움을 주시옵소서. 세 번씩이나 주님을 부인하던 베드로가 부활하신 예수님을 만나고 사명을 되찾은 것처럼 우리에게 주신 사명을 되찾는 능력 있는 사명자들이 되게 하여 주옵소서.

 부활의 처음 열매가 되신 예수님을 만나게 하셔서 우리의 몸도 신령한 몸으로 변화되어 예수님과 영생 복락을 누릴 것을 굳게 믿는 저희들이 되게 하여 주옵소서. 이 시간 우리의 잠자던 영혼이 깨어나게 하시고, 냉랭하던 교회도 부활의 기쁨으로 충만케 하여주시옵소서.

 오늘도 부활의 메시지를 들고 단위에 서시는 목사님을 성령으로 붙드시고, 권세 있는 말씀으로 저희 온 심령을 채울 수 있게 하옵소서. 예배를 위하여 돕는 손길들을 보내신 주님을 찬양합니다.
 그들의 손길들이 닿는 곳마다 하나님의 역사하심이 동행하게 하여 주옵소서. 우리를 위해 죽으시고, 사흘 만에 다시 사시며, 전능하신 하나님 우편에 앉아 계시어, 산 자와 죽은 자를 심판하려 오실 우리 구주 예수 그리스도의 이름으로 기도드립니다. 아멘

4월 둘째 주 오후예배 기도문

능력의 주 하나님!

▌ 부활의 믿음으로, 구원에 대한 감사로 예배하며 우리의 삶의 목적을 새롭게 확인하고 아버지의 뜻에 맞는 인격과 신앙으로 하나님께 영광을 돌리게 하옵소서. 마음과 뜻을 다하여 경배드리게 하여 주옵소서.

우리의 믿음이 더욱 장성하게 하시고 우리의 심령이 하나님을 찬양하는 귀한 영혼들이 되게 하여 주옵소서. 하나님께서 사랑의 길로 인도하시는 것에 순종하게 하시고 우리를 하나님의 길에서 떠나지 아니하도록 축복하여 주시옵소서. 우리를 하나님의 축복의 길에 온전히 거하게 하여 주옵소서.

오늘 거룩한 부활절을 맞이하여 하나님의 부활의 사랑을 세상에 널리 전하는 우리가 되게 하여 주시고, 우리로 하나님을 찬양하며 하나님의 성호를 위하여 영광을 돌리기에 부족함이 없도록 은혜를 더하여 주옵소서. 우리에게 주님을 증거 하는 신앙을 갖게 하시고 우리에게 하나님의 나라를 위하여 헌신하는 기쁨을 맛볼 수 있는 축복을 허락하여 주옵소서.

우리의 연약함으로 범죄치 않도록 축복하시고, 우리의 어리석음으로 주님을 부인하는 범죄를 저지르지 않도록 축복하여 주시고, 우리의 부족함으로 하나님의 이름을 경솔히 부르지 않도록 축복하여 주옵소서. 오직 나의 주 여호와 만을 의지하여 하나님의 나라에 소망을 가지고 이김을 주시기를 간구합니다. 승리케 하여 주옵소서.

교회에 속한 모든 성도들 가정에도 부활의 은혜가 충만하게 넘치게 하시길 기도합니다. 부활의 능력이 모든 가정에 희망이 되게 하시고, 산 자의 소망이 되시는 예수 그리스도를 온전히 섬길 수 있는 복된 가정들 되도록 축복하여 주옵소서.

특별히 말씀을 전하실 목사님 위에 함께 하사 우리에게 하나님의 동행하심을 깨닫는 귀한 시간이 되게 하여 주옵소서. 예배를 돕는 손길들이 자신들의 몸을 드려 주님의 몸 된 교회를 위하여 충성할 때마다 하늘의 보화가 넘쳐나게 하시고, 부활의 주님이 전파되는 곳에 저들의 이름도 기억되게 축복하여 주옵소서.

예배의 시종을 주께 맡깁니다. 죽음의 권세를 이기시고 부활하신 예수 그리스도의 이름으로 기도드립니다. 아멘

4월 셋째 주 대표기도문 ①

치유의 하나님!

신록이 무르익는 봄으로 이제는 접어들고 있습니다. 이 곳까지 우리를 지켜 주심을 감사합니다. 우리가 주님을 섬기기 전에 우리를 섬기기 위하여 2000년 전에 오신 예수님을 생각하여 우리의 부끄러운 삶을 회개합니다. 우리를 위하여 주님 오신 것 같이 저희도 주님을 위하여 우리의 삶을 버릴 수 있는 우리가 되게 하여 주옵소서.

우리가 지난 일주일을 어떻게 살았는지를 되돌아봅니다.

주님 저희는 유다처럼 주님을 팔지는 않았습니까?

주님 우리가 베드로처럼 주님을 부인하며 살았습니까? 그러나 주님 우리에게 새로운 힘을 허락하사 우리가 회개함으로 오직 주님의 영광을 위하여 헌신하며 전도함으로 하나님께 영광 돌릴 수 있도록 우리를 축복하여 주옵소서.

사랑 많으신 하나님!

우리의 교만과 우리의 강퍅함으로 인하여 고통을 받는 이웃은 없습니까? 주님, 우리를 그들에게 보내사 그들의 용서를 구하는 것에 게으르지 않도록 축복하여 주옵소서. 오직 주님의 성호만을 찬양하기 위해 모인 우리를 축복하여 주옵소서. 우리의 예배를 기쁘게 받아 주옵소서. 우리가 드리는 예물 또한 기쁘게 받으시고, 우리의 봉사 또한 기쁘게 받아 주시기를 원합니다. 우리가 하나님께 예배를 드리기 위해 주님께 나아올 때 기쁨으로 나아오게 하시며, 하나님께 예물을 드리는 손길 또한 복을 주시되, 차고 넘치는 복을 허락하여 주시고, 하나님의 사역을 위하여 봉사하는 손길들 위해 복을 주시되 천국 보화가 쌓이게 하여 주옵소서.

우리에게 믿음의 믿음을 더하시고, 사랑의 은사를 더하여 주사 우리가 오직 하나님의 사역을 위하여 헌신하게 하시며, 교우된 우리가 서로 사랑하게 하여 주옵소서. 주께서 십자가를 짊어지심으로 우리를 섬기신 것처럼 저마다의 십자가를 짊으로 성도들을 사랑하게 하여 주옵소서. 온전한 사랑이 우리 가운데 일어나길 소원합니다.

우리를 위하여 귀한 목사님을 허락하여 주셨사오니 사랑의 하나님 우리에게 하나님의 말씀을 대언하실 때 우리의 심령들이 깨어지고 쪼개지게 하셔서 우리로 하나님의 신령한 비밀들을 알 수 있도록 복을 허락하여 주옵소서. 예수 그리스도의 이름으로 기도드립니다.
아멘

4월 셋째 주 대표기도문 ❷

사랑과
은혜가 충만하신 하나님!

▎하나님께 영광과 찬송을 올려 드립니다.
거룩하신 하나님, 부족한 우리를 하나님의 거룩한 전으로 부르시어 하나님께 영광을 돌리게 하오니 감사합니다. 우리의 죄가 주홍같이 붉을 지라도 흰 눈 보다 더 희게 사하시고, 날마다 눈동자처럼 보호하셨다가 우리를 이곳으로 불러 주신 은혜에 감사합니다.

사랑의 하나님!
우리의 모든 질고와 고난은 주님의 고난에 비할 수 없사오니 주님 우리에게 믿음으로 날마다 승리케 하여 주옵소서. 오늘도 저희는 죄인의 옷을 벗지 못하고 주님 앞에 나아왔사오니 주님 우리의 죄를 씻겨 주옵소서. 마음의 완악한 것을 성령의 단비로 씻겨 주시고, 주님의 성령으로 우리가 통회하는 이 시간이 되게 하여 주옵소서.

사랑이 많으신 하나님, 우리에게 주님의 공의로우신 사랑을 알게 하시므로 세상에 주님의 공의와 사랑이 펼쳐지게 하여 주옵소서. 하나님 우리에게 주신 많은 것들에 감사하며 입술에 찬양이 끊이지 않도록 축복하여 주옵소서. 주님께서 우리를 창조하심으로 우리를 향한 주의 사랑을 확실히 믿사오며, 주님이 우리를 위해 죽으심으로 내가 그 사랑 안에서 자유롭게 살지 못하도록 막는 모든 것들로부터 해방시키려는 결심을 보여 주셨음을 믿습니다.

주님이 우리에게 주신 성령이 그 표시임을 고백하오니 주님 우리의 삶을 친히 주장하시고 저의 사소한 일상까지 간섭하시기를 원하오니 주님 저희와 동행하여 주옵소서. 특별히 하나님 우리에게 허락하신 사자 목사님을 위하여 기도하오니 우리에게 최선을 다하여 섬기게 하시며 주님의 말씀을 대언하실 때에 우리가 그 말씀을 믿음으로 순종할 수 있도록 은혜를 더하여 주옵소서.

힘난하고 냉랭한 세상에서 주님의 사랑을 힘입어 믿음 잃어버리고 방황하며 불신하는 언행은 하지 않도록 함께하여 주옵소서. 예수 그리스도의 사랑으로 충만한 한 주간이 되길 소원합니다. 언제 어느 곳에 있든지 하나님의 자녀임을 기억하여 바르게 행할 수 있도록 인도하시고, 세상과 함께 가는 것이 아니라 세상을 다스릴 수 있는 힘을 우리에게 허락하여 주옵소서. 우리의 모든 삶을 주님께 맡기오며 사랑 많으신 예수 그리스도의 이름으로 기도드립니다. 아멘

4월 셋째 주 오후예배 기도문

우리의
피난처 되시는 주 하나님!

거룩한 주일 우리를 다시 하나님의 전에 불러 주신 은혜에 감사합니다. 우리의 예배를 받아 주시옵소서. 이 기쁘고 영광스러운 순간에도 부끄럽게 우리의 약한 보습을 먼저 내놓습니다. 우리의 약함으로 인하여 정죄하지 마시고, 우리의 부끄러움으로 인하여 우리를 외면하지 않으시길 원하며 하나님, 우리를 성결하게 하심으로 오직 하나님의 이름을 찬양하기에 부족함이 없는 우리가 되도록 축복하여 주옵소서.

경배받으실 하나님!
주님이 이 땅에 계실 때에는 풀보다 더 못한 인생들에게도 경배 받지 못하셨지만, 십자가에 달려 죽으시고 사망의 권세를 이기신 후에는 만물들도 주님을 찬양했음을 기억하나이다.
아직도 모든 피조물들이 영광의 주님을 찬양할 수 있는 깨우침과 은혜를 베풀어 주옵소서. 주 하나님의 나라가 이 땅에 속히 이루어지기를 원하오니, 우리로 주님을 이웃에게 증거 할 수 있는 믿음을 더하여 주옵소서.

우리의 입술이 주님의 기사와 이적을 전하게 하시고, 우리의 발걸음이 하나님의 긍휼히 필요한 곳에 하나님의 약속의 말씀을 전하게 하시고 우리의 생각이 온통 주님의 나라를 향하여 삶을 영위할 수 있도록 축복하여 주옵소서. 주님의 피 값으로 사신 영혼들을 위하여 우리로 하여금 헌신하게 하시고, 우리에게 그들을 포용할 수 있는 믿음을 더하여 주옵소서.

은혜의 하나님!
신령한 예배를 받으시길 원하며, 성도들의 교제 가운데 계시며 교통 하시어 온 맘으로 주를 찬양하는 복된 오후 기간이 되도록 인도하여 주옵소서. 우리에게 하늘의 비밀을 알게 하시려고 단위에 서신 목사님 위에 말씀의 능력을 더하시고, 우리가 그 말씀으로 인하여 하나님 나라를 더욱 사모하며 주님의 재림을 기다릴 수 있도록 축복하여 주옵소서.

예배를 위하여 헌신하는 손길들 위에 축복하시고 저들의 수고로 하늘 창고에 보화가 쌓일 수 있는 복을 허락하여 주옵소서. 주님의 나라가 이 땅 가운데 속히 이루어지길 소원합니다. 하나님의 뜻이 저희의 뜻이 되어지게 인도하여 주옵소서. 이 모든 말씀을 우리를 죄에서 구원하신 예수님의 이름으로 기도드립니다. 아멘

4월 넷째 주 대표기도문 ①

찬양 받으시기에
합당하신 하나님!

거룩한 성일을 기억하게 하시고, 우리에게 하나님의 전에 모여 찬양할 수 있는 복을 허락하신 은혜에 감사합니다. 아름다운 봄날을 허락하신 은혜에 감사합니다. 또한 우리를 택하사 천국 백성으로 삼아 주신 은혜에 감사합니다. 악의 권세가 쫓겨 나게 하시옵소서. 오늘 우리의 예배가 진정으로 하나님께 드려지는 거룩한 영적인 예배가 되게 하여 주옵소서.

주님의 변함없으신 은혜를 생각하여 볼 때 바람에 밀려 요동하는 우리의 마음을 되돌아봅니다. 작은 바람이 불어와도 이리저리 흔들리는 우리의 인생을 긍휼히 여기사 하나님만 바라볼 수 있는 믿음을 더하여 주옵소서.

주님의 형상을 잃은 저희들이 얼마나 추한 모습을 하고 주님을 반역했던가를 생각하면 감히 고개를 들 수도 없습니다. 오직 사망의 권세를 부활로 이기신 주님만을 의지하여 여기에 나와 섰사오니 우리를 받아 주옵소서. 주님을 믿고 따르는 저희들이 세상 속에서 주님의 명령을 지킬 수 있는 복을 허락하여 주옵소서.

부활하신 주님과 날마다 영적인 교제를 나누게 하시고 이생의 안목과 정욕으로 이끌려 좌초하는 인생으로 사는 것이 아니라 능력의 주님께 매여 사는 복된 인생들이 되게 하여 주옵소서.

교회 안에 주님의 교회를 온전케 하기 위하여 세워진 많은 기관들이 있습니다. 각 기관마다 더욱 축복하셔서 주님의 영광을 드러내기에 부족함이없는 기관들이 되어 늘 쓰임 받는 귀한 기관들이 되게 하시고, 항상 충성과 봉사가 넘쳐나게 하여 주옵소서.

수년 전에 이 땅 가운데 주의 교회를 세우셨으니, 이 땅에 죽어가는 심령들을 살리는 교회가 되게 하시며, 바른 비전과 삶의 희망을 제시할 수 있는 교회가 되게 하여 주옵소서. 하나님의 자녀답게 살아가는 모습을 보이는 모든 성도가 되도록 은혜를 주옵소서.

이 시간 이곳에 모인 모든 심령들을 주님의 살아계신 말씀의 능력을 체험할 수 있도록 단위에 서신 목사님을 성령의 능력으로 강하게 붙드사 말씀을 듣는 저희들이 약한 심령이 쪼개지고 더러운 심령들이 태워지는 은혜의 시간이 되게 하여 주옵소서.

예배의 시종을 주님께 의탁하오며 예배를 돕는 손길들도 붙잡아 주실 것을 믿사오며, 생명의 양식이 되시는 예수 그리스도의 이름으로 기도드립니다. 아멘

4월 넷째 주 대표기도문 ❷

거룩하신 하나님!

이 땅의 곳곳마다 부활의 은총이 충만하게 하시고, 거룩한 주일을 맞이하여 주님의 전에 나아와 살아계신 하나님을 찬양하며 영광 돌릴 수 있도록 이끌어 주신 은혜에 감사합니다.

오늘의 봄빛처럼 하나님의 빛이 온 세상에 비춰이므로 공의로우신 하나님의 정의가 이 땅을 덮도록 하여 주시고, 악의 권세가 쫓겨 가게 하여 주옵소서. 원망과 시비가 사라지게 하시고, 위선의 허물이 벗겨질 수 있도록 축복하여 주옵소서.

어디에나 계시는 하나님!

우리가 한 주간 어디 가서, 언제 무엇을 하였는지 주님은 아실 줄로 믿사오니, 우리가 다른 이의 마음을 어둡게 하거나, 우리가 스스로 우리의 마음을 부끄럽게 하였거나, 분위기를 흐리게 하는 언사를 행하였거나, 신사답지 못한 행위가 우리에게 있었다면 우리를 용서하여 주옵소서. 진리를 안다고 하는 지식의 교만, 오래 믿었다고 하는 연조의 자랑, 감당치 못하는 직분의 태만이 있었다면, 긍휼의 풍성함을 따라 용서하여 주옵소서.

사랑의 주님!

가정의 어려운 문제와 경제적인 문제로 고민하며 힘겨워하는 성도들을 기억하시기를 원합니다. 괴로울 때 고난을 이겨내신 주님을 바라보게 하시고, 죽음까지도 물리치신 주님의 능력을 의지하여 새 힘을 얻게 하여 주옵소서. 병마와 싸우며 고통 중에 있는 성도들도 있사오니, 병 낫기를 간구하며 부르짖는 자에게 못 고칠 질병이 전혀 없으신 치료의 하나님께서 깨끗하게 치료하여 주시기를 원합니다. 우리의 삶을 전폭적으로 주님 앞에 맡기고 사는 저희들이 되게 하여 주옵소서.

예배를 섬기는 복된 손길들을 축복합니다. 안내위원과 주차 위원 식사를 위해 수고하는 많은 손길들, 복된 찬양으로 예배를 섬기는 성가대원 등 모든 섬기는 손길 위에 한없는 은혜를 허락하여 주옵소서.

말씀을 증거 하시는 목사님을 성령의 능력으로 지켜 주시고, 주님 친히 임재하시는 복된 예배가 되게 하여 주옵소서. 예배의 시종을 주님께 의탁하오며 거룩하신 예수님의 이름으로 기도드립니다.

아멘

4월 넷째 주 오후예배 기도문

우리의 반석이시오
우리의 구원이신 하나님!

우리로 다시 하나님을 찾아 주님의 도우심을 사모하여 주님을 의지하게 하신 은혜에 감사합니다. 후회를 하면서도 같은 죄를 반복하는 우리의 미련함을 용서하여 주옵소서. 우리가 세상으로 눈을 돌렸을 때 주님을 잃어버린 때가 너무도 많았습니다.

우리에게 구원의 주님을 찬양하며, 오직 주님만이 나의 반석이 되심을 고백하오니 우리를 긍휼히 여기시기를 간구합니다. 바로 지금 회개하게 하시고 순종으로 주님의 뜻을 찾을 수 있는 우리가 되게 하여 주옵소서.

교만과 허위, 부정, 부패와 기만이 앞서는 시대 속에서 주님이 찾으시는 한 사람의 의인으로 살게 하시고 우리의 상한 마음을 주님의 사랑으로 고쳐 주옵소서. 우리에게 위로를 주시고 우리와 함께하여 주옵소서.

이 시간 하나님의 섭리를 생각해 봅니다. 인간은 세상의 어떤것으로도 삶의 문제를 해결할 수 없음을 고백합니다. 오직 하나님만을 나의 구원자로 바라보게 하시고 우리의 문제를 하나님께만 구하게 하여 주옵소서. 나의 상황이 어떠하든지 이 상황 속에서 주님의 의도가 무엇인지 알게 하시므로 세상을 이길 수 있는 힘을 허락하여 주옵소서.

　우리로 하여금 주님을 찾고 의지하게 하신 은혜에 감사드립니다. 우리가 어떤 상황에 처해있든지 주님을 위해서 살게 하시고, 현재에 처한 환경이나 욕심 때문에 세상적인 삶에 연연하지 않도록 도와주옵소서. 특별히 주님의 보혈 위에 세워진 주님의 교회를 위하여 기도드립니다.

　일찍이 주님의 크신 섭리가 계셔서 이곳에 주님의 교회를 세우셨으니, 성령의 뜨거운 역사가 늘 강하게 역사하는 교회가 되게 하시고, 부르짖는 기도마다 응답받는 축복의 현장이 되게 하옵소서.

　무엇보다도 주님의 도우심 아래 날로 왕성해지는 교회가 되게 하시고, 영혼 구원의 사명 또한 잘 감당할 수 있는 교회가 되게 하여 주옵소서. 말씀을 증거 하실 목사님을 강하게 붙들어 주셔서 우리의 예배가 하나님께 영광이 되고 성령으로 감화되는 역사가 일어나게 하시옵소서. 거룩하신 예수님의 이름으로 기도드립니다. 아멘

5월 첫째 주 대표기도문 ①

인도하시는 하나님!

▎주님의 은혜와 사랑을 감사하며 경배와 찬송을 드립니다. 부족하고 죄 많은 인생이지만 오늘 주님 앞에 예배하는 모든 주의 백성들과 함께 한 마음으로 주께 기도하오니 우리의 기도가 하늘 문을 여는 귀하고 빛나는 천국의 열쇠가 되게 하여 주옵소서.

주님, 연약한 우리에게 험하고 힘들 때 십자가를 지고 가신 주님을 바라보는 믿음을 주옵소서. 이 믿음이 큰 역사를 이루도록 주님이 함께 하여 주옵소서.

주님의 자녀로 순수성을 잃어버리고 거짓과 오만으로 가득 찬 방탕한 삶을 살았나이다. 위선만이 가득하여 이를 깨닫지도 못한 채 자신이 지니고 있는 모습이 가장 정직한 것인 양 포장과 위장을 서슴치 않았나이다. 이처럼 패륜적인 모습을 경악스러워하며 주님 앞에 고백하오니 용서하여 주옵소서. 우리 안에서 선한 것이 자라날 수 있도록 축복하여 주옵소서.

사랑이 많으신 주님!
우리 교회에 속해 있는 어린이들 뿐 아니라 이 민족, 이 세계 안에 속해 있는 모든 어린이들을 기억하시고, 이 힘하고 죄악 된 세상에 물들지 않고 정직하게 자라날 수 있도록 인도하여 주옵소서.

특별히 믿음으로 먼저 불러 주셔서 주님을 섬길 수 있도록 인도하여 주신 어린이들이 세상을 밝게 비추는 진리의 등불들이 되게 하여 주옵소서.

믿지 않는 어린이들을 주님의 교회로 인도하여 신앙으로 성장하게 하시고, 우리의 연약함으로 주님께서 천하보다 귀하게 여기시는 어린 영혼을 소홀히 대하지 않도록 우리로 주님의 사랑을 실천하기에 부족함이 없는 우리가 되게 하여 주옵소서.

이 시간 우리를 위하여 말씀을 들고 단위에 서신 목사님을 위해서 기도하오니 말씀을 전하시는 목사님도 성령의 능력으로 인도하여 주옵소서. 우리의 찬양과 기도를 기쁘게 흠향하시기를 간구하오며, 우리의 기도와 찬양으로 하늘 문을 열어 우리에게 주님의 신령한 것들을 알 수 있는 복을 허락하여 주옵소서.

예배의 시종을 주님께 의탁하오며, 예수님의 이름으로 기도드립니다. 아멘

5월 첫째 주 대표기도문 ❷

사랑의 주님!

■ 미천한 우리를 용서하여 주시고 저희 죄를 사하시기 위해 험한 십자가를 지신 주님을 생각할 때마다 주님의 한없는 사랑과 놀라운 은혜에 감사와 찬송을 드립니다. 이 시간에도 주님이 당하신 고난을 묵상하며 예배드릴 수 있도록 이끌어 주신 은혜와 사랑에 감사를 드립니다.

주님의 놀라운 축복을 받았음에도 불구하고 이전의 습관과 태도를 버리지 못한 채 여전히 주님의 은혜와 사랑을 거역하는 삶을 살고 있는 우리를 고백하지 않을 수 없습니다. 주님 주님의 뜻대로 산다고 입술로는 말을 하면서 여전히 사단의 유혹을 뿌리치지 못하여 이중적인 삶을 살고 있는 우리를 용서하여 주옵소서.

우리의 가슴에 응어리로 남아있는 쓴 뿌리를 없이하여 주시고 우리의 상처를 치유하여 주옵소서. 우리를 구원하여 주옵소서. 더 이상 우리를 죄의 길에서 허덕이지 아니하도록 축복하여 주옵소서.

어두움을 밝히는 등불이 되신 주님!
주님께서 교회마다 사랑하셔서 필요한 곳에 세워 주시니 사랑이 많으신 주님의 형상을 잘 드러낼 수 있는 교회들이 되게 하여 주옵소서. 특별히 때 묻지 않은 자녀들에게도 빛 되신 주님을 알려주고 사랑을 심어주는 교회들이 되게 하여 주옵소서.

우리가 세상에서 빛과 소금의 역할을 감당하기에 부족함이 없는 성도의 삶을 살게 하시고, 우리의 연약함으로 주님의 보혈을 헛되게 하지 않도록 하여 주옵소서.

거룩하신 하나님!
우리 교회를 축복하셔서 항상 진리의 말씀이 살아 움직이게 하옵소서. 말씀의 충만한 은혜가 늘 채워지게 하옵소서. 이 시간도 귀한 말씀을 증거 하실 목사님께 크신 능력을 허락하여 주옵소서. 그리하여 그 귀한 말씀이 뿌려질 때 놀라운 역사가 일어나게 하옵소서. 아직까지 주의 말씀이 전파되지 못한 곳도 있사오니 그 어두운 땅에 한줄기 밝은 빛으로 임하옵소서.

우리로 주님의 사랑을 실천하므로 그 곳, 어두운 곳에서 사랑의 빛으로 비추일 수 있는 믿음을 허락하여 주옵소서.

목사님과 모든 교역자님께 용기와 힘과 건강으로 지켜주시기를 원하오며, 목자의 사명을 다하게 하옵소서. 말씀으로 성육신 하신 예수 그리스도의 이름으로 기도드립니다. 아멘

5월 첫째 주 오후예배 기도문

할렐루야!
거룩하신 하나님!

우리의 입술을 열어 찬양과 경배를 드립니다. 귀한 주일 오후까지 주님께 나와서 경배와 찬양을 드리게 하신 은혜를 감사합니다. 하나님이 창조하신 만물들이 겨울잠에서 깨어나 활동을 시작하듯이 우리의 신앙도 새롭게 돋아나게 하시옵소서.

봄비 같은 성령의 단비를 내려 주사 메마른 심령을 해갈하게 하옵소서. 우리 영혼에 따사로운 주의 자비와 사랑을 베푸사 우리로 용서받고, 풍요한 삶을 살게 하여 주옵소서.

또한 아버지!

주님의 몸 된 교회로 인하여 감사합니다. 소란스럽고 혼란스럽기 그지없는 복잡한 세대 속에서 주님의 교회를 통하여 은혜를 공급받게 하시니 주님의 측량할 수 없는 은혜에 감사합니다.

이처럼 주님이 임재하셔서 저희들과 함께 하시는 거룩한 처소를 잘 받들고 잘 섬길 수 있는 저희들이 되게 하시고, 교회를 통하여 일하기를 원하시는 주님의 열심을 깨달아 주님의 은혜에 보답코자 순종이 넘쳐날 수 있는 저희들이 되게 하여 주옵소서.

천국에 소망을 두고 주님의 몸 된 교회를 사랑하며 봉사해야 할 우리가 세상의 분주함으로 인해 주의 일에 무관심했습니다. 주님의 기대를 외면했습니다. 잎만 무성한 무화과처럼 열매가 없었습니다.

우리에게 성령의 아름다운 열매들이 맺히게 하시므로, 우리가 온전히 하나님을 찬양할 수 있는 복을 허락하여 주시고, 세상을 이길 수 있는 힘을 허락하여 주옵소서. 우리를 강하고 담대하게 하사 우리로 주님의 향기를 풍기는 성도들이 되게 하여 주옵소서.

이 시간, 예배를 통하여 우리의 심령이 새롭게 거듭나는 축복을 허락하여 주옵소서. 이 예배에 참석한 모든 심령들이 은혜를 충만히 받고 돌아갈 수 있도록 주께서 지켜주옵소서.

말씀을 증거 하실 목사님을 성령으로 강하게 붙들어 주시기를 바랍니다. 우리의 예배가 하나님께 영광이 되고 성령으로 감동되는 귀한 시간이 되게 하시며, 그 예배를 통하여 우리를 새롭게 하여 주시기를 간절히 간구합니다.

우리를 사망에서 생명으로 옮기신 예수 그리스도의 이름으로 기도드립니다. 아멘

5월 둘째 주 대표기도문 ❶

사랑이 많으신
하나님 아버지!

■ 하늘에는 영혼의 아버지가 계시고 땅에서는 육신의 아버지들이 계시어 오늘의 저희들이 있음을 감사드립니다. 이 시간 어버이의 큰 사랑을 깊이 깨달으며 예배드리기를 원하오니 이 예배를 받아 주옵소서. 자나 깨나 믿음과 사랑으로 저희들을 돌보신 부모님이 계셔서 저희들이 이렇게 신앙을 유지하며 살 수 있게 하시니 감사합니다.

하지만 저희는 부모님의 마음을 헤아리며 공경하고 순종하기 보다는 자신의 정당성만을 주장하며 부모님의 마음을 아프게 한 적이 많았음을 고백합니다. 우리의 죄들을 기억하지 마시고 또한 우리의 부모님들께서 그렇게 하셨던 것처럼 용서하여 주옵소서.

이제는 우리의 부모님을 주님의 눈으로 바라보게 하시길 원합니다. 부모님의 머리카락이 반백이 되어 가는 것을 보며 저희들도 그렇게 되어가는 것을 인정하게 하시고 하시고 그분들을 소외되지 않도록 돌볼수 있는 지혜를 허락하여 주옵소서. 또한 낳아주시고 길러주신 은혜를 잊지 않도록 도와주옵소서.

긍휼히 풍성하신 하나님 아버지!

우리 모두 정성스러운 효행으로 주님을 본받아 어버이를 섬기는 가정생활을 할 수 있게 하시고, 세상에서 육신의 부모를 잘 섬기지 못하면, 눈에 보이지 않는 하나님도 잘 섬길 수 없듯이 부모를 사랑할 것을 명령하신 주님, 그 명령을 지켜 준행하도록 인도하여 주옵소서.

주님을 섬기는 마음으로 육신의 부모님께 효도하기를 힘쓰는 저희들이 되게 하시고, 특별히 자녀 없이 외롭게 사시는 부모님들 까지도 공경할 수 있는 넓은 효성을 주시기를 원합니다. 그것으로 인하여 우리가 주님의 거룩한 성도로 세상의 빛이 되고 소금이 되게 하여 주옵소서. 우리의 연약함이나 부족함으로 그분들의 마음을 상하게 하지 않도록 우리를 지켜 주시기를 원합니다.

이 시간 우리의 예배를 위하여 봉사하는 귀한 손길들과 주님의 말씀을 대언하시기 위해 단위에 서신 목사님을 기억하시고 저들에게 축복하여 주사 늘 성령님의 보호하심이 동행할 수 있도록 은혜를 더하여 주옵소서. 날마다 주님의 은혜를 사모하며, 우리를 사망에서 건지신 예수 그리스도의 이름으로 기도드립니다. 아멘

5월 둘째 주 대표기도문 ②

사랑과
은혜가 충만하신 하나님!

어버이 주일로 우리를 주님 앞에 모이게 하신 은혜에 감사합니다. 이 시간 저희 모두가 감사의 제단을 쌓기를 원하오니 우리의 예배를 받아주옵소서. 우리에게 복된 가정을 주신 주님, 그러나 저희는 부모와 자녀로서의 책임을 다하고 있지 못함을 고백합니다.

주님 앞에서 언제나 부끄러운 죄인임을 고백하오니 주님 우리를 긍휼히 여겨주시기를 원합니다. 늘 우리의 이익과 안일을 위하여 고집을 부립니다. 땀을 흘리는 수고도 싫어합니다. 주님이 주시는 깊은 사랑과 봉사를 먼저 내 가정에서 베풀 수 있소록 도와주시기를 원합니다.

또한 주님의 자녀로 절대적인 보호 아래 살면서도 죄의 길을 벗어나지 못하고 주님을 근심시켜 드린 적이 너무도 많았습니다.
이제껏 주님의 마음을 근심시켜 드리고 부모님의 마음을 안타깝게 해드렸던 모든 잘못됨을 고백하고 회개하오니 용서하여 주시고 십자가의 보혈로써 깨끗게 하옵소서.

섬김의 본을 보여주신 주님을 본받아 우리의 심령 깊은곳에서 주님의 사랑이 베어나옴으로 그분들을 섬기게 하시기를 원합니다.

자비하신 하나님!
이 시간도 세상에서 자녀에게 버림받고 쓸쓸하게 생을 마감하는 분들이 계십니다. 세상의 빛과 소금이 되라고 하신 주님의 명령에 따라 이분들을 돌아보는 것이 당연한 교회의 역할인 줄로 아오니 우리 교회가 이런 분들을 돌보아 줌으로써 세상 사람들에게도 덕을 끼치게 하옵소서. 그분들께도 건강으로 축복하사 세상에서 주님이 맡겨주신 일을 다 마칠 때까지 맑은 영혼과 건강의 축복을 덧입혀 주옵소서.

단위에 세우신 목사님을 성령의 능력으로 사로잡아 주시고, 선포되어지는 주님의 계시된 말씀을 통하여 부모님을 공경함으로 얻는 축복을 깨닫게 하시며, 모든 부모님들이 큰 위로를 받는 복된 시간이 되게 하여 주옵소서.
오늘 드려지는 이 예배를 기쁘게 흠향하여 주실 줄로 믿사옵고 예배의 시종을 주님께 의탁하오며, 우리 구주 예수 그리스도의 이름으로 기도드립니다. 아멘

5월 둘째 주 오후예배 기도문

은혜가
풍성하신 사랑의 하나님!

▎이 거룩한 주일 창조주 하나님을 찾게 하시고 천지 만물을 지으시고 보시기에 좋았다고 말씀하신 하나님을 찬양할 수 있는 믿음을 더하여 주옵소서. 우리의 마음을 겸손하게 하사 우리에게 은혜를 받게 하심을 감사합니다. 우리가 하나님의 구원을 받을 자격이 없는 자들이오나 주님의 사랑의 힘으로 우리가 하나님의 자녀라 칭함을 얻었으니 우리를 구원하시고 사랑을 주시는 은혜에 감사합니다.

그러나 우리가 주님의 은혜에 합당치 못한 삶을 살고 있음을 고백합니다. 우리가 주님 앞에 부끄러운 자들임을 고백합니다. 기쁨으로 감사드려야 할 부모님께 근심과 눈물을 드린 것을 용서하여 주옵소서. 육신이 연약하고 부족한 저희들을 불쌍히 여기사 용서하여 주옵소서.

사랑을 실천하는 사람으로 살아갈 수 있도록 축복하여 주옵소서. 또한 주님을 아버지라 입술로 고백하면서 우리가 주님을 아버지로 모시고 섬기지 않는 죄인이었음을 고백합니다. 우리를 길러주신 육신의 어버이가 계시지만 효도하며 받드는 일에 무척이나 인색했던 저희들임을 고백합니다. 네 부모를 공경하라 명하신 하나님의 법이 저희 입에서만 맴돌 뿐 가슴에 새겨지지 않았음을 고백하며 우리의 부끄러움을 아룁니다. 용서하여 주옵소서.

이제껏 우리를 위하여 모든 것을 희생하신 어버이들에게 평강을 주시고, 늙음에서 오는 외로움과 서러움, 쓸쓸함, 섭섭함 등 이 모든 것들이 사라지게 하시옵소서. 외로운 분들과 허약한 분들과 가난한 분들을 위로하여 주시고, 힘을 더하여 주시며 이 땅에 계시는 동안 끝까지 훌륭한 믿음의 어버이로 모범을 보여줄 수 있게 하여 주옵소서.

이제 정성으로 예배드리오니 자신이 죄인인 것을 고백하며 저희를 진리의 영으로 임하여 주시옵소서. 구원의 감격이 저의 모두에게 골고루 내려지는 역사가 일어나게 하여 주옵소서. 이 예배를 통하여 근심이 기쁨이 되게 하여 주시옵소서.

미천한 저희들이 드리는 이 예배를 기쁘게 받아 주시고, 복된 예배가 되도록 인도하여 주옵소서, 말씀에 큰 은혜를 허락하시어, 심령이 성령의 충만함으로 채워지도록 인도하여 주옵소서. 예수 그리스도의 이름으로 기도드립니다. 아멘

5월 셋째 주 대표기도문 ①

거룩하신 우리 하나님!

우리 모두에게 은총과 축복을 베풀어 주시기를 바랍니다. 그리하여 영광 중에 나타나는 거룩한 예배가 되게 하옵소서. 이 시간 주님의 보혈로 완전히 변화되고 정결하게 하옵소서. 하나님이 받으시는 하늘에서 성령의 불이 임하는 예배가 되게 하옵소서.

완전하신 주님!
우리가 주님 보시기에 아름답지 못한 것들로 가득 차 있는 것을 발견합니다. 이 시간 주님의 전에 나아오기 부끄러운 저희들을 불쌍히 여기시고 긍휼을 베푸사 용서하여 주옵소서. 만물이 주께서 부족함 없이 채워 주시는 은총을 인하여 노래하며 찬양하듯이, 우리에게 향하신 주님의 크고 놀라우신 은총을 인하여 즐겁게 노래하며 찬양할 수 있는 삶이 되게 하여 주옵소서.

우리가 하나님의 거룩한 백성으로 거듭나게 하심으로 주님이 허락하신 새로운 생명으로 주님을 찬양하며 감사하는 우리가 되게 하여 주옵소서.

밭에 심기운 겨자씨 한 알이 모든 것보다 작은 것이로되 자란 후에는 커서 나무가 되매 공중의 새들이 와서 그 가지에 깃들인다는 주님의 말씀을 되새겨봅니다. 우리의 삶 가운데 심기운 천국의 씨앗도 날마다 자라고 무성해지게 하시고, 천국 복음도 힘차게 전할 수 있는 저희가 되게 하여 주옵소서.

이 어두운 시대에 교회의 역할이 막중함을 느낍니다. 탁류가 휩쓸려 가는 교회가 되지 않게 하시고 이 세상을 주님의 밝은 빛으로 나갈 수 있는 교회가 되게 하여 주옵소서. 아픔의 소리가 메아리치고 있는 방방곡곡에 교회가 그 아픔을 치료하고 참된 평안을 심어 줄 수 있게 하옵소서. 이후로는 같은 상처로 힘겨워하지 않도록 지켜 주시기를 원합니다.

교회와 예배를 위하여 몸을 드리며 헌신하는 일꾼들을 주님의 한결같은 은혜로 채워 주시고, 주님을 위해서 일하는 것이 얼마나 복된 삶인지 피부 깊숙이 체험하게 하옵소서. 오늘도 많은 처소에서 주께 예배하는 모든 자들에게 한없는 사랑으로 함께하여 주옵소서. 온 나라가 주를 경배하게 하시옵소서. 지금은 예배의 첫 시간이오니 마치는 시간까지 주님 홀로 영광 받으시기를 간구하오며 거룩하신 예수 그리스도의 이름으로 기도드립니다. 아멘

5월 셋째 주 대표기도문 ❷

사랑과
생명이 되시는 주님!

■ 언제나 저희들과 함께 하시는 주님의 사랑과 은혜에 감사드립니다. 은혜의 주님께서 우리를 주님의 전으로 인도하사 복주시기를 원하시는 주님을 찬양과 경배를 드립니다. 우리에게 주님을 향한 믿음이 더욱 자라나게 하시고, 우리의 입술에 감사가 넘쳐나는 축복을 허락하여 주옵소서.

　소망이 되시는 주님!
　저희가 세상적인 유혹에 귀를 기울이지 않게 하시고 오직 양심과 진리와 주님의 말씀에만 귀를 기울이고 주님께만 순종하며, 진리의 말씀 안에서 진정한 자유를 누릴 수 있는 저희들이 되게 하여 주옵소서.
　하루가 시작될 때 은혜를 주시며 하루가 끝날 때에도 은총을 허락하사 우리 삶의 평안을 주시며 안식을 주사 다시금 하나님의 돌보심을 감사하게 하옵소서. 이제는 눈을 들어 주님의 뜻이 어디에 있는지 찾게 하시고 진리를 알지 못하는 영혼들을 위해 기도하게 하옵소서.

살아계신 주님!

이제 이 땅과 교회를 주신 복을 곤고한 형제들과 나눌 수 있도록 은혜를 베풀어 주시기를 원합니다. 이그러지고, 깨지고, 찢어져 상처 입은 영혼들을 주님의 능력으로 치유하고 위로해 주는 교회가 되게 하여 주옵소서. 강건한 삶으로 이끌어줄 수 있는 복된 교회가 되게 하여 주옵소서.

수많은 아픔에 휩싸여 있는 이 민족도 속히 주님 앞으로 돌아와 주님 안에서 풍성한 새 생명을 누리는 민족이 되게 하옵소서. 북한 땅을 위해 통회하는 심령들이 되게 하시고, 북의 문이 열릴 때에 살아계신 하나님의 말씀을 들고, 십자가 군병 되어 들어갈 수 있는 은혜를 주옵소서.

예배를 돕는 손길들을 축복하시고, 저들이 몸을 드리는 순종을 통해서 주님이 더욱 기뻐 받으시는 복된 예배가 되게 하여 주옵소서. 우리를 위해 늘 기도하며 주님의 말씀을 생동감 있게 우리에게 전달하시려 애쓰시는 목사님 위에 함께 하사 우리의 연약함이 강하게 하시고 우리의 교만이 낮아지게 하시고 우리의 완악함이 치유될 수 있는 복을 허락하여 주옵소서.

우리를 위하여 돌아가신 예수 그리스도의 이름으로 기도드립니다. 아멘

5월 셋째 주 오후예배 기도문

존귀하신 주님!

■ 주님의 거룩하심 앞에 무릎을 꿇게 하시는 귀한 은혜에 감사합니다. 우리가 삶 속에서 주님을 경외함으로 주님의 말씀 위에서 세상을 이기게 하신 은혜에 감사합니다. 우리로 주님을 찬양하며 주님을 위하여 시간과 예물을 드리게 하시니 감사합니다. 우리로 하나님의 전에서 기쁨으로 교제를 하게 하시니 감사합니다.

거룩하신 하나님!
주님의 전에 나아와 영과 진리 안에서 예배드리려고 하오니 우리의 죄악이 크고 중함을 느낍니다. 악한 때에 악함에 물들어 주님의 빛을 드러내지 못하였고 불신앙의 사람들과 서로 짝하며 믿음의 길을 잃어버렸습니다.

주의 백성으로서 저희들은 아무것도 남아 있지 않은 모습이오니 자비로우시고 은혜 로우시며 노하기를 더디 하고 인자하심이 풍부하신 주님께서 우리의 못난 모습을 불쌍히 여기시고 용서하여 주옵소서. 우리의 마음이 깨끗하여져서 구속의 노래를 부르고 우리 입으로, 우리 마음으로, 영으로 주님을 찬양하게 하옵소서.

사랑의 주님!

산 소망이 끊어진 채 하루하루를 살아가고 있는 사람들을 불쌍히 여겨 주시고, 기쁨과 소망이 넘치는 복된 삶으로 인도하여 축복하여 주시길 원합니다. 무엇보다도 구원의 주님을 만남으로 주님을 알고 의지함으로 새 생명과 새 평안을 누리게 하여 주시고, 하늘의 소망을 갖고 사는 복된 삶이 될 수 있도록 이끌어 주시기를 원합니다.

우리의 소망이 오직 주님께 있음을 고백하오니 우리의 삶 속에서 주님의 역사하심에 순종하는 믿음을 더하여 주시고, 우리가 진정한 주님의 뜻이 무엇인지 깨달을 수 있는 귀한 복을 허락하여 주옵소서.

우리에게 귀한 목사님을 허락하셨으니 우리에게 주님의 말씀을 대언하실 때에 주님께서 우리에게 향하신 뜻이 무엇인지 알게 하시고, 우리의 약하고 상한 심령을 강하게 하시고, 치유하시는 귀한 역사가 일어날 수 있는 귀한 말씀이기를 원하오니 능력으로 함께하여 주시고 이 예배를 위하여 주님을 사모하는 모든 심령들의 마음을 보시고 우리에게 귀한 복을 허락하여 주옵소서. 우리를 죄에서 구원하신 예수 그리스도의 이름으로 기도드립니다. 아멘

5월 넷째 주 대표기도문 ①

우리에게
구원을 허락하신 하나님!

오늘 거룩한 주일 주의 자녀 된 우리가 주님의 전에 나아와 예배를 드립니다. 주님의 참 사랑과 은혜에 감사하며 온전히 하나님께만 영광을 돌리는 거룩한 시간이 되게 하여 주옵소서. 하나님께 나아가는 자는 반드시 그가 계신 것을 믿어야 할 것이라 말씀하셨습니다.

온전히 주님의 살아계심을 믿고 예배할 수 있는 은혜를 허락하여 주옵소서. 우리로 주님의 성호를 찬양하기에 부족함이 없는 우리가 되게 하여 주시고 우리의 연약함으로 주님을 거슬리지 않도록 은혜를 더하시기를 간구합니다. 우리를 지켜 세상에서 승리할 수 있는 귀한 믿음이 되게 하시고 우리의 삶이 예배가 되게 하시고 우리로 주님을 닮아갈 수 있는 귀한 복을 허락하여 주옵소서. 우리의 삶이 예배가 되길 원합니다.

자비하신 주님!
우리에게 주신 소중한 것들을 우리가 어찌했는지 되돌아봅니다. 우리가 그것을 소홀히 했고, 받지 못한 사람들처럼 행동하지 않았는지 되돌아봅니다. 형제와 자매의 사사로운 일에도 믿지 못하고 의심하던 우리의 부끄러운 모습을 고백하오니 우리를 용서하여 주시기를 간구합니다. 우리를 주님의 자녀 됨으로 교만하여 다른 이의 마음을 아프게 하지는 않았는지 주님 우리를 긍휼히 여기시고, 우리에게 지혜를 주사 우리로 하나님의 뜻을 찾기를 갈급해하며 주님의 뜻에 순종할 수 있는 귀한 믿음을 더하여 주옵소서.

우리가 주님의 사랑을 실천할 수 있게 하시며 도저히 용납되지 않는 사람일지라도 주님의 사랑을 본받아 주님의 사랑을 실천할 수 있도록 은혜를 더하여 주옵소서. 주님의 사랑 안에서 늘 기쁨에 충만한 우리가 되게 하시기를 간구합니다. 우리의 기도를 들어 응답하여 주옵소서.

또한 교회를 위하여 기도드립니다. 주께서 의로운 계획대로 이곳에 귀한 교회를 세우셨으니 우리가 주님 안에서 성도의 교제를 나누게 하시고 우리에게 기도할 수 있는 귀한 성전을 허락하여 주심을 감사하오니 이런 감사를 우리의 이웃들과 나눌 수 있도록 복을 허락하여 주옵소서. 우리를 죄에서 구원하신 예수님의 이름으로 기도드립니다. 아멘

5월 넷째 주 대표기도문 ❷

우리를
치유하시는 주님!

▌우리의 삶 속에서 강하게 역사하심으로 주님의 사랑을 실천하게 하시다가 거룩한 성일을 맞이하여 주님의 귀한 전으로 나아오게 하심을 감사합니다. 우리의 삶에 주님이 주시는 귀한 성도의 열매들이 맺혀질 수 있도록 은혜를 더하여 주옵소서.

우리의 삶을 친히 주장하시어 주님께서 예비하신 선한 계획에 순종할 수 있는 귀한 복을 허락하여 주옵소서. 우리의 오만하고 어리석음을 주님의 강하신 능력으로 치유 하사 우리의 삶이 주님께 드리는 귀한 예배가 되게 하시기를 간구합니다. 우리의 기도를 들어 응답하시기를 간구합니다.

때때로 우리가 신앙생활에서 실족할 때가 많이 있습니다. 죄와 허탄한 것에 매여 주님의 자녀 된 모습을 잃어버리고 사는 우리를 불쌍히 여겨 주시기를 간구합니다.

우리의 연약함으로 인해 죄를 짓는 우리를 용서하여 주시기를 간구합니다. 우리를 늘 충만케하여 주옵소서. 우리의 삶이 주님께 드리는 귀한 영광의 제사가 되게 하시기를 원합니다.

우리로 성도의 직분을 잘 감당할 수 있는 저희들이 되게 하여 주옵소서. 우리가 어떤 일을 하든지 먼저 주님을 생각하게 하시고 우리가 행하는 모든 일이 주님의 영광을 위하여, 주님의 선하신 계획에 순종하는 역사가 일어나게 하시고 우리로 주님만을 찬양할 수 있는 복을 허락하여 주옵소서.

주님께 인정받고 축복받는 귀한 주님의 자녀가 되게 하시고 회개하고 뉘우치는 마음마다 은혜로 채워 주시기를 간구합니다. 주님의 은혜를 흠뻑 받아서 사랑과 찬양을 담아낼 수 있는 귀한 그릇을 준비하게 하시기를 원합니다. 우리를 긍휼히 여기시기를 간구하오니 우리의 기도를 들어주옵소서.

신실하신 주님!

인생의 무거운 짐을 지고 고달파하는 영혼들을 긍휼히 여기사 주님 안에서 쉼을 얻을 수 있도록 축복하시고, 주님의 은혜를 맛보아 알 수 있도록 인도하여 주옵소서.

이 시간 우리에게 주님의 말씀을 증거 하시려고 단 위에 세워주신 목사님을 기억하사 우리에게 말씀을 증거 하실때에 성령의 역사가 일어나게 하시기를 원합니다. 그 말씀으로 우리가 세상을 이길 수 있도록 함께하여 주옵소서. 거룩하신 예수 그리스도의 이름으로 기도드립니다. 아멘

5월 넷째 주 오후예배 기도문

찬양과 경배를
받으시기에 합당하신 하나님!

■ 주님께 찬양과 경배를 드리게 하신 그 크신 은혜에 감사하며 우리의 예배를 기쁘게 받아 주옵소서. 언제 어디서나 저희와 함께 동행하여 주시길 원합니다. 주님의 선하신 계획대로 이끌어 주신 은혜에 감사하게 하옵소서.

　주님, 우리가 주님의 선하신 계획에 순종하지 않았던 때가 더 많았음을 고백하오니 우리를 긍휼히 여기시기를 간구합니다. 우리를 죄에서 건져 귀한 성도로 삼으셨으니 이후로 우리가 죄와 타협하지 않도록 축복하여 주옵소서.

　사랑의 주님!
　주님이 가정마다 쏟아 주시는 사랑과 은혜에 감사합니다. 우리가 주님의 은혜와 사랑을 더욱 깊이 느끼고 살아갈 수 있도록 축복하여 주옵소서. 안정되고 평화로운 가정이 될 수 있도록 축복하여 주옵소서. 가족 중 그 누구라도 질병으로 인해 고생하지 않도록 축복하시고, 다툼이 일어나지 않도록 함께 하시며, 화평이 깨어짐으로 고통스럽지 않도록 축복하여 주옵소서.

계획하는 일마다 평안 가운데서 이루어지게 하시고 사랑이 넘치는 교제가 활발히 이루어지는 가정들이 되게 하여 주옵소서. 지금은 가정의 위기라고 합니다. 많은 사람들이 이혼이 유행인양 저마다 이혼을 서슴치 않고 있습니다. 그로 인하여 많은 사람들이 상처를 받고, 고통 가운데 살아가고 있습니다. 주님 이땅의 가정을 회복시켜 주옵소서. 오직 예수 그리스도의 사랑만이 가정을 회복시킬 수 있습니다. 놀라운 회복의 은혜를 주옵소서.

귀하게 쓰시는 목사님을 강하게 붙들어 주시고 인간의 연약함은 모두 십자가 뒤에 감추시고 성령의 두루마기를 입히사 말씀의 능력을 허락하여 주옵소서. 주님의 핏 값으로 세우신 이 교회가 말씀이 충만한 가운데 전도하는 교회가 되게 하시고 주님의 사랑을 본받아 이세대에 사랑의 빛이 나타나게 하시기를 원합니다.

이 시간 하나님께서 예비하시고 예정하셨던 하늘의 축복을 충만히 내려 주옵소서. 그리하여 우리들의 마음 문을 활짝 열고 하늘의 축복을 받는 귀한 시간이 되게 하여 주옵소서. 이시간의 모든 예배를 주님이 충만케 하시기를 원하며 거룩하신 예수 그리스도의 이름으로 기도드립니다. 아멘

6월 첫째 주 대표기도문 ①

늘 새로운
기쁨으로 동행 하시는 주님!

한 주간 동안도 세상을 이기게 하시다가 주님의 전에 나아와 예배를 드리게 하시니 감사합니다. 은혜를 사모하게 하심을 감사합니다. 하나님께 찬양드리는 것이 기쁨이 되게 하심을 감사합니다. 우리의 심령에 눈을 들어 예수 그리스도의 십자가를 바라봅니다. 우리에게 독생자를 허락하사 구원을 주신 하나님을 찬양합니다.

세상에서 십자가를 부인하던 우리였지만 주님의 십자가를 바라보게 하시기를 간구합니다. 우리의 연약함으로 인해 주님의 십자가를 잊지 않도록 축복하여 주옵소서. 우리에게 강하고 담대한 믿음을 허락하사 하나님의 말씀에 순종하며 세상을 이기는 힘을 허락하여 주옵소서.

우리의 의지와 생각이 주님 앞에서 하나로 묶어져 더욱 큰 믿음으로 성장하게 하시며, 그 믿음이 죽을 영혼도 살려내는 생명력이 넘치는 믿음이 되게 하여 주옵소서. 주님 앞에 고백하기는 연약한 우리의 믿음을 고백합니다.

주님을 믿는 자는 죽어도 살겠다고 하신 말씀을 붙들고 승리하게 하시옵소서. 또한 이 땅의 모든 가난한 심령들을 돌아보사 우리에게 안식과 평안을 주시기를 간구합니다. 우리에게 성도의 사명을 위하여 그들을 돌아보게 하시며 우리로 그들에게 구원의 복음을 증거 하게 하심으로 저들의 영혼이 진정한 안식을 얻도록 축복하여 주옵소서.

주님! 이 나라의 경제를 붙들어 주옵소서. 흔들리는 경제로 인하여 쓰러지는 심령이 없게 하시며 각 가정마다 생계의 수단이 막히지 않도록 축복하여 주옵소서. 물질의 축복을 허락하여 주옵소서. 저들을 긍휼히 여기시기를 간구하오니 우리의 기도를 들어 응답하여 주옵소서.

우리에게 말씀을 증거 하실 목사님을 위해서 기도하오니 하나님의 의로우신 오른팔로 강하게 붙드사 그 말씀으로 위로를 얻고, 그 말씀으로 인하여 세상을 이기는 힘을 공급받도록 축복하여 주옵소서. 말씀이 없는 갈함을 경험하지 않게 하시고, 오늘도 주께서 베푸시는 놀라운 은혜를 경험하길 소원합니다. 우리의 예배를 기쁘게 받으시기를 간구하오며 거룩하신 예수 그리스도의 이름으로 기도드립니다. 아멘

6월 첫째 주 대표기도문 ❷

공의로우신 하나님!

우리의 도움과 피난처 되시는 하나님을 찬양합니다. 우리의 억울함을 평안으로 바꾸시는 주님을 찬양합니다. 우리의 부르짖음에 응답하시는 주님을 찬양합니다. 주님의 선하신 계획대로 인도하여 주시는 하나님을 찬양합니다. 우리에게 주시는 새로운 힘으로 세상을 이기게 하옵소서.

우리가 때때로 신앙에 실족할지라도 주님이 주시는 소망으로 우리의 연약함을 이길 수 있는 힘을 주시기를 간구합니다. 우리에게 주님이 주시는 소망의 기쁨으로 주님께서 원하시는 길을 걷도록 축복해 주시기를 간구합니다. 우리에게 산 소망을 허락하심에 감사합니다.

하나님! 우리의 가정 가정마다 주님이 친히 붙드시고 앞길을 알수 없는 이 세대 속에서 평안을 잃지 않도록 축복하여 주시기를 간구합니다. 우리를 세상과 구별되게 부르셨으니, 거룩한 백성의 소명을 감당하기를 원하오니 우리의 기도를 들어 응답하시기를 간구합니다. 온 나라의 경제가 많이 어둡습니다. 저마다 힘들어하며, 고통 가운데 있습니다. 어떤 이는 물질의 어려움으로 인하여 스스로 목숨을 끊는 안타까운 일들도 일어나고 있습니다. 자비의 하나님, 이 땅을 불쌍히 여겨 주옵소서. 긍휼의 은혜를 베푸시어, 소망의 땅으로 변화되도록 축복하여 주옵소서. 정의가 하수같이 흐르게 하옵소서. 생명의 샘이 넘치는 나라 되도록 인도하여 주옵소서.

거룩하신 하나님! 우리의 예배를 기쁘게 받아 주옵소서. 우리의 이 예배를 통하여 하나님의 사랑을 알게 하시기를 원합니다. 우리에게 하나님의 은혜를 체험하는 귀한 시간이 되게 하여 주옵소서. 우리의 상처를 만지시고 싸매 주시는 하나님을 고백하오니 우리를 긍휼히 여기시기를 간구합니다.

교회를 사랑하시는 하나님! 우리 교회를 위해서 기도드립니다. 교회의 지체가 된 우리가 주님 안에서 성도의 교제를 나누게 하시고 가난한 자들을 돌아보게 하심으로 주님이 주신 교회의 소명을 다할 수 있도록 축복하여 주옵소서. 또한 우리에게 하늘의 신령한 만나를 예비하신 목사님 위에 함께 하심으로 주님께서 우리에게 하시는 말씀을 잘 알 수 있도록 축복으로 동행하여 주옵소서. 우리의 간구에 응답하여 주심을 믿사오며 거룩하신 예수님의 이름으로 기도드립니다. 아멘

6월 첫째 주 오후예배 기도문

우리의
예배를 기뻐하시는 하나님!

▌ 우리의 찬송과 영광을 영원히 받으시옵소서. 저희와 항상 함께 하신 은혜에 감사합니다. 하나님의 은혜로 성소에 있게 하심을 감사합니다. 세상의 고달픔에 지쳐 고단한 심령으로 주님 앞에 나온 우리에게 위로의 영으로 오시옵소서.

저희 모두 성령 충만한 사람이 되어 불신앙과 육신의 정욕들을 이겨내는 하나님의 능력 있는 자녀로 살아갈 수 있도록 복을 허락하여 주옵소서. 우리가 이 세상에서 주님의 증인으로 충성되게 하시고 우리가 주님의 손과 발이 되어 이 세상을 변화시키는 역사가 일어날 수 있도록 축복으로 함께해 주시기를 간구합니다.

사랑이 많으신 하나님!
이 시간 우리가 성령 안에서 기도하고 은혜를 받게 하여 주옵소서. 우리의 상한 심령을 주님의 강하고 의로운 손으로 치유하시기를 간구합니다. 우리의 연약한 믿음을 강하고 담대하게 하시기를 간구합니다.

주님의 크신 권능으로 복음의 전신갑주를 입고 세상을 이기는 주님의 군사 되게 하여 주옵소서. 우리의 예배를 위하여 여러 가지의 모습으로 봉사하는 손길들을 주님의 축복하심으로 인도하시며 날마다 승리하고 형통케 되는 복을 허락하여 주옵소서.

저희 성가대의 찬양을 기뻐 받아주시고 하늘 문을 여시고 우리에게 은혜의 단비로 적셔질 수 있는 귀한 복을 허락하여 주옵소서. 우리가 더욱 공교히 찬양할 수 있는 은혜를 더하여 주시며 우리의 부족함으로 하나님의 영광이 드러나게 하시옵소서. 우리의 연약함으로 하나님의 영광이 드러나게 하여 주옵소서.

말씀이신 하나님!
말씀을 대언하고자 하시는 목사님 위에 함께하셔서 우리들에게 주시는 신령한 말씀들이 꿀 송이 같은 귀한 생명의 만나가 되게 하여 주옵소서. 우리의 심령을 고치는 말씀이 되게 하여 주옵소서.
귀한 말씀으로 세상을 이기는 권세를 허락하여 주옵소서. 우리의 예배를 기쁘게 받으시길 간구하오며 거룩하신 예수 그리스도의 이름으로 기도드립니다. 아멘

6월 둘째 주 대표기도문 ①

은혜로우신 주님!

■ 우리를 향하신 주님의 인자하심에 감사합니다. 이 시간 찬송과 영광과 존귀를 주님께 드리려고 이 자리에 모였나이다. 이 땅에 하나님의 교회가 세워질 때 내려 주셨던 성령을 지금 이 시간 우리에게 충만히 부어 주시기를 원합니다. 우리를 성결케 하사 예배드리기에 합당한 심령이 되게 하여 주옵소서.

주님의 교회도 성령의 권능으로 세우셨으니, 교회를 찾는 심령마다 아직도 교회를 통해서 일하시는 성령의 능력을 체험케 하시고 주의 은혜를 사모하는 각 사람마다 성령의 충만함을 부어 주시고자 하시는 주님의 크신 은총을 깨닫게 하여 주옵소서.

성령을 의지하여 사모하는 심령들이 넘쳐날 때 주님의 교회가 질적인 것과 양적인 모든 면에서 날로 부흥하게 하시고, 주님의 살아계심을 온 누리에 나타낼 수 있는 능력의 교회가 되게 하여 주옵소서. 주님 안에서 귀한 성도의 교제를 나누게 하시며 하나님의 거룩한 백성으로서의 도리를 다 할 수 있는 복을 허락하여 주옵소서. 이 사회도 주님의 통치가 속히 이루어지기를 간구합니다.

개인적으로나 국가적으로 부정과 불의와 온갖 죄악 된 일들이 하늘을 뒤덮고 있사오니, 속히 이 사회를 성령의 권능으로 치료하여 주셔서 건전하고 바른 가치관이 정립될 수 있도록 은총을 허락하여 주옵소서. 이 세상에서 우리가 주님의 명하신 대로 빛과 소금이 될 수 있도록 믿음을 더하여 주옵소서. 우리에게 세상을 이길수 있는 힘을 허락하여 주옵소서.

특별히 하나님!
이 시간 우리를 위하여 하나님의 말씀을 대언하실 목사님 위에 함께 하사 성령의 능력으로 붙들어 주옵소서. 우리의 연약함을 만져 주시고 우리의 교만이 낮아지게 하시고, 우리의 부족함이 채워지는 역사가 일어날 수 있는 시간이 되게 하여 주옵소서. 거룩하신 하나님께 드리는 예배를 사모하는 우리에게 성령으로 허락하시기를 간구합니다.

이 예배를 위하여 돕는 손길들 위에 축복해 주시기를 간구합니다. 그들의 헌신이 하나님 보시기에 미쁘다 칭찬받도록 그들의 마음을 성결하게 하여 주옵소서. 하나님을 사모하는 복을 허락하여 주옵소서. 이 예배의 시종을 주님께 의탁하오며 거룩하신 예수 그리스도의 이름으로 기도드립니다. 아멘

6월 둘째 주 대표기도문 ②

전능하신 하나님!

우리를 하나님의 백성으로 택하사 거룩한 전으로 나아오게 하심을 감사합니다. 성령의 밝은 빛으로 저희 심령을 채우사, 주님의 뜻을 온전히 분별하여 세상의 악한 권세를 이기는 선한 싸움의 승리자로 삼아 주시기를 원합니다. 우리의 죄를 고백하오니 용서하여 주옵소서. 우리의 사랑이 필요한 곳을 지나쳐 왔고, 우리의 손길이 필요한 곳을 외면했습니다. 우리를 긍휼히 여기사 우리로 하나님의 선하신 계획에 반드시 필요한 심령들이 되게 하여 주옵소서.

거룩하신 하나님!
지금도 육체적으로나 정신적으로 또는 여러 가지 문제들로 고통을 당하는 이들도 있습니다. 저희들의 일거수일투족을 눈동자 같이 지키시는 성령께서 각 심령마다 충만하게 임하시사, 모든 고통에서 자유함을 얻게 하시고, 주님을 기쁨으로 찬양할 수 있는 삶이 되게 하여 주옵소서.
일찍이 이곳에 주님의 몸 된 교회를 세우사 성령의 권능을 세상에 쏟아 놓는 능력의 제단이 되게 하셨으니, 저희 교회가 더욱 성령 충만한 교회가 되게 하시고, 진리의 빛을 밝게 비칠 수 있는 은혜 충만한 제단이 되게 하여 주옵소서. 이 시간 마가의 다락방에 충만하게 임하셨던 성령의 역사하심이 일어날 수 있게 하옵소서. 주님의 은혜를 사모하는 자들마다 주의 영으로 덮으셔서 성령 충만한 사람으로 다시 태어날 수 있게 하여 주옵소서.

그러므로 그 어떤 불의와도 타협하지 않게 하시고, 주님을 담대히 증거하고 그 어떤 위협도 굴하지 않는 순교의 신앙이 넘쳐나게 도와주옵소서. 믿지 않는 우리의 이웃들에게도 주님의 사랑을 증거할 수 있도록 믿음을 더하여 주옵소서. 사랑을 실천하신 주님을 본받아 우리가 하나님의 사랑을 세상에 드러내게 하여 주옵소서.

주님의 몸 된 교회를 위하여 몸을 드려 헌신하는 이들이 있습니다. 저들이 힘을 다하여 충성할 때에 주님의 음성을 듣게 하시고, 주님이 책임져 주시는 강건한 삶이 되게 하여 주옵소서.

이 시간도 말씀을 듣는 저희 모두가 쏟아부으시는 주님의 은혜를 심령 깊숙이 체험하고 다짐하는 시간이 되게 하여 주옵소서. 예배의 시종을 주님께 의탁하오며, 거룩하신 예수 그리스도의 이름으로 기도드립니다. 아멘

6월 둘째 주 오후예배 기도문

전능하신 하나님!

■ 우리의 연약함을 강하게 하시는 주님의 은혜를 감사합니다. 하나님의 말씀을 의지하여 우리가 세상을 이기는 힘을 허락하신 은혜에 감사합니다. 하나님의 전으로 나아와 우리의 연약함을 고백하게 하심을 감사합니다.

예수님의 은혜로 우리가 죄를 사함 받았사오며 의롭다 인정받았사오니 주님의 사죄와 구속의 은혜에 감사합니다. 이 시간 삼위일체 되시는 하나님께 드리는 예배가 향기 넘치는 산제사가 되게 하여 주옵소서. 주께서 기뻐 받으시는 헌신이 되게 하시며, 예비하신 은혜를 넘치도록 받는 시간이 되게 하여 주옵소서.

생명의 주인이 되시는 주님!

지난 한 주간을 돌이켜 보건대, 저희는 주님이 주신 생명의 감사함을 잊은 채 숨쉬며 생각하고, 행동하였음을 고백하지 않을 수 없나이다. 저희 속에는 날로 새로워져야 할 영혼보다 시들고 죽어가는 것들로 가득 차 있습니다. 생명은 죄와 죽음과 함께할 수 없음을 깨닫사오니 긍휼히 여기사 구원하여 주옵소서.

이제 주님의 영원한 기운을 우리에게 허락하사 우리로 죽어가는 것들로부터 결별하게 하옵소서.

사랑의 주님!
우리 삶 속에 성령의 역사하심으로 함께 하시지 아니하면 저희는 삶의 변화와 성장과 발전을 기대할 수 없나이다. 성령으로 역사하시고 인도하셔서 더욱 새로운 삶이 될 수 있도록 인도하여 주옵소서.

무엇보다도 자기를 비워 종의 형체를 가져 사람과 같이 되셔서 십자가에 달리시기까지 인간을 사랑하신 주님을 본받게 하시고, 항상 자신을 순종시키며 아버지의 뜻을 따름으로 '하나 됨'을 실천하신 예수님을 본받아, 주님과 하나가 되게 하시고 성도들과 온전히 연합할 수 있게 하옵소서. 주님의 십자가의 사랑을 본받아 하나님의 세상에 드러낼 수 있는 우리가 되게 하여 주옵소서.

오늘도 성령을 의지하여 말씀을 선포하시는 목사님을 권세 있게 하셔서 말씀에 귀를 기울여 듣는 모든 자들이 성령의 역사하심을 체험하고 은혜받는 시간이 되게 하여 주옵소서. 주 하나님의 거룩하심을 믿사오며 우리 주 예수 그리스도의 이름으로 기도드립니다. 아멘

6월 셋째 주 대표기도문 ①

거룩하신 하나님!

▌복된 성일 아침, 거룩한 성전에서 하나님의 이름을 찬양하며, 주신 은혜와 축복을 감사드립니다. 우리에게 귀한 예배의 처소를 주시고, 새 마음으로 경배하며, 새 희망으로 은혜와 말씀과 성령의 충만함을 기다리게 하시니 감사합니다.

자비하신 주님!
지나간 한 주간 동안 욕심의 유혹을 따라 어둠의 길을 걷던 저희들입니다. 이러한 저희들에게 영원한 구원이신 주님의 전으로 불러 주신 은혜에 감사합니다. 주님의 사랑을 약속받고 살아가는 우리가 근심과 걱정에 싸여 헤어나지 못하고 살아왔습니다. 우리의 믿음 없음을 고백하오니 우리에게 회개하는 영을 허락하여 주옵소서. 주님을 부인했던 저희들을 용서하여 주옵소서.

거룩하신 하나님!
아직도 이 민족은 두 동강이로 갈라진 국토가 회복되지 못하고 있나이다. 성령의 권능으로 함께 하셔서, 잘못된 정권은 무너지고 잘못된 사상이 무너짐으로 속히 남과 북이 하나로 통일되게 하옵소서. 이 한반도 전체가 하나로 연합하여 주님의 구원과 복음을 누릴 수 있는 행복한 나라가 되기를 간절히 원합니다. 통일이 되는 그날, 하나님의 말씀이 자유롭게 북한 땅에 퍼지게 하시며, 주의 날을 갈망하는 많은 성도들이 주님을 경배하게 하옵소서.

악을 막으시고, 하나님이 세우시는 당신의 나라가 그 땅 가운데 일어나길 소원합니다. 우리가 날마다 북한 땅을 위하여 중보 하며 나가길 원합니다. 기도의 입술을 허락하여 주옵소서.

주님의 몸 된 교회를 위해서 기도합니다. 주님의 이름으로 모인 공동체인 교회가 삼위일체의 하나님이 임재하시는 거룩한 처소가 되게 하시며, 온 성도들이 주님의 사랑 안에서 주님의 뜻을 따라 참 신앙인의 본분을 잘 감당하는 복된 성도가 되게 하여 주옵소서.

이 시간도 하나님의 말씀을 대언하실 목사님 위에 축복하사, 주님이 부어주시는 은혜를 체험하고 다짐하는 귀한 시간이 되게 하여 주옵소서. 말씀으로 인하여 세상을 이길 수 있도록 우리에게 담대한 믿음을 더하여 주옵소서. 거룩하신 예수님의 이름으로 기도드립니다. 아멘

6월 셋째 주 대표기도문 ❷

은혜로우신 하나님!

▌우리를 세상에서 눈동자처럼 보호하시다가 거룩한 주일에 하나님의 전으로 불러주신 은혜에 감사합니다. 우리의 죄를 사하여 주시는 은혜를 사모하여 주님의 전으로 나왔사오니 우리를 주님의 보혈로 거룩하게 하시기를 원합니다. 우리를 돌아보시기를 간구하며 영원토록 주님의 나라를 사모하며 따르는 성도들이 되게 하여 주옵소서. 원수의 모든 능력을 제어할 권세를 주옵소서.

우리로 하여금 예수님의 보혈의 능력을 믿고 선한 싸움을 싸우게 하옵소서. 이 악하고 어려운 세대를 온전한 신앙인으로 살아가기 너무도 힘에 겨움을 고백합니다. 우리를 그대로 버려두지 마시고 주님의 울타리 안에 거하게 하여 주옵소서. 우리에게 긍휼을 베풀어 주옵소서.

우리의 마음을 보시는 하나님!
우리의 영이신 하나님께 신령한 예배를 드리도록 우리의 마음을 성령으로 감동시키시고 진실을 요구하시는 하나님께 회개하는 양심과 거짓 없는 믿음으로 진정한 예배를 드리게 하여 주옵소서.

지난 일 주일 동안 우리의 그릇된 생각을 고쳐 주시고 잘못된 인격을 바로 잡아주옵소서. 우리의 교만을 낮아지게 하여 주옵소서.

우리의 나약한 삶에 생기를 불어넣어 주시기를 간구합니다. 주님의 십자가를 바라보는 눈을 새롭게 하시기를 간구합니다. 삶의 길에 버려진 십자가를 다시 등에 지고 주님이 가신 길을 따르게 하여 주옵소서. 비워진 기도의 자리 또한 우리의 무릎으로 채우도록 축복하여 주옵소서.

주님을 다시 십자가에 못 박는 성도가 되지 않도록 이 시간 성령의 기름으로 가득히 부어 주옵소서. 나라를 구하기 위하여 자신의 몸을 초개와 같이 바친 민족의 선인들을 생각하는 달입니다. 우리는 그들과 같이 나가 싸울 수는 없겠지만, 나라를 위해 무엇을 할까 고민하며 생각하고 기도하는 성도들이 되게 하여 주옵소서. 나라를 가슴에 품고 중보 하는 역사가 일어나길 기대합니다.

이 시간 우리에게 말씀을 증거 하시기 위하여 강단에 서신 목사님을 특별하신 은혜로 동행하시며 그 말씀을 듣는 저희도 말씀의 위력으로 새롭게 변화시켜 주옵소서. 예수님의 이름으로 기도드립니다. 아멘

6월 셋째 주 오후예배 기도문

창조의
새 빛으로 인도하시는 하나님!

▌지난 한 주간도 주님의 사랑이 있었음을 고백합니다. 은혜의 빛으로 인도하시다가 주님의 전으로 불러주신 은혜에 감사합니다. 주님을 대면하게 하시고 기도로 주님과 교제할 수 있게 하시니 감사합니다. 주님의 부르심을 받아 이 자리에 나올 때마다 온 성도들이 모두 모이지 못한 것이 늘 안타까움으로 남습니다.

주님, 그들에게 주님이 주시는 평안으로 쉼을 얻을 수 있는 복을 허락하여 주옵소서. 주님을 만날 만한 때에 세속에 눈이 어두워 요란하게 바쁘게 돌아다니는 성도들이 없게 하시고, 성령의 임재하시므로 주님이 맡겨주신 시대적인 사명을 깨닫고 충성을 다하는 증인들을 축복하여 주옵소서.

우리의 눈이 오직 주님만을 바라볼 수 있도록 축복하여 주시고 심령이 가난하여 주님만을 앙망할 수 있도록 축복하여 주옵소서.

사랑의 주님! 생명 있는 모든 것들이 향기를 발하고 성숙을 향하여 발돋움하고 있는 이때에 우리의 심령을 더욱 충만하게 하셔서 죄에 이끌리기보다는 굳센 믿음을 소유하기 위해서 더욱 발돋움하게 하시옵소서. 내게 능력 주시는 자안에서 무엇이든 할 수 있다는 신앙으로 전진할 수 있게 하옵소서. 낙심할 만한 일들이 많다고 하나 낙심하지 않게 하시고 주님의 능력을 의지함으로 굳건하게 살아갈 수 있는 우리가 되게 하옵소서. 주님의 능력을 의지하여 살아갈 수 있도록 축복하여 주옵소서.

주님의 교회도 구원의 복음이 이 민족에게 편만하게 하여 새로운 역사가 있기까지 끊임없이 기도하는 공동체가 되게 하여 주옵소서. 주님의 말씀과 성령의 능력이 이 땅에 충만하기까지 영적인 공동체로 사명을 다할 수 있는 교회가 되게 하여 주옵소서.

말씀을 전하시는 목사님을 성령의 능력으로 인도하시기를 원합니다. 더욱이 상처 받은 심령들이 많은 이때에 그들의 해이헤진 마음을 주님의 말씀으로 치유하고 싸맬 수 있는 갑절의 능력을 허락하여 주옵소서.

말씀이 힘이 되어 일주일간의 삶을 승리하게 하시며, 말씀이 진리라는 것을 확신하는 일들이 일어나도록 은혜를 허락하여 주옵소서. 한 주간 승리의 개선가를 부르며 주께 나아오는 은혜가 있게 하옵소서. 거룩하신 예수님의 이름으로 기도드립니다. 아멘

6월 넷째 주 대표기도문 ①

영원하신 하나님!

우리에게 영원한 생명을 허락하신 은혜에 감사합니다. 저희는 부족하나 부요하신 주님을 아버지로 모시게 하신 은혜에 감사합니다. 하나님의 말씀으로 세상을 이기게 하신 은혜에 감사합니다. 우리를 성령으로 강하게 붙드사 기쁨 가운데 주님이 바라시는 길을 갈 수 있도록 은혜로 동행하시기를 간구합니다.

주님이 미워하시고 격노하시는 세속적인 욕심과 정욕을 버리고 생명을 위하여 자신을 내어주신 십자가 희생의 사랑을 본받게 하여 주옵소서. 주님의 영광을 드러내고 주님의 뜻을 따라 살 수 있는 저희들이 되게 하여 주옵소서.

거룩하신 하나님!

우리의 이웃을 위하여 우리가 기도하게 하시기를 원합니다. 우리가 세상에서 주님의 사랑을 나누기를 원합니다. 어려움을 당한 형제들에 대한 위로와 그들을 위하여 기도하던 마음이 식어진 것과 가난한 자에 대한 사랑의 손길이 굳어지고, 회개와 감사의 눈물이 마르고, 수고와 봉사의 땀구멍이 막혀있고, 충성하는 피 흘림의 상흔이 보이지 않는 우리의 무기력하고 초췌한 모습을 용서하여 주옵소서. 우리의 교만과 독선을 용서하여 주시고 주님은 하나 되기를 원하셔서 친히 본을 보여주셨건만 저희는 내 주장만을 앞세우며 고집하며 까다로움을 부렸음을 고백합니다. 나보다 더 나은 상대의 의견은 억지로 무시하였고 스스로 자랑하는 일에 많은 시간을 보냈습니다. 이웃과 함께 주님의 나라를 이루기에는 심히 부족한 저희임을 고백합니다. 용서를 구하오니 이 교만한 몸을 사하여 주옵소서.

주님의 몸 된 교회도 신령한 은혜가 항상 흘러넘치는 제단이 되게 하옵소서. 일 년의 상반기가 흘러가고 있습니다. 교회의 모든 기관들이 다시 한번 정리하게 하셔서 남은 기간 동안 주께 충성할 수 있는 은혜를 허락하여 주옵소서. 날씨가 많이 무덥지만 성도들의 건강도 주님 지켜 주옵소서.

메마른 땅에 베푸신 단비처럼 교회를 찾는 심령마다 주님이 내려주시는 은혜로 말미암아 메마른 영혼들이 해갈의 기쁨을 맛보게 하여 주옵소서. 우리를 위하여 예비하신 목사님 위에 성령의 능력을 허락하시고 우리에게 귀한 말씀을 전하실 때에 은혜 충만한 시간이 되게 하여 주옵소서. 거룩하신 예수 그리스도의 이름으로 기도드립니다. 아멘

6월 넷째 주 대표기도문 ②

은혜의 하나님!

▎우리의 죄악으로 죽어야 마땅한 우리를 주님의 사랑과 희생으로 생명을 주심을 감사드립니다. 오늘 거룩한 이날 축복을 기다리며 예배를 드리려고 인도하심을 감사드립니다. 이 시간 우리가 진실한 예배와 기도를 드리게 하시고, 오직 주님께 영광 돌리는 아름다움이 있게 하옵소서. 주님의 십자가를 다시 등에 지고 골고다의 언덕길을 계속 올라가게 하옵소서.

비워진 기도의 자리도 내 무릎으로 메우게 하시고 주인 없는 예배 좌석도 채우도록 힘쓰게 하옵소서. 한 주간 동안도 주님의 사랑 안에 살면서 사랑을 실천하지 못했고, 말씀안에서 바르게 살지 못했으며, 주님의 분부하신 명령을 힘써 지키려고 하지도 않았음을 고백합니다. 우리에게 긍휼을 베푸사 십자가의 사랑으로 용서하여 주시기를 원합니다.

사랑의 주님!
축복의 계절 6월에 이 민족이 지난 세월 쓰라린 아픔을 겪었던 나날을 생각합니다. 이 민족이 이제는 더 이상 잘못된 이데올로기에 매여 평화 없는 행진을 계속하지 않게 하여 주옵소서. 화평을 쫓아 어깨를 서로 맞대며 얼싸안고 사랑의 포옹을 깊게 할 수 있는 화목한 나라가 되게 하여 주옵소서. 교회에 지체된 저희들 모두도, 세상과 구별된 것에만 감사하며 만족할 것이 아니라, 그들을 생명이신 주님 앞으로 건져낼 수 있는 구명자의 역할을 감당할 수 있도 지혜를 주시기를 원합니다.

주께서 주신 이 자유와 평화를 지킬 수 있게 하시며, 더 나아가 하나님의 나라를 우리의 몸으로 만들 수 있도록 허락하여 주옵소서. 우리의 작은 노력을 통하여 주의 나라가 속히 임하길 원합니다. 주님의 다시 오심을 기다립니다.

이 시간도 세상의 염려보다 주님의 몸 된 교회를 위하여 거룩한 염려를 하고 있는 귀한 종들을 기억하시고, 몸을 드리는 저들의 헌신과 충성을 통해서 주님의 나라가 확장되며 교회가 든든히 서갈 수 있도록 축복하여 주옵소서. 말씀을 전하시는 사랑하는 목사님을 주의 능력으로 붙들어 주시고 힘 있고 권세 있는 말씀을 전하실 수 있도록 육체를 강건하게 하여 주옵소서. 예배의 시종을 주님께 의탁드리오며 예수님의 이름으로 기도드립니다. 아멘

6월 넷째 주 오후예배 기도문

하늘에 계신 아버지!

낮고 천한 아버지의 자녀들이 영광과 감사와 찬송을 받으시옵소서. 이 시간 저희들의 눈을 열어 주사 하늘의 영광을 보게 하시고 하늘의 문을 여사 성령의 충만함과 말씀의 은혜를 내려 주옵소서. 오늘도 우리에게 새 생명을 허락하신 주님을 찬양합니다.

용서의 하나님!
백번을 잘하다가도 한번 잘못하여, 실언하고 실수하여 실족한 우리를 용서하여 주시기를 원합니다. 우리의 죄에 대해서 완전히 죽게 하시고 주의 의에 대하여 온전히 새로운 인격과 신앙을 갖춘 변화된 사람들이 되게 하옵소서.

이 시간 하나님의 진리로 우리를 가르치시고 하늘의 밝은 길을 보여 주시기를 원합니다. 오는 한 주간을 진리를 잡고 그 길을 걷게 하여 주옵소서.
이 시간 영광을 받으시고 이 예배가 신령과 진정으로 드리는 예배가 되게 하여 주옵소서. 이 예배가 우리의 일상생활의 토대가 되어 강퍅해지고 거칠어진 우리의 심령을 순화시키는 윤활유가 되게 하여 주옵소서. 저희 모두를 하나님의 영으로 뜨겁게 감동시켜 주사 말씀으로 은혜받고 새로운 각오와 결심으로 신앙의 무장을 이루게 하여 주옵소서.

하나 됨을 위하여 간절히 기도하신 주님!
삼위일체 하나님의 아름다운 동역하심과 같이 저희도 주님의 사랑 안에서 아름다운 동역이 있게 하여 주옵소서. 조화를 이루며 살 수 있도록 축복하여 주옵소서. 가정에도 조화를 이루며 아름다운 동역이 있게 하시고, 이 사회도 자신만을 생각하는 주장들이 무너지고 상대를 높이고 상대의 영광을 위해서 서로 봉사하는 아름다움이 있게 하여 주옵소서.

말씀을 전하시는 목사님을 성령의 능력으로 함께 하시고, 주님의 계시된 말씀을 우리에게 선포하실 때에 주의 능력이 나타나는 놀라운 역사가 있게 하여 주옵소서. 이 시간 예배드리는 가운데 보혜사 성령님이 친히 운행하심을 믿사옵고 예배의 시종을 주님께 의탁하오며 예수님의 이름으로 기도드립니다. 아멘

7월 첫째 주 대표기도문 ①

거룩하시며
은혜로우신 하나님!

오늘도 우리를 하나님의 전에 모이게 하신 은혜에 감사합니다. 천사도 흠모하는 자녀 된 직분을 우리에게 허락하신 은혜에 감사합니다. 보잘것없는 저희들이지만 이 시간 주님의 전에 겸손히 무릎 꿇고 머리 숙여 예배를 드리게 하시니 감사합니다.

우리가 드리는 예배를 기쁘게 받아 주시고, 우리에게 성령으로 동행하시기를 기도드립니다. 성령으로 충만하게 하셔서 은혜를 받을 수 있도록 축복하여 주옵소서.

위로의 주님!
이 시간 주님 앞에 고백합니다. 주님께서 우리를 사랑하여 주심 같이 저희는 주님을 사랑하지 못하였음을 고백합니다. 이웃과 민족도 사랑하지 못했습니다. 우리에게 사랑의 본을 보이신 주님처럼 우리가 사랑할 수 있도록 축복하여 주옵소서.

주님의 사랑을 실천하는 우리가 되게 하여 주옵소서. 믿지 않는 자들을 권면하고 실의에 빠진 사람들에게 위로를 주고, 상처 입은 영혼들을 주님의 품으로 이끌어올 수 있도록 믿음을 더하여 주옵소서. 쓸모없는 우리를 주님의 사역에 순종하게 하심으로 주님의 나라가 이 땅에 속히 이루어지기를 간구합니다. 우리의 기도를 들어주옵소서. 7월에는 교회 안에 많은 행사들이 있습니다.

여름 성경학교와 수련회 등의 여름 행사들을 주님 주관하여 주옵소서. 큰 부흥의 계기가 되게 하시고, 교회가 하나 되는 아름다움을 경험할 수 있는 복된 시간들이 되어지도록 축복하여 주옵소서. 이번 행사들을 통하여 교회가 살아 움직이게 하시고, 지역사회에 필요한 것들을 공급할 수 있는 교회 되게 하여 주옵소서.

살아계신 하나님!
이 예배를 위하여 섬기는 많은 예배 위원들을 기억하사 축복하시고, 저들의 손길로 인하여 가정에 복을 주셔서 날마다 주님을 자랑하는 귀한 복을 허락하여 주옵소서. 아름다운 찬양으로 하나님께 드리고 예배를 빛나게 하는 성가대 위에 축복하사 더욱 공교히 찬양할 수 있도록 은혜를 더하여 주시고, 하나님을 찬양하는 것을 즐거워하는 저희들이 되게 하여 주옵소서.

말씀을 전하시는 목사님을 붙들어 주시고, 우리에게 귀한 말씀으로 역사하여 주옵소서. 예배의 시종을 주님께 의탁드리오며 거룩하신 예수 그리스도의 이름으로 기도드립니다. 아멘

7월 첫째 주 대표기도문 ❷

생명이신 하나님!

▌성령의 강림이 강물처럼 흘러내리는 이때에 다시 한번 주님께 감사와 찬양과 영광을 돌립니다. 우리가 자칫 주님께서 내려 주시는 은혜의 감격을 잊어버리고 사는 인간들이 되지 않을까 심히 두렵사오니, 우리의 부족함을 늘 깨우쳐 주시고 주님의 은혜를 망각하는 일이 없도록 이끌어 주옵소서.

새롭게 하시는 주님!
저희들이 근심 많고 유혹 많은 세상에서 살면서 주님의 이름을 온전히 의지하지 못하는 바보였음을 고백합니다. 부끄러운 마음으로 십자가의 보혈을 의지하여 이 시간 모였사오니, 못난 저희들의 모습을 용서하여 주옵소서. 우리에게 긍휼을 베풀어 주옵소서. 주님의 자녀로 당당하게 살아갈 수 있는 용기를 허락하옵소서.

믿음이 적은 우리에게 참 믿음을 주시기를 원합니다. 말씀 위에 굳게 세워주시고, 믿음의 주요 온전케 하시는 이인 주님을 바라보게 하여 주옵소서. 여호수아같이 항상 큰 믿음을 구하게 하시고, 하나님을 온전히 믿는 믿음을 통하여 응답받는 복된 주의 백성으로 삼아 주시기를 원합니다.

거룩하신 주님!

우리에게 성도의 직분을 감당할 수 있도록 주님의 성품을 닮아가게 하옵소서. 하나님의 거룩하고 선별된 자녀가 되었으니 성도의 품위를 지킬 수 있도록 축복하여 주옵소서. 우리가 세상을 힘으로 이기는 것이 아니라 하나님의 권세로, 하나님의 능력으로 이길 수 있도록 우리에게 강하고 담대한 믿음을 갖도록 축복하여 주옵소서.

오늘 이 자리에 여러 가지 모양으로 상한 심령을 가지고 예배에 참석한 성도들이 있는 줄 압니다. 고통을 다루시는 주님께서 상한 심령마다 어루만져 주시고 싸매어 주셔서 치유하시고 회복시키시는 주님의 은혜를 체험할 수 있도록 축복하여 주옵소서.

오늘도 말씀을 전하시는 목사님께 성령의 능력으로 함께 하셔서 선포되는 말씀마다 성령 충만 은혜 충만한 말씀이 되게 하시며, 그 말씀을 듣는 우리의 심령이 뜨거워져서 주님을 사랑하지 않고는 견딜 수 없는 마음이 역사하도록 축복하여 주옵소서. 날마다 우리를 새롭게 하시며 예배의 자리로 부르시는 예수님의 이름으로 기도드립니다. 아멘

7월 첫째 주 오후예배 기도문

전능하신 하나님!

하늘과 땅과 그 가운데 모든 것을 지으시고 다스리시는 전능하신 하나님, 저희들에게 생명과 호흡이 있게 하심으로 영광과 찬송과 경배를 드립니다. 이 시간 주님의 전에서 찬송을 드리고 기도하게 하심을 감사합니다. 예배를 드릴 때에 주님의 은혜와 사랑으로 가득 덮어지게 하시고, 진리의 말씀으로 가득 채워 주옵소서.

오늘 거룩하신 주님의 교회에 참여한 저희들에게 용기와 힘을 주셔서, 신앙에 역행하는 것을 단호하게 거절하시고, 믿음에 일치하는 것만을 확고하게 따라가게 하옵소서.

은혜의 주님!

지난날들을 되돌아보면 허물이 가득한 죄인이었습니다. 주님의 말씀으로 날마다 무장을 하지만 우리가 달라지지 않은 모습으로 여기에 있사오니 우리를 긍휼히 여기사 용서하여 주옵소서.

올해의 남은 날을 주님의 주권을 인정하고 살아갈 수 있도록 축복하여 주옵소서. 주님의 몸 된 교회도 주님의 사랑을 전하기 위하여 선교에 힘을 낼 수 있도록 축복하여 주옵소서.

국내 선교와 북한 선교에 힘쓸 수 있도록 이끌어 주시고, 한 민족 복음화를 위해서 앞장서는 교회들이 되게 하시고 아직도 이 나라가 복음화되지 못하고 있는 것은, 교회가 힘써 하나님을 찾지 못하고 있는 것을 깨우쳐 주시기 위한 주님의 긍휼인 줄로 믿사오니, 이 민족의 복음화를 위해서 절박한 심정으로 주님을 찾는 교회가 되게 하여 주옵소서. 기도로 믿음의 역사를 일으키며, 믿음의 좋은 소문을 낼 수 있는 교회들이 되게 하여 주옵소서.

　이 민족이 심한 몸살을 앓고 있습니다. 하나님 앞에서 방만한 태도를 취했던 당연한 결과라고 봅니다. 이제 방종의 꿈에서 깨어나 정신을 차리게 하시고, 진정으로 이 민족이 살 길은 주님 앞에 돌아와야 한다는 것을 깨닫게 하여 주옵소서.

　이 시간 귀한 말씀으로 우리에게 증거 하실 목사님을 강건하게 붙들어 주시고 성령의 역사가 강하게 일어나게 하시옵소서. 우리에게 들려주신 말씀이 믿음의 귀한 싹이 트는 좋은 씨앗이 되게 하여 주옵소서. 특별히 귀한 성도들을 은혜로 도우사 무더운 가운데 건강이 상하지 않도록 지켜 보호하여 주옵소서. 예배의 시종을 주님께 의탁하오며 거룩하신 예수님의 이름으로 기도드립니다. 아멘

7월 둘째 주 대표기도문 ①

전능하신 하나님!

▌우리의 필요를 날마다 새롭게 공급하시는 주님을 찬양합니다. 주님이 우리를 궁핍한데 처하지 않도록 늘 보살펴 주셨지만 우리의 눈이 욕심에 멀어 식물을 구하고 먹을 것, 입을 것을 위하여 전전긍긍하면서 주님의 영광을 가리고 품위 없이 살았음을 고백합니다. 믿음없는 우리를 용서하여 주옵소서. 이제부터 주님의 거룩한 백성으로 당당하게 살아가길 원하오니 우리의 필요를 채워 주옵소서.

사랑의 주님!
이 귀하고 복된 날에 주님께서 저들의 상한 심령들을 위로하여 주시고 주님이 주시는 평안으로 안정을 되찾게 하시고 주님께 감사하는 복된 삶을 살아가도록 축복하여 주시기를 원합니다. 우리에게 주님의 사랑을 실천할 수 있도록 우리를 보내주옵소서.

우리가 그들을 주님의 사랑으로 감싸 안을 수 있도록 우리의 마음을 긍휼히 여기는 마음으로 변화시켜 주옵소서. 주님, 경제가 어려워지면 근심 없는 가정이 없고, 미래에 대한 계획도 불안해하며 초조해하고 있습니다. 이런 때일수록 저희들에게 더욱 큰 믿음을 허락하시기를 원합니다. 경제가 어렵다고 해서 이끌려 다니는 모습이 아니라 더욱 힘차게 현실을 이겨낼 수 있도록 축복하여 주옵소서.

주님이 친히 세우신 교회를 위해서 기도드립니다. 저희 교회의 각 기관들마다 주님의 사랑을 실천하는 귀한 기관들이 되게 하시고 우리가 각 기관의 지체로서의 사명을 잘 감당하도록 축복하여 주옵소서. 주님의 사랑이 드러나는 저희 교회가 되게 하시고 수고와 봉사를 아끼지 않는 주님의 거룩한 자녀가 되길 간절히 원합니다. 이 시간 귀히 쓰시는 목사님을 단위에 세우셨으니, 주의 장중에 붙드시고 영적 권능의 두루마기를 입혀 주시옵소서.

우리에게 말씀을 전하실 때에 성령으로 뜨겁게 하시고 우리의 마음이 열리는 감격의 시간이 되게 하여 주옵소서. 목사님의 가정에 주의 은혜를 더하사 온 교회 성도들에게 본이 되게 하시며, 평안으로 도우사 목회에 전념하시도록 인도하여 주옵소서. 온 교회 모든 가정들에게도 평안으로 충만하게 채워 주옵소서. 거룩하신 예수님 이름으로 기도드립니다. 아멘

7월 둘째 주 대표기도문 ❷

천지를 창조하시고
주관하시는 하나님!

거룩한 주일과 주님께 찬양 드릴 수 있는 귀한 교회를 허락하심에 감사합니다. 우리에게 산 소망으로 함께 하시니 감사합니다. 우리에게 죄악과 허물이 있으면 용서하여 주옵소서. 정결한 마음으로 주님께 예배를 드리기를 원합니다. 우리의 예배를 기쁘게 열납 하시고 우리의 삶이 변화를 받아 믿음에 믿음을 더하는 삶으로 인도하여 주옵소서. 우리의 삶이 언제나 먼저 그 나라와 그 의를 구하기에 부족함이 없는 믿음의 삶을 살게 하여 주옵소서.

우리의 연약함을 아시는 주님!
주님 우리가 교만하여 주님의 뜻대로 살지 못했음을 고백합니다. 주님의 마음을 아프게 해 드린 적이 너무도 많았음을 고백합니다. 허물 많은 저희들을 용서하여 주시옵소서. 주님의 능력을 힘입어 살아가는 저희들이 되게 하여 주옵소서.

저희들에게 옳지 않은 생각이나 미련한 마음이 있다면 바로잡아 주옵소서. 항상 주님을 즐거워하며 주님이 걸어가신 길을 따라갈 수 있는 순종의 삶이 되도록 축복하여 주옵소서.

우리 교회가 이 여름에 계획하고 있는 일이 많이 있사오니 계획하는 모든 일이 주님의 영광을 나타낼 수 있는 것들이 되게 하시고 주님의 사랑을 전하고, 증거하며 열매들로 풍성한 계획들이 되게하여 주옵소서. 어린이, 청소년 여름 성경학교와 중고등부 수련회, 청년회 수련회와 각 기관들의 행사가 있습니다.

큰 은혜로 함께하여 주시고 성령께서 주장하는 복된 행사들이 되길 소원합니다. 성령으로 무장하여 하나님의 일을 감당하는 계기가 될 수 있도록 은혜를 부어 주옵소서. 이 나라와 이 민족과 주의 교회를 어떻게 섬겨야 할지를 구할 수 있는 시간이 되게 하시며, 믿음으로 새로워지는 계기가 되도록 인도하여 주옵소서.

주님의 몸 된 교회가 고통을 당하는 이웃을 위하여 더욱 기도하게하시고, 주님만이 길이요 진리요 생명 되심을 증거 할 수 있도록 은총을 더하여 주옵소서. 말씀과 진리 안에서 날마다 성장하게 하시며, 사랑과 수고와 인내로써 소망을 이루어 가는 일들이 교회 안에 넘치게 하여 주옵소서. 연약한 마음으로 예배드리는 우리를 성령께서 도와주실 것을 믿으며, 사랑이 많으신 예수 그리스도의 이름으로 기도드립니다. 아멘

7월 둘째 주 오후예배 기도문

살아계신 주님!

아름다운 날씨와 생동하는 기쁨을 이 땅에 허락하신 주님께 신앙의 고백을 드립니다. 교회에 임하신 성령의 불길이 앞으로도 계속 타오르게 하시고 우리의 심령이 온전한 변화를 이루게 하여 주옵소서. 새로운 성령의 힘으로 삶의 멍에를 짊어지게 하시고 늘 주님을 향한 뜨거운 고백이 넘치는 신앙생활을 할 수 있도록 축복하여 주옵소서.

새롭게 거듭나는 삶으로 주님의 인도하시는 길로 우리가 순종할 수 있도록 축복하여 주옵소서. 우리의 심령을 사로잡아 주셔서 마음을 쏟고 영혼을 쏟으며 회개하지 아니하고는 견딜 수 없는 마음을 주시고 주님의 자녀로서 맡은 바 본분을 다할 수 있는 저희들이 되게 하여 주옵소서.

마지막 추수 때가 되어 악한 마귀들이 세력을 떨치고 있는 이때에 늘 깨어 기도하며 진리로 무장하고 주님의 말씀을 방패 삼아, 악한 세력들을 물리치고 승전가를 부르면서 전진할 수 있는 굳건한 믿음이 되게 하여 주옵소서.

오늘 주님께 참 예배를 드리기를 원하면서도 세상의 온갖 염려와 근심으로 인하여 무거운 마음으로 예배를 드리는 성도가 있는 줄로 압니다. 저들의 답답한 마음들이 예배를 드리는 동안 주님의 평안으로 채워지게 하시고, 주님의 말씀으로 위로받게 하시며, 신앙의 힘을 얻어서 소망이 넘치는 생활이 되게 하여 주옵소서.

경제가 어려워지면서 근심하지 않는 가정이 없고, 미래에 대한 계획도 불투명해 우리의 삶의 무게가 무거워 감당할 수 없을 때가 많사오니 우리에게 주님의 권능으로 새 힘을 허락하여 주옵소서.

우리의 모든 것들이 주님의 영으로 능력 있게 하시옵소서. 날씨가 많이 무더워졌습니다. 교회 안에 계신 많은 어르신들이 무더운 날씨로 인하여 건강을 잃지 않게 하시며, 무엇보다도 신앙의 건강을 허락하시길 원합니다. 바른 믿음을 가지고 바르게 살게 하시며 하나님의 백성으로 사는 보람을 느낄 수 있도록 은혜를 더하여 주옵소서.

오늘 드리는 이 예배가 주의 백성으로 무장하는 시간이 되길 원하며, 주께 예배드리지 못하는 많은 심령들이 주님의 은혜를 알 수 있는 기회를 허락하시기를 원하오며 거룩하신 예수님의 이름으로 기도드립니다. 아멘

7월 셋째 주 대표기도문 ①

자유케 하시는 하나님!

우리가 세상에서 주님 원하시는 삶으로 살지 못하였으나 주님의 보혈로 귀한 예배를 드리게 하시니 감사합니다. 우리의 영혼이 주님 안에서 자유함을 감사합니다. 우리의 입술에 감사의 열매가 맺히게 하시니 감사합니다. 더운 날씨와 계속되는 폭우 속에서도 주님의 전을 사모하는 마음을 허락하심을 감사합니다.

주님의 전에 나아와 예배를 드리는 것이 축복의 근원이라 하셨으니 우리에게 주님을 사랑하는 복을 허락하여 주옵소서. 주님 주시는 힘으로 세상을 이기게 하옵소서. 우리에게 주님의 사역에 선한 일꾼으로 쓰임 받게 하여 주옵소서.

은혜로우신 하나님!
우리의 죄를 고백하오니 용서하여 주옵소서. 주님의 거룩하신 전으로 나아오기까지 많은 범죄로 인하여 더러워진 우리의 심령으로 고민하던 우리를 주님이 아십니다. 우리를 긍휼히 여겨주옵소서. 우리의 삶에 전폭적으로 간섭하시는 주님의 은혜를 우리의 교만으로 망각하며 살아왔습니다. 우리가 입술로는 주님이라 고백하고 시인하면서 우리의 삶의 주인은 물질과 세상적인 풍요가 아니었습니까? 우리를 용서하여 주옵소서. 성도의 귀한 삶으로 인도하여 주옵소서. 우리에게 주님의 성령으로 세상을 이길 수 있도록 축복하여 주옵소서.

거룩하신 하나님!
우리가 하나님의 형상을 따라 지음을 받았사오나 우리가 고통에 부딪칠 때마다 주님의 성호를 가리며 거룩하지 못했던 우리를 고백합니다. 우리에게 주님의 성스러운 자녀로서의 삶을 감당할 수 있도록 믿음을 더하여 주시고, 성령 충만으로 성령의 열매들이 우리의 삶에 맺혀지기를 기도드립니다. 우리의 삶을 허락하셨으니 친히 주관하여 주시기를 간구합니다.

우리의 예배를 위하여 수고하고 헌신하는 귀한 영혼들을 주님이 친히 살피시고 저들의 필요를 채워 주시고, 저들의 수고위에 크신 축복으로 함께하여 주옵소서. 말씀 전하실 목사님 위에 성령의 능력으로 동행하시고, 말씀을 통하여 은혜받는 성도들이 되도록 인도하여 주옵소서. 말씀이 우리를 지키길 소원합니다. 거룩하신 예수 그리스도의 이름으로 기도드립니다. 아멘

7월 셋째 주 대표기도문 ❷

사랑이 많으신 하나님!

▌세상의 유혹이 만연하고 더운 날씨로 인하여 게으름이 주님을 만나기를 원하는 우리를 가로막으나 이기게 하심을 감사합니다.
오늘도 저희는 구원의 잔을 들고 은혜의 하나님을, 존귀하신 여호와를 소리 높여 부르기를 원합니다. 우리의 예배를 기쁘게 받아 주옵소서.

용서의 주 하나님!
지난 한 주간도 저희는 이 세상의 삶에 취하여 살면서 주님의 자녀답지 못한 삶을 살아왔음을 고백합니다. 이 시간 주님의 말씀을 따라 살기보다는 세상의 욕심을 채우려고 더 노력했음을 고백하오니 용서하여 주옵소서.

이 시간 우리의 마비된 눈을 밝히사 신령한 것을 보게 하시고 마비된 양심을 고치사 깨끗하고 청결하게 하시며 진실치 못한 마음을 바로잡아 주옵소서. 우리로 육신적인 모든 삶을 버리고 죄를 떠나 살기에 즐거워하게 하시며, 죄의 모습을 볼 때 유혹을 받지 않고 오히려 혐오하고 증오하게 하며, 말씀의 능력 안에서 승리하게 하여 주옵소서.

저희의 상한 심령들 위에 위로가 되시는 주님!
우리가 세상에서 많은 상처를 입었사오니 우리를 긍휼히 여기사 우리의 상한 심령을 치유하여 주시기를 간구합니다. 무거운 짐을 지고 힘겨워하는 많은 지체들을 돌아보게 하시고 우리가 기도로 힘쓰고 권면할 수 있도록 성령의 능력으로 동행하여 주옵소서.
주님이 친히 세우신 교회도 힘들고 어려울 때일수록 고난 가운데서 주님의 뜻을 담아내기에 힘쓰는 교회가 되게 하여 주옵소서.
이 시대에 교회를 향한 주님의 요청이 무엇인지 분별할 수 있는 교회가 됨으로써 주님의 형상을 더욱 분명하게 드러낼 수 있는 교회가 되게 하여 주옵소서.

오늘도 복된 말씀을 듣고 단 위에 서시는 목사님을 기억하시고 선포하시는 말씀에 권세가 있게 하셔서, 저희 모두에게 은혜가 넘치게 하여 주옵소서. 이 시간 주님의 신령한 비밀을 깨달아 아는 귀한 시간이 되게 하여 주옵소서. 예배의 시종을 주님께 의탁하오며 거룩하신 예수 그리스도의 이름으로 기도드립니다. 아멘

7월 셋째 주 오후예배 기도문

공의로우신 하나님!

■ 우리의 삶에 주님의 공의가 나타나게 하심을 감사합니다. 우리의 삶이 주님께 드려지는 예배가 되게 하여 주옵소서. 우리가 입술로 주님의 공의를 증거 하며 우리의 삶이 성도 된 자의 본을 보일 수 있도록 믿음을 더하여 주옵소서.

꺼져가는 등불도 끄지 않으시는 주님!
패역하고 죄 많은 세상에서 속된 환경에 더럽혀지고 허약해진 심령들이 모여 거룩하신 주님께 머리를 숙입니다. 우리의 갈급한 심령에 성령의 단비를 허락하여 주옵소서. 허약해진 믿음의 심지를 돋워주옵소서. 우리를 소생시켜 주사 우리의 마음의 잔에 성령의 생수가 넘치도록 축복하여 주옵소서.
특별히 이 시간 마음 가운데 믿음의 확신이 없는 성도들에게는 말씀을 통하여 확고한 믿음으로 덧 힙혀 주옵소서. 시험과 고난 중에 있는 성도들에게는 어려움을 이겨내는 은혜가 있게 하여 주옵소서. 질병으로 고생하는 성도들에게는 인간의 생사화복과 죽은 자도 살리시는 전능하신 하나님을 영접할 수 있도록 축복하여 주옵소서.

우리의 교만한 마음을 겸손하게 하여 주옵소서. 거짓에 찬 입술을 진실하게 하시고 허영과 다툼으로 인한 생활을 변화시켜 주옵소서. 또한 형제와 자매에게 영광과 칭찬을 돌리는 낮은자의 삶이 되게 하여 주옵소서.

이 시간 주의 영이 냉랭한 우리의 가슴에 뜨거움을 주시고 주의 말씀으로 빈속을 채우며 주의 위로로 힘을 얻어 하나님의 은혜가 우리의 심령 속에 충만하게 하여 주옵소서. 우리의 찬송과 영광을 받아 주옵소서. 우리의 회개를 받아주시고 용서하여 주옵소서.

많은 사람들이 휴가 계획을 세웁니다. 올 해의 휴가는 무엇보다도 보람 있는 계획들이 세워질 수 있도록 인도하여 주옵소서. 편안한 휴식뿐 아니라, 주위의 이웃도 돌아볼 수 있는, 가난한 자를 품을 수 있는, 하나님의 뜻을 행할 수 있는 귀한 시간이 되도록 인도하여 주옵소서.

예배 가운데 함께 하사 말씀을 전하시는 목사님께 성령님의 충만한 은혜로 채워 주옵소서. 듣는 자가 복되게 하시고, 선포되는 말씀이 위엄 있게 하옵소서. 우리의 예배를 기쁘게 받아 주시기를 원하오며 거룩하신 예수님의 이름으로 기도드립니다. 아멘

7월 넷째 주 대표기도문 ①

늘 새로운
소망으로 함께 하시는 주님!

우리에게 주님의 전으로 나아올 수 있는 믿음을 허락하신 은혜에 감사합니다. 귀한 시간에 주님께 찬양하고 기도하게 하시니 감사합니다. 우리의 입술과 우리의 생각과 마음의 묵상이 온전히 주님께 열납 되기를 원합니다. 우리의 예배를 기쁘게 받아주옵소서.

은혜가 충만하신 주님!
우리가 일주일 동안 주님의 이름을 더럽히고 다시 주님께 왔습니다. 우리를 용서하여 주옵소서. 교만하고 허영과 이기심으로 가득한 우리를 주님 용서하여 주옵소서. 주님의 사랑을 실천할 수 있도록 축복하여 주시고, 우리의 삶 속에 주님의 향기가 배어 나올 수 있도록 축복하여 주옵소서. 우리의 삶이 주님께 드려지는 산 제사가 되기를 원하오니 우리의 기도를 들어 응답하시기를 원합니다.
사랑의 하나님!
교회에 속한 모든 가정들을 위해 기도합니다. 주의 사랑이 충만하게 넘쳐나는 가정이 되길 원합니다. 집안의 가장들을 붙드셔서 믿음의 대표자로 본을 보일 수 있도록 인도하시어, 온 가족이 힘 있게 주를 섬길 수 있는 은혜가 있게 하여 주옵소서. 남편은 아내를 사랑하게 하시며, 아내는 남편을 따르며 존경하게 하시고, 자녀들을 사랑으로 양육할 수 있도록 인도하여 주옵소서.

능력의 주님!
주님의 몸 된 교회를 기억하여 주옵소서. 주님의 크신 뜻과 계획이 계셔서 이곳에 교회를 세우셨음을 믿사오니 이 교회를 통하여 이 지역이 복음화되기를 원합니다. 주님의 뜨거운 사랑을 나타낼 수 있는 주님의 교회가 되기를 원합니다.

삶의 소망을 잃은 자들에게 소망이 되시는 주님을 교회를 통하여 만날 수 있게 하옵소서. 삶에 평안을 잃은 자들에게도 교회를 통하여 평안이 되시는 주님을 체험하는 귀한 역사가 있게 하여 주옵소서. 그리하여 저들이 주님의 사랑을 증거 하는 귀한 주님의 증인들이 되게 하여 주옵소서.

오늘도 귀한 말씀을 들고 단위에 서신 목사님을 성령의 능력으로 붙드시고, 듣는 자 모두가 주님의 음성을 듣는 복된 시간이 되게 하여 주옵소서. 또한 예배를 섬기는 모든 영혼 위에 주님께서 늘 동행하시는 귀한 복을 받기를 원합니다. 예수 그리스도의 이름으로 기도드립니다. 아멘

7월 넷째 주 대표기도문 ❷

사랑의 주 하나님!

연약한 우리에게 더 이상 죄의 길에 서지 않게 하시고 주님의 말씀의 반석 위에 서게 하시는 은혜에 감사합니다. 우리의 연약함을 아시는 주님, 날마다 새로운 주님의 성령으로 담대하게 하시는 은혜에 감사합니다.

우리의 온갖 추한 생각들을 버리게 하시고 깨끗하게 회개하는 역사가 일어나게 하여 주옵소서. 넉넉한 마음으로 하나님과의 대화에 녹아들 수 있는 귀한 시간이 되게 하여 주옵소서.

용서의 주님!
우리의 지친 영혼을 용납하시고, 우리를 주님의 넓은 품에 품어 주옵소서. 우리가 세상에 지쳐 죄의 종으로 살아 주님의 자녀 된 영광의 모습을 잃어버리고 살았음을 고백합니다.
우리에게 늘 비추어 주시던 주님의 구원의 빛으로 나아왔사오니 우리를 용서하시는 주님의 사랑으로 다시 소망을 얻어 새롭게 세상을 이기게 하여주옵소서.

삶 속에서 우리에게 옳은 길로 인도하시는 주님의 음성에 순종함으로 승리의 길을 걷게 하여 주옵소서.

능력의 주님!
주께서 친히 세우신 교회를 위해서 기도드립니다. 이 교회에 마음과 뜻과 정성을 다하여 주님께 예배하는 종의 백성들이 넘쳐나게 하시고, 주님께 대한 헌신과 봉사가 살아있는 교회가 되게 하여 주옵소서. 무엇보다도, 죄 많은 이 세상을 향해서 십자가의 복음을 담대히 증거 할 수 있도록 축복하여 주옵소서. 그 어떤 영혼이라도 주님의 능력으로 새로워지고 변화받는 축복의 동산이 되게 하여 주옵소서.

이 시간도 주님의 귀한 말씀을 들고 단위에 서신 목사님을 기억하시고, 성령의 능력으로 붙드셔서 이 자리에 참석한 모든 성도들이 주님의 음성을 듣는 귀한 시간이 되게 하여 주옵소서. 모든 성도들에게 바른 비전을 제시하게 하시며, 소망을 가지고 주님을 기대하는 마음으로 신앙생활할 수 있는 말씀이 되도록 인도하여 주옵소서.
송이꿀보다 단 말씀으로 우리를 채워 주옵소서. 예배의 시종을 주님께 맡기오며 거룩하신 예수님의 이름으로 기도드립니다. 아멘

7월 넷째 주 오후예배 기도문

전능하신 하나님!

우리의 마음에 하나님의 영을 보내사 이 시간 귀한 성전에 모여 예배드리게 하심을 감사합니다. 창조적인 삶을 살 수 있는 근본이 주님께 있음을 고백합니다. 주님께서 들려주시는 음성을 바로 듣고 그 음성에 순종하는 믿음을 주옵소서.

주님께서 허락하신 삶을 하나님의 소명으로 귀하게 여길 수 있는 진정한 용기를 허락하여 주옵소서. 우리의 예배를 기쁘게 받아주옵소서. 저희 모두에게 하늘의 축복과 있어야 할 은혜를 가득히 내려 주옵소서.

긍휼의 하나님!

주님의 궤도를 벗어난 우리를 용서하여 주옵소서. 우리의 입술로 정죄하던 이웃을 위해 기도하게 하시기를 원합니다. 이 시간 우리의 영혼을 어루만지사 새롭게 하시고 잘못된 마음을 고쳐 주옵소서. 많은 거짓과 숨은 죄악과 저지른 죄들을 용서하여 주시고, 마음의 병이 치유 될 수 있도록 우리의 절망스러운 가슴에 주님의 성령으로 소망을 안겨 주옵소서.

회복하시는 하나님!

우리가 이제는 모든 여름 행사를 마무리 해가는 중에 있사오니 이번 여름의 행사들을 통하여 하나님을 향한 우리의 첫사랑을 회복할 수 있도록 축복하여 주옵소서. 교회의 각 기관들을 주님의 오른팔로 강하게 붙드시기를 원합니다. 비전을 잃은 시대에 세속의 관점을 쫓아 불경건한 마음이 없게 하시고 더욱 힘써 활발하게 움직일 수 있는 교회가 되게 하여 주옵소서.

이제 수련회를 떠나는 기관이 있습니다. 주님 오가는 길을 안전케 하시고, 늘 주의 성령께서 도우셔서, 성령으로 충만케 하시며 성도들의 교제를 기쁨으로 나누며, 서로 섬기는 수련회가 되도록 인도하여 주옵소서. 좋은 말씀으로 채워 주옵소서. 수련회를 마친후 모두가 주님을 뵙고 난 후의 모습들이 되어지도록 축복하여 주옵소서.

오늘도 주님의 계시된 말씀을 들고 단위에 서시는 목사님을 붙들어 주시고, 정한 말씀 속에 주님의 음성을 담아내기에 부족함이 없도록 채워 주옵소서. 이 자리에 주님 앞에 예배드리기 위해 겸손히 머리 숙인 성도들, 주님의 뜻을 받들어 섬기기에 부족함이 없도록 역사하여 주실 줄로 믿으며, 거룩하신 예수님의 이름으로 기도드립니다. 아멘

8월 첫째 주 대표기도문 ①

은혜의 하나님!

감사와 영광을 돌립니다. 우리의 믿음의 행위가 나태해지기 쉬운 계절이지만 오히려 그 뜨거움이 주님을 향하여 불타오르는 기쁨을 얻게 하여 주옵소서. 예배하는 성도들 속에 엎드린 저희들을 돌보아 주옵소서. 거룩한 성전에 나아가기에는 아직도 사랑의 마음이 열리지 못하였고 영적 빈곤이 드러나는 저희들입니다. 그러나 부족함을 깨닫고 머리를 숙인자들을 돌려보내지 않으시는 주님의 사랑이 함께 하실 줄로 믿사오니 우리를 돌보아 주옵소서.

이웃을 사랑하기를 네 몸과 같이 사랑하라고 하신 주님!
주님의 사랑을 항상 구하면서도 이웃에게 사랑을 베풀기에 소홀했음을 고백합니다. 나의 영생에만 관심을 보였을 뿐 주님께서 천하보다 더 귀하게 여기시는 생명들을 향해 전도하는 일조차 망각하고 있었습니다. 너무도 이기적인 잘못을 저질렀음을 고백하오니 용서하여 주시고, 이 잘못된 태도를 고칠 수 있도록 성령의 능력으로 동행하여 주옵소서. 우리가 영으로 예배드리게 하시고 우리의 예배를 기쁘게 받으시기를 원합니다.

동행하시는 주님의 은혜를 알 수 있도록 축복하여 주옵소서. 이 시간 우리의 마음을 지켜 주옵소서. 하나님은 거룩하시오니 죄 많고 속된 이 세상에서 더러워진 우리의 마음과 영혼을 이 시간 성결하게 하여 주옵소서.

주님의 성결의 힘으로 우리의 삶이 예배로 드려질 수 있도록 축복하여 주옵소서. 우리가 가슴을 열고 주님의 사랑을 전하기 원하오니 우리의 모든 것들을 주님의 도구로 쓰시기를 원합니다.

불볕더위에 여름 행사가 진행되고 있습니다. 특별히 여름 수련회 중인 학생회와 청년회를 기억하여 주옵소서. 가슴 벅찬 주님의 은혜를 경험하는 축복된 수련회가 되게 하여 주옵소서.

수련회에 임한 학생, 청년들이 열방을 품고 주님을 선포하게 하시며, 온 땅 가운데 다니며 살아 계신 하나님을 증거 할 수 있는 은혜가 있게 하여 주옵소서. 새벽이슬과 같은 주의 청년들이 주님 앞에 나오게 하여 주옵소서.

교회에 속한 여러 기관들을 기억하여 주시고, 어려운 때일수록 교회 일을 감당하기 벅차 할까 염려되오니, 맡겨진 사명을 잘 감당할 수 있도록 새 힘과 새 능력을 부어 주옵소서. 거룩하신 예수 그리스도의 이름으로 기도드립니다. 아멘

8월 첫째 주 대표기도문 ❷

은혜가 풍성하신 하나님!

세상의 빛 되신 주님을 찬양합니다. 우리를 주님의 지체가 되게 하시는 은혜를 감사합니다. 우리가 온전히 주님을 찬양하고 주님께 영광 돌림으로 주님의 나라가 속히 이 땅에 이루어지기를 원합니다. 주의 성령이 도우심으로 기쁨으로 말씀을 받게 하시고 말씀에 순종하여 살아갈 수 있도록 축복하여 주옵소서. 우리의 심령에 믿음과 소망과 사랑이 자라나게 하여 주옵소서.

세상의 빛과 소금이 되라고 말씀하신 주님!
한 주간 저희는 세상에서 빛을 발하기보다는 오히려 어두움에 휩싸이고 불의와 부패 앞에 무기력했음을 고백합니다. 긍휼을 베푸사 잘못된 저희들의 행위를 용서하여 주옵소서. 말씀에 순종할 수 있는 믿음과 말씀대로 실천할 수 있는 능력을 허락하여 주옵소서.
은혜가 풍성하신 하나님!
주님의 은혜 가운데 교회가 더욱 부흥 발전하고 성령으로 충만케 하여 주옵소서. 기도의 불이 꺼지지 않는 희락과 화평이 넘쳐나는 주님의 귀한 제단이 되게 하여 주옵소서. 좌절과 낙심에 빠져 있는 심령들에게 새로운 희망과 위로를 주는 놀라우신 은혜를 허락하여 주옵소서. 이 여름에 각 기관마다 행사가 있는 줄로 아오니 저들의 모든 행사로 하나님의 영광이 되게 하시고, 세상을 이기는 특별한 행사들로 축복하여 주옵소서.

주님의 참된 터에 교회를 세워주시고 죄 중에 헤매이던 우리를 주님의 자녀로 삼아주신 그 깊은 뜻을 헤아려 주님을 믿지 않는 사람들에게 날마다 복음을 증거 하는 믿음의 일꾼들이 되게 하여 주옵소서. 먼저 우리의 건강을 지켜 주셔서 달음박질쳐도 곤비치 않게 하시고 생명의 양식으로 우리의 심령을 채워 주셔서 시련 속에서도 굴하지 않고 꿋꿋하게 믿음을 지켜 나가는 지혜를 주옵소서.

오늘도 영적인 부담을 안고 단위에 서신 목사님을 기억하시고 성령의 능력으로 덧입혀 주셔서, 힘 있고 권세 있는 말씀을 증거 하실 수 있도록 붙들어 주옵소서. 강한 오른손으로 붙드사 오직 주의 말씀만을 선포하게 하시며, 그 말씀을 들음으로 우리의 영이 회복되는 은혜를 허락하여 주옵소서. 온전한 섬김과 온전한 예배가 우리 가운데 있기를 원합니다. 주님 우리 가운데 임재하여 주옵소서.

우리의 예배를 받아 주옵소서. 거룩하신 예수 그리스도의 이름으로 기도드립니다. 아멘

8월 첫째 주 오후예배 기도문

희락의 하나님!

감사와 찬송을 돌립니다. 세상을 사는 우리의 인생을 돌아보사 구원을 베푸시고 주님의 사랑 안에 보호하여 주시니 감사드립니다. 슬픔을 기쁨으로 바꾸시고 괴로움을 희락으로 바꾸시는 주님의 은혜를 사모하여 주님의 전으로 나아왔사오니 우리에게 축복하여 주옵소서. 주님의 거룩한 백성이 되게 하여 주옵소서.

사랑의 하나님!
주님을 믿고 사랑한다고 하면서도 주님의 영광을 위하여 살지 못했음을 고백합니다. 주님 앞에 엎드려 용서를 구합니다. 거칠고 메마른 심령 위에 은혜의 단비를 내려 주옵소서. 주님을 따르는 자들은 자기를 부인하고 제 십자가를 져야 한다는 말씀으로 저희도 주님의 참 제자가 되게 하여 주옵소서.

예배를 드리는 귀한 이 시간 이 성전에 성령으로 충만하게 하여 주옵소서. 주님의 새로운 은혜를 체험하므로 귀한 시간이 되게 하여 주옵소서. 교회의 역할을 잘 감당할 수 있도록 축복하여 주시고, 주님의 은혜로 날마다 세상에서 주님의 귀한 사명을 잘 감당하게 하여 주옵소서. 우리의 발길이 전도하는 발길이 되게 하시고, 우리의 손길이 봉사하는 손길이 되게 하여 주옵소서. 우리의 모든 것들이 주님의 도구로 쓰여지기를 원하오니 우리의 기도를 들어 응답해 주옵소서.

교회에 속한 여러 기관들이 있습니다. 연약해지는 기관이 없게 하시고 풍요로운 열매를 거두는 귀하고 복된 기관들이 되게 하여 주옵소서. 오늘도 주님께 예배드리는 이시간에 보이지 않는 많은 성도들이 있습니다. 어떤 이유로 주님의 전에 나오지 않았는지 저희는 알 수 없사오나 주님께서 저들의 사정을 아시오니 긍휼히 여겨 주옵소서. 또한 이시간 주님께 드리는 거룩한 예배를 위하여 돕는 손길들이 있사오니 주님께서 우리에게 함께 하사 하늘의 신령한 비밀들을 알게 하시고 하늘의 축복으로 동행하여 주옵소서.

주님의 말씀을 전하시는 목사님위에 함께 하시고 권세 있는 말씀을 전하시기에 부족함이 없도록 성령께서 붙들어 주시기를 원합니다. 예배의 시종을 주님께 맡기오며 거룩하신 예수 그리스도의 이름으로 기도드립니다. 아멘

8월 둘째 주 대표기도문 ①

위로의 하나님!

■ 우리를 사랑하사 주님의 전으로 인도하신 은혜를 감사합니다. 어제나 오늘이나 동일하신 사랑으로 우리를 지켜 주시는 하나님의 크신 은혜를 감사합니다.

용서의 하나님!
지난 한 주간 우리의 허물을 도말하여 주시기를 원합니다. 지난 한 주간 우리의 불의함을 용서하여 주시기를 원합니다. 죄 많고 속된 세상에서 더러워진 우리의 마음과 영혼을 이 시간 머리 들기 전에 성결케 하여 주옵소서.

사랑의 주님!
이 어려운 시기에 교회가 감당해야 할 사명을 잘 감당할 수 있도록 우리에게 지혜를 허락하여 주시고, 집단 이기주의에 빠져서 강도 만난 자의 이웃을 외면한 사람들처럼 되지 않게 하여 주옵소서.
아픔을 겪는 자와 함께 아파할 수 있는 교회가 되게 하시고, 슬픔을 겪는 자와 함께 슬픔을 나눔으로써, 선한 이웃으로 저들의 상처난 심령을 치료하는 교회가 되게 하여 주옵소서. 이 사회가 더욱 어두워지고 캄캄한 밤이 된다 할지라도 더욱더 진리의 등불을 밝히는 제단이 되게 하여 주옵소서. 많은 영혼을 주님의 사람으로 키워내는 참된 교회가 되게 하여 주옵소서.

교회를 위해 헌신하는 제직들을 기억하시고, 신앙의 선진들처럼 어떤 환경에서도 주님 앞에서 받게 될 상급을 바라보고 충성하는 일꾼들이 되게 하여 주옵소서. 또한 이 예배를 위하여 돕는 손길들을 기억하사 축복하여 주옵소서. 주님의 크신 은혜가 늘 함께 동행하시기를 원합니다.

이 나라와 민족을 위해 기도합니다. 나라를 위해 세우신 대통령에게 큰 지도력을 허락하여 주옵소서. 대통령의 의사 결정은 곧 나라를 위한 바른 선택이 되게 하옵소서. 강한 추진력으로 진행해 나갈 수 있는 능력도 허락하여 주옵소서.

고난과 어려움이 사라지지 않는 이때에 소망의 말씀을 전하시기 위해 단위에 서신 목사님을 성령의 능력으로 강하게 붙들어 주시기 갈급한 심령으로 말씀을 사모하는 모든 성도들에게 새로운 확신과 소망이 넘치는 시간이 되게 하여 주옵소서. 예수 그리스도의 이름으로 기도드립니다. 아멘

8월 둘째 주 대표기도문 ❷

진리의 하나님!

▐ 우리에게 주님의 사랑 안에서 자유케 하시는 은혜에 감사합니다. 귀하신 주님의 사랑을 받게 하시니 감사합니다. 주님의 자녀로 이 세상을 살아가게 하시니 감사합니다. 주님으로 인해 복 있는 삶을 영위하게 하시니 감사합니다. 귀하신 주님께 영광과 찬송과 존귀를 돌립니다.

용서의 하나님!
어버이가 자녀를 용서하듯이 우리의 부족함을 아시고 늘 용서하시는 은혜에 감사합니다. 우리에게 새 힘과 지혜를 주사 옳은 길을 따라 바로 살게 하여 주옵소서. 하나님의 신으로 충만하게 하시어 선하고 진실하고 성실한 그리스도인으로 살아갈 수 있도록 축복하여 주옵소서.

회개하지 못하는 마음과 중단된 기도, 인색해진 감사의 생활, 그리고 지키지 못한 제자리, 다하지 못한 책임을 이행할 수 있도록 우리를 회복시키시고 소생시켜 주시기를 원합니다. 십자가의 보혈로 속량 하시고 그 크신 사랑으로 새롭게 하여 주옵소서.

경제적인 어려움 때문에 신앙적으로 넘어지는 성도들이 많습니다. 고통에도 하나님의 뜻이 계신 줄로 믿고, 더욱더 믿음으로 정진할 수 있는 성도들이 되게 하여 주옵소서. 늘 주님을 높이는 생활을 하게 하여 주옵소서. 우리의 삶에서 주님의 향기가 느껴지게 하셔서 주님의 자녀 된 본을 보일 수 있는 우리가 되게 하여 주옵소서. 우리의 삶을 온전히 주장하여 주옵소서.

선한 목자 되시는 주님!
오늘도 세상에서 좌절하고 고통받는 주의 백성들을 긍휼히 여기시기를 원합니다. 캄캄한 인생의 밤길에서 야곱에게 찾아오신 하나님께서 오늘도 주의 백성들에게 찾아오사 새 믿음과 용기와 확신을 주옵소서. 우리의 힘으로는 광야와 같은 인생의 길을 홀로 갈 수 없사오니, 전능하신 주님의 손길로 우리를 붙들어 주옵소서.

오늘도 우리에게 귀한 은혜로 동행하시기 위해 귀한 목사님을 세워 주셨으니 우리에게 말씀 전하실 때에 하늘에 신령한 것들을 알아 깨닫게 하여 주옵소서. 주님의 귀한 말씀이 저희 삶의 척도가 되게 하시기를 원하오며 거룩하신 예수 그리스도의 이름으로 기도 드립니다. 아멘

8월 둘째 주 오후예배 기도문

능력의 주 하나님!

■ 지난 한 주간도 주님의 은혜로 지켜 보호하시고, 오늘 이렇게 주의 백성들이 함께 모여 주님 앞에 예배드릴 수 있도록 이끌어 주신 은혜를 감사드립니다. 특별히 우리에게 주님을 경외하고 의지하는 지혜를 주셔서 감사합니다.

은혜의 주 하나님!
지난 한 주간을 돌이켜 봅니다. 주님의 용서를 구할 수밖에 없는 삶이었음을 고백합니다. 영적인 일을 우선하기보다는 썩은 양식을 위하여 몸부림쳐야 했던 우리의 모습이었습니다. 세상의 욕심에 눈이 멀고, 더위에 짜증내기 일쑤였으며, 이웃을 위해 선한 일을 하지 못하고 오히려 귀찮아했던 저희들이었습니다.

영생하도록 있는 양식을 위해서 구하지 못했던 우리를 불쌍히 여겨 주옵소서.
오늘도 주님 앞에 아뢰는 허물이 다윗의 고백처럼 진정한 것이 되어서 주님의 긍휼과 용서를 받을 수 있게 하여 주옵소서.

우리를 새롭게 하심으로 찬양받으시는 주님!

이제 우리가 주님 앞에 텅 빈 마음으로 나왔습니다. 주님만이 저희 삶의 힘이 되심을 고백합니다. 주님만이 저희 삶의 인도자가 되심을 감사합니다. 주님이 아니면 소망도, 살길도 없는 저희임을 고백합니다.

이 시간도 죄 씻음을 받고 감사와 감격에 찬 예배를 드리게 하여 주옵소서. 오늘 저녁 찬양하는 마음이 한결같게 하시고, 시와 찬미와 신령한 노래로 주님께 나아가도록 인도하여 주옵소서. 찬양으로 우리의 마음을 채우시고, 복되신 말씀으로 더하여 주옵소서.

생명의 말씀을 증거 하기 위해 단위에 세우신 목사님을 기억하시고, 선포하시는 말씀마다 권세를 더하여 주셔서 이 자리에 참석한 모든 성도들의 심령에 뜨거움을 경험하게 하시고, 새 힘을 얻어 승리의 삶을 살아가도록 다짐하는 복된 시간이 되게 하여 주옵소서. 우리로 주님의 역사를 이끌어 가는 도구로 삼아 주옵소서.

이 시간 하늘의 문을 넓게 여시고 충만한 주의 능력이 온 영혼을 적시게 하여 주옵소서. 우리 주 예수 그리스도의 이름으로 기도드립니다. 아멘

8월 셋째 주 대표기도문 ①

은혜가
풍성하신 하나님!

▌우리를 주님 안에서 늘 보호하시는 주님을 찬양합니다. 한 주간을 주님의 거룩하신 은혜로 동행하시고 지켜 주신 은혜를 감사합니다. 이 시간 우리의 모습 그대로 주님 앞에 내어 놓습니다. 우리의 삶과 생각이 더럽고 악할 때가 많았습니다. 믿음으로 살기보다는 염려했고, 기도하기보다는 근심했습니다.

잎만 무성한 무화과나무처럼 무엇이 있을 것 같이 보였지만 실속이 없고 열매가 없었습니다. 주님을 실망시킬 때도 너무 많았음을 고백합니다. 지난 우리의 잘못을 용서하여 주옵소서.

우리의 모든 죄악을 예수 그리스도의 보혈로 소멸시켜 주옵소서. 이 귀한 예배를 통하여 하나님의 크신 사랑을 더욱 체험하도록 도와주옵소서. 우리의 마음에 소망을 심어 주시고 한 사람 한 사람에게 각기 필요한 말씀을 들려 주옵소서.

우리의 귀를 열어 주시어 주님의 말씀을 듣게 하시고 우리의 마음을 열어 주님의 말씀 앞에 결단할 수 있도록 축복해 주시기를 원합니다. 드리는 예배가 하나님께는 영광이 되고 우리에게는 은혜가 되게 하여 주옵소서. 오늘 이 시간 예배를 통하여 무엇보다도 저희들의 잘못된 사고방식과 잘못된 신앙관을 고치고, 주님의 자녀에 합당한 믿음을 가지도록 거듭나는 시간이 되게 하여 주옵소서. 주께서 말씀 중에 역사하셔서 우리의 사악한 심령을 도말하시고 정케하사오직 주님을 사모하는 마음을 가득 차게 하여 주옵소서.

하나님, 우리 교회가 하나님 앞에 바로 선 교회가 되길 원합니다. 많은 교회들이 교회답지 못한 모습 때문에 사람들에게 지적당하고 그로 인하여 전도의 문을 막으며 하나님을 염려케 하는 일들이 일어납니다. 혹 우리 교회도 물질이 지배하고 있지는 않은지, 세상의 권력과 같은 구조로 가고 있지는 않은지 배를 불리기에 급급한 교회가 아닌지 돌아보며, 바른 교회로 세워지도록 인도하여 주옵소서.

예배를 돕는 손길들을 축복하시고 몸을 깨뜨려 주님 앞에 헌신할 때마다 주님을 높이는 삶이 되게 하시고, 하늘의 상급이 넘쳐나게 하옵소서. 말씀을 들고 단위에 서신 목사님을 성령의 권능으로 붙드시고, 주님의 권세 있는 말씀이 선포될 때마다 심령의 해방이 이루어지고 우리를 향하신 주님의 크고 놀라우신 뜻을 깨닫는 시간이 되게 하여 주옵소서. 예수님의 이름으로 기도드립니다. 아멘

8월 셋째 주 대표기도문 ②

여호와 하나님!

거룩하신 하나님께 나아와 예배드리게 하시니 감사합니다. 이 귀한 시간에 주님의 은혜가 충만하도록 축복하시기를 원합니다. 우리의 예배를 기쁘게 받아 주시옵소서. 오늘 이 귀한 제단에서 저희 모두가 일제히 엎드려 해방의 감격을 허락하신 하나님께 영광과 감사를 드립니다. 그 기쁨을 맛본 지가 벌써 70년 이상이 흘렀습니다. 광복의 기쁨을 주님께 감사하나이다.

남북이 모두 회개하지 못한 지난 세월을 주님 용서하여 주옵소서. 해방은 맞았지만 남북이 하나 되지 못한 이 나라를 긍휼히 여기시옵소서. 더 이상 옛 이스라엘과 유다처럼 한 민족이 남북으로 나뉜 채 서로 미워하고 싸우며 오랜 세월을 보내는 일이 없도록 역사하여 주옵소서. 어서 속히 민족이 회개하고 겸손히 하나님께 돌아와 하나님의 뜻을 이루는 민족이 되게 하여 주옵소서.

은혜로우신 주님!
아직도 하나님을 온전히 섬기지 못하고 죄악 속에서 방황하는 이 백성을 긍휼히 여겨 주옵소서. 부정과 불신과 갈등 속에서 방황하는 이 백성들로 니느웨 성의 회개가 있게 하여 주옵소서. 하나님을 찾고 하나님께로 돌이키는 역사가 있게 하여 주옵소서. 하나님을 경외하는 신앙의 사람, 정의의 사람들로 충만케 하여 주옵소서.

무엇보다도 이 백성들이 과거의 고난과 서러움을 잊지 말게 하시고, 이를 거울 삼아 근신하고 경계함으로써 결코 같은 죄를 다시는 범하지 말게 하여 주옵소서. 같은 고난으로 고통을 받지 않도록 은혜를 허락하여 주옵소서.

이 시대를 살아가는 우리들에게 바른 삶의 모습을 허락하시길 원합니다. 날마다 삶의 모습을 보며 좌절하지 않게 하시고 하나님의 뜻을 이루며 산 기쁨을 누리게 하여 주옵소서.

오늘도 이 시대의 아픔을 안타까워하며, 말씀으로 치유되길 간절히 열망하는 목사님을 기억하시고, 말씀을 전하실 때마다 입술의 권세를 더하셔서 죄악을 태우고 불사르는 불의 말씀, 치료의 말씀이 되게 하여 주옵소서. 예수님의 이름으로 기도드립니다. 아멘

8월 셋째 주 오후예배 기도문

위로하시는 하나님!

나른해지는 이 오후 시간에도 예배를 허락하신 주님의 귀한 은혜에 감사합니다. 하루 종일의 찌는 더위에 지치지 않게 하시고 주님의 말씀을 사모하여 이 자리에 나왔습니다. 우리가 전심으로 감사와 찬양을 드립니다. 죽어야 마땅할 저희들을 살려 주시고 좌절할 수밖에 없는 상황 가운데서도 산 소망을 주시니 감사합니다.

이 시간 우리가 드리는 예배가 참으로 하나님의 은혜와 사랑에 감격하여 드리는 기쁨의 산제사가 되게 하여 주옵소서. 하나님의 나라가 가까운 줄을 알고 있으면서도 제 뜻대로 살아가는 어리석은 죄인들을 용서하여 주옵소서. 늘 깨어 기도할 수 있는 믿음을 허락하여 주옵소서.

은혜의 주님!
우리 교회가 금년에도 많은 행사들을 치르고 있습니다. 모든 행사마다 열매가 나타나게 하시고, 저희 교회가 천하보다 귀한 영혼을 주님의 능력으로 살려내기 위하여 전도에 힘쓰게 하옵소서.

아직도 더위가 가시지 않아 전도하기에 많은 어려움이 따르고 있지만 복음을 들고 산을 넘는 자들의 발길을 아름답게 보시는 주님을 생각하며 새 힘과 용기를 얻게 하여 주옵소서.

세월이 흐를수록 사람들의 마음이 심히 강퍅하여지고 복음을 들으려고 하지도 않고 알려고도 하지를 않습니다. 그러나 "할 수 있거든이 무슨 말이냐? 믿는 자에게 능치 못함이 없느니라. 는 주님의 말씀에 확신을 가지고 끝까지 영혼 구원을 위해 힘쓰는 우리가 될 수 있도록 축복하여 주옵소서.

하나님!
우리 교회가 반석 위에 세운 집이 되기를 원합니다. 우리 모두가 하나님 중심, 말씀 중심, 교회 중심으로 살게 하여 주옵소서. 이 오후 시간에 찬양으로 주께 나아갈 때에 입술이 열리게 하시며, 온전한 시로 온전한 찬양으로 주께 나아가도록 인도하여 주옵소서. 찬양으로 마음의 문을 열고, 말씀으로 심령을 채우길 원합니다.
귀한 말씀으로 우리에게 은혜를 끼치실 목사님을 성령의 능력으로 동행하여 주시고, 우리의 예배를 기쁘게 받아 주시기를 원하며 새 생명을 허락하신 예수님의 이름으로 기도드립니다. 아멘

8월 넷째 주 대표기도문 ①

거룩하신 하나님!

▎우리의 연약함을 아시는 주님께서 우리를 긍휼히 여기사 주님의 전으로 불러주신 은혜에 감사합니다. 우리에게 주님의 자녀로 이 세상을 이기고 살아가게 하시는 은혜를 감사합니다. 우리를 주님의 사랑으로 한 주간을 살게 하시고 다시 주님의 전으로 나아와 은혜를 간구하게 하시니 감사합니다.

우리의 연약함을 잘 아시는 주님!
우리의 부족함으로 저지른 많은 죄들을 용서하여 주옵소서. 우리를 주님의 군사로 강하고 담대하게 하셔서 죄의 종이 되지 않도록 축복하여 주옵소서. 주 하나님의 거룩하심으로 인하여 주님의 자녀로서의 삶을 살아갈 수 있는 새 힘을 날마다 공급하시기를 기도드립니다.
하나님, 우리의 교만함을 고백합니다. 우리를 긍휼히 여기사 우리의 교만함으로 인하여 이웃을 다치게 하지 않도록 축복하여 주옵소서. 우리의 마음이 예수님을 닮기를 원합니다. 우리의 기도를 들어 주옵소서.

사랑의 주님!

이 사회가 부패하고 어두움을 향해 질주할수록 교회가 빛과 소금의 사명에 절실함을 깨닫습니다. 이 부패된 사회 전반을 주님의 말씀으로 정화해주시고 주님이 다스리는 거룩한 나라가 될 수 있도록 영적인 능력을 발휘할 수 있는 교회가 되게 하여 주옵소서.

모든 사람들로 하여금 그리스도의 십자가를 다시 바라봄으로써 얽매였던 삶에서 진정한 자유를 누리고, 새로운 세계의 기쁨을 맛볼 수 있도록 힘써서 주의 복음을 전하는 교회가 되게 하여 주옵소서.

은혜의 주님!

주님이 정하신 귀한 날에 봉사하는 손길들 위에 축복하시고, 주님의 사랑을 늘 동행하시기를 원합니다. 주님의 성호를 찬양하는 성가대 위에 또한 축복하시되 더욱 공교히 주님을 찬양할 수 있도록 축복하여 주옵소서.

또한 말씀으로 우리에게 은혜를 더해주실 목사님 위에 성령의 도우심으로 동행 하사 주님의 말씀이 우리의 상한 심령들을 치료하는 역사가 있게 하여 주옵소서. 예배의 시종을 주님께 맡깁니다.

거룩하신 예수님의 이름으로 기도드립니다. 아멘

8월 넷째 주 대표기도문 ❷

만물을
창조하신 여호와 하나님!

▎우리에게 일용할 양식과 안식처를 주시며 오늘도 영혼의 양식과 심령의 진정한 안식을 주시고 불러주시니 감사합니다.

비록 천한 저희이지만 주님이 귀히 쓰시면 선한 일에 예비된 존재가 될 수 있음을 믿사오며 여기에 머리 숙여 엎드렸나이다. 모든 불만에서 자신을 깨끗하게 하여 주님의 쓰임을 받을 수 있는 주님의 종이 되게 하여 주옵소서.

썩어질 양식을 위해 살지 말고 영생의 양식을 위해 살라고 하신 주님, 천국에 소망을 두고 주님을 위해 일해야 할 저희이오나 오히려 세속의 분주함 때문에 주님의 일을 소홀히 했던 저희들이었습니다. 이제 주님의 일을 귀하게 여기며 주님의 일로 분주해지는 저희들이 되게 하여 주옵소서.

주님 앞에 충성된 일꾼들이 되게 하여 주옵소서. 더위로 인해 지치기만 하던 여름이 한풀 꺾이고 있습니다. 그 무덥고 지치던 여름을 지나 강건하게 하신 은혜를 감사합니다.

오늘 이 시간 우리가 주님의 보혈의 능력을 의지하여 나왔사오니 주님의 보혈로 우리의 썩어진 영혼이 소생되게 하시고 하나님의 마음을 기쁘시게 하여 드리는 시간이 되게 하여 주옵소서. 예배드리는 이 시간 세상이 줄 수 없는 신령한 은혜로 저희와 함께 하옵소서.

　참된 안식의 축복을 누리게 하시고 저희 교회가 이 지역에 생명을 주는 교회가 되게 하옵소서. 다시 오실 주님을 기쁘게 하는 교회로 세워지게 하옵소서. 저희 모든 성도들이 주님의 교회를 통하여 축복의 반열에 참여하는 자들이 되게 하여 주옵소서.

　주님!
　오늘 예배가 주께 향기로운 제물이 되길 원합니다. 아브라함이 이삭을 번제단에 드렸던 그 심령이 되게 하시고, 솔로몬이 손을 들고 주께 구한 그 심령이 되게 하여 주옵소서.
　목사님의 귀한 말씀을 듣고 돌아가는 발걸음이 가벼워지고 우리의 심령이 기쁨으로 충만하게 하옵소서. 주님께서 예배를 주장하시고 성령으로 새롭게 하여 주실 줄로 믿사오며 우리 주 예수 그리스도의 이름으로 기도드립니다. 아멘

8월 넷째 주 오후예배 기도문

거룩하신 하나님!

택하여 구원을 받게 하사 영생의 축복을 받은 아버지의 거룩한 백성들이 이 거룩한 성전에 모여 신령과 진정으로 예배드리고자 하오니 이제 우리를 성령으로 거룩하게 하옵소서. 지난날 우리의 죄를 사하여 주시고 우리의 허물을 가리우사 의의 옷을 입혀 예배드리기에 합당한 형상으로 거듭나게 하옵소서.

예배하는 무리들 가운데 엎드린 우리를 돌아보시고 거룩한 성전에 나아가기에는 아직도 사랑의 마음이 열리지 못하였고 영적인 빈곤이 드러나는 저희들입니다. 그러나 부족함을 깨닫고 머리 숙인 자들을 돌려보내지 않으시는 주님의 사랑이 함께 하실 줄을 믿고 왔사오니 주여 저희들을 돌아보시기를 원합니다.

주님의 사랑은 항상 구하면서도 이웃에게 사랑을 베풀기를 너무도 소홀히 했음을 고백합니다. 나에게만 관심을 가졌을 뿐 주님께서 천하보다 귀하게 여기시는 생명들을 향해 전도하는 일조차 망각하며 살았습니다. 우리의 이기적인 잘못을 용서하여 주시고 이 잘못된 태도를 고칠 수 있도록 성령의 능력으로 함께 하여 주옵소서.

교회에 머리가 되시는 주님!

이 땅 위에 빛을 잃은 교회가 없게 하시고 세속의 부요로 채워지는 교회가 없게 하시길 원합니다. 신령한 하나님의 은혜로 늘 충만한 교회가 되게 하시고 길을 잃은 영혼들에게 등불이 되어 줄 수 있는 교회가 되게 하시고 서글픔에 아파하는 영혼들에게는 진정한 위로를 줄 수 있는 교회가 되게 하옵소서.

참 빛을 찾을 수 없는 세상이지만 교회를 통하고 빛을 찾게 하시고 안식을 얻을 수 없는 세상이지만 교회를 통해서 안식을 얻게 하옵소서. 세상의 논리와 방법이 교회에 침투하지 않게 하시고, 오직 주님을 위하여 모든 것을 드리며, 주의 나라를 이루어 가는데 복되게 쓰임 받는 교회가 되게 하여 주옵소서. 혹 세상의 헛된 것들이 들어왔다면 주님 은혜로 제하여 주옵소서.

오늘 이 오후 시간에 영적인 부담을 안고 단위에 서신 목사님을 기억하시고 성령의 능력을 덧 힙혀 주옵소서. 힘 있고 권세 있는 말씀을 증거 하실 수 있도록 붙들어 주옵소서. 주의 말씀으로 충만케 하옵소서. 거룩하신 예수님의 이름으로 기도드립니다. 아멘

9월 첫째 주 대표기도문 ①

우리의
힘이 되시는 여호와 하나님!

▌ 여호와의 거룩한 날에 주님을 찬양하며 기도하고 예배를 드리게 하시니 감사와 영광을 돌립니다. 우리에게 날마다 새로운 힘과 담대함을 허락하여 주시기를 기도합니다.

복의 근원이 되시는 주님!
우리로 하여금 진정한 복은 하나님께로부터 나옴을 깨닫게 하시고 늘 신령한 복을 사모하며 구하는 자들이 되게 하여 주옵소서. 진주의 가치를 알지 못하는 미련한 미물처럼 신령한 하늘의 복을 소홀히 하는 어리석은 자들이 되지 않게 하옵소서.

은혜의 하나님!
약하고 소외된 이들을 위해서 기도드립니다. 사회의 약한 자들 즉, 무의탁 노인과 소년 소녀 가장들 장애인들 그리고 어두움 속에서 외로워하는 그들에게 다가서는 이웃이 있게 하옵소서. 이 땅에 지역 때문에, 계층 때문에, 수입이 적기 때문에 또는 어떤 이유로 차별을 받는 자들이 없게 하시고, 선한 사마리아인처럼 그들의 편에 설 수 있는 교회와 성도들이 되게 하시고 실직당하고 해직된 자들과 고향을 잃은 사람들, 그들의 고통을 함께 아파하고 나누는 저희들이 되게 하여 주옵소서.

 우리 교회가 바른 교회로 성장하길 원합니다. 세상에 손가락질 당하는 교회가 아니라, 세상을 변화시키며, 세상에 바른 비전을 제시하며, 살아있는 생명의 말씀을 증거 하게 하므로, 이 땅 가운데 교회의 역할을 온전히 감당하게 하여 주옵소서.

 생명이 되시는 주님!
 소망이 없는 이 시대에 선지자적 소명을 가지고 말씀을 외치는 목사님을 기억하여 주시고 오늘도 새롭게 하시는 성령의 역사를 증거 하시기 위에 단위에 섰사오니 한 말씀 한 말씀 외치고 증거 하실 때마다 이 자리에 모인 저희 모두가 성령의 강력한 역사를 체험케 하여 주옵소서.

 예배를 위하여 수고와 봉사를 아끼지 않는 손길들이 있습니다. 힘을 다하여 수고할 때마다 주님의 위로가 넘쳐나게 하시고 하늘의 신령한 복으로 채워 주시옵소서. 오늘도 주의 이름을 부르는 자들에게 구원을 베푸시는 주 예수 그리스도의 이름으로 기도드립니다.

 아멘.

9월 첫째 주 대표기도문 ❷

할렐루야!

우리의 삶을 친히 주관하여 주시고 오늘도 주님의 거룩한 성전으로 불러주신 은혜에 하나님 감사를 드립니다. 주님의 거룩한 전에 합당한 자들로 새롭게 하여 주시고 주님께 합당한 자들로 변화시켜 주옵소서.

우리의 연약함을 아시는 주님께서 우리를 주님의 강하신 오른팔로 품어주시기를 간구합니다. 주안에서 은혜를 사모하며 풍족히 받아 하나님의 선하신 뜻대로 주님을 닮아가게 하시고 믿음과 인격이 날마다 성장하도록 도와주시길 원합니다.

은혜로우신 주님!
심령이 청결한 자가 주님을 볼 것이라 말씀하셨으나, 저희들의 마음은 육신의 소욕과 헛된 욕망에 사로잡혀 있음을 고백합니다. 주님의 성령으로 마음을 정결케 하여 주시고, 죄악을 소멸하여 깨끗하게 하여 주옵소서.

생활이 어려워질수록 잘못된 문화, 잘못된 가치관들이 많이 오염되고 있습니다. 황금물결이 일렁이는 9월을 맞이했지만 이 사회는 선한 그 어떤 열매도 찾아볼 수 없게 되었습니다. 이 세상의 잘못된 문화가 고쳐지길 원합니다. 이나라 이 민족이 바른 가치관을 가지고 건전한 사회로 성장할 수 있도록 도와주옵소서.

우리에게 더욱 강력한 영성을 갖게 하심으로 이 사회가 지탱하는 풋대가 되게 하여 주옵소서. 주님을 믿는 모든 그리스도인들이 이 사회의 빛과 소금의 역할을 감당하기에 부족함이 없는 귀한 영혼들이 되게 하여 주옵소서. 이 땅의 교회들 또한 주님의 사랑을 소외된 이 사회에 골고루 나누어줄 수 있는 귀한 사명을 감당하기에 부족함이 없도록 채워 주시기를 간구합니다.

교회의 바른 역할이 무엇인지 분별하게 하시고, 이 땅 가운데 참된 교회로 세워질 수 있도록 인도하여 주옵소서. 온 교회 모든 성도들이 하나님의 나라를 볼 수 있도록 인도하여 주옵소서. 주의 은혜가 필요합니다. 주님 긍휼히 여기시어 우리를 돌보아 주옵소서.

예배를 위하여 마음을 다하여 헌신하고 봉사하는 손길들 마다 축복하여 주시고 주님의 위로가 넘쳐나게 도와주옵소서. 오늘도 말씀 속에 복종하게 하시고 주시는 은혜에 순종케 하셔서 열매를 맺는 믿음의 사람들이 다 되게 하옵소서. 거룩하신 예수님의 이름으로 기도드립니다. 아멘

9월 첫째 주 오후예배 기도문

전능하신 하나님!

▋ 우리를 주님의 전으로 불러 주셔서 거룩한 예배를 드리게 하신 은혜에 감사합니다. 주님의 귀한 은혜로 날마다 승리케 하심을 감사합니다. 우리의 기도를 들어 응답하심을 감사합니다. 우리의 찬양으로 주님께서 영광 받으시기를 간구하오며, 우리가 드리는 예배를 기쁘게 흠향하여 주시길 간구합니다.

철 따라 좋은 날씨를 주시는 하나님의 은혜에 또한 감사드립니다. 우리가 주님의 사랑을 늘 깨닫고 주님의 사랑 안에 거하게 하시옵소서. 주님의 사랑 안에서 날마다 승리할 수 있도록 축복으로 함께하여 주옵소서.

신실하신 하나님!
지금까지 살아오면서 저희는 이 세상을 악하다고 말하며 나 스스로는 선함을 자처했습니다. 그러나 주님 보시기에는 저희 모습이 위선적이고 가식적이며 교만하고 회개할 줄 모르는 악은 아닌지요?

의를 행하는데 주저하며 강포를 행하는 불의한 백성이 바로 저희들임을 깨닫지 못하고 있었던 무지를 용서하여 주옵소서.

믿음으로 거듭나기 원하는 저희들의 간구를 들으시옵소서. 우리를 풍요케 하시고 주님의 사랑으로 소외된 이웃들에게 주님의 사랑을 나누어 줄 수 있도록 축복하여 주옵소서.

사랑의 하나님!
이 땅 위에 미자립 교회들을 위해서 기도드립니다. 주님의 역사하심으로 세워주신 교회를 지켜 주시고, 많은 심령들을 구원할 수 있도록 축복으로 함께하여 주옵소서. 늘 주님의 예배하심을 경험케 하시고 늘 채워지는 역사가 일어나게 하시옵소서.

이 시간 주님의 말씀을 선포하시기 위해 단위에 서신 목사님을 축복하사 주님의 능력 있는 말씀으로 우리의 심령이 치유받는 역사가 일어나게 하시옵소서.
말씀의 권세와 성령의 동행하심이 함께하여 주옵소서. 목사님 늘 동행하시는 하나님의 은혜가 충만하게 하시길 원합니다. 처음과 끝의 주관자 되시는 거룩하신 예수 그리스도의 이름으로 기도드립니다. 아멘

9월 둘째 주 대표기도문 ①

거룩하신 하나님!

■ 주님의 은혜 안에 거하게 하시고 우리의 삶이 주님께 드리는 귀한 예배가 될 수 있도록 축복하여 주옵소서. 천한 우리를 주님의 귀한 자녀로 삼아 주시고 귀한 예배로 드리게 하심을 감사합니다.

우리의 고백을 들으시고 우리의 죄들을 사하여 주시사 주님의 거룩한 전에 합당한 귀한 영혼들이 되도록 축복하여 주시옵소서. 우리의 찬양을 받으시고 주님 홀로 영광 받으시기를 간구합니다.

사랑의 하나님!
우리가 주님의 전으로 나아오기 전의 우리의 모습을 생각해봅니다. 주님께 부끄러운 모습이었음을 고백합니다. 우리를 주님의 정한 세마포로 입혀 주시고 우리의 죄들이 주님의 십자가 보혈로 씻겨졌음을 믿사오니 우리가 이제는 죄인의 옷을 입지 않도록 축복하여 주옵소서.

우리가 주님의 사랑의 옷을 입고 주님의 사랑을 믿지 않는 다른 이웃들에게 전할 수 있도록 축복으로 더하여 주옵소서.

존귀하신 하나님!

혼돈의 세찬 바람이 불어오는 이때에 주님의 교회를 붙들어 주시기를 원합니다. 폭풍우가 몰아치고 불확실의 늪이 깊어지는 때라 하여도 주님의 교회는 더욱 견고하며, 십자가의 탑은 더욱 빛나게 하시고, 신앙의 등불이 꺼지지 않게 하시옵소서.

어떤 시련 속에서라도 주님의 사랑과 자비와 평화를 선포하며 외칠 수 있는 교회가 되게 하시고 고난 받고 상처 입은 영혼들이 나음을 얻으며 강건해지는 역사가 있게 하여 주옵소서.

어떠한 처지와 형편 속에서도 교회가 맡은 사명을 잘 감당하게 하시고 저희들 또한 주님의 몸 된 교회에서 귀한 직분을 맡았사오니 책임을 다하는 신실한 일꾼들이 되게 하시옵소서.

주님, 오늘 이 거룩한 날 주님의 말씀을 선포하기 위하여 단위에 서신 목사님을 기억하시고 성령님의 도우심으로 귀한 말씀을 우리에게 전하시기에 부족함이 없도록 축복에 축복을 더하여 주옵소서. 우리의 무지와 연약함을 잘 아시는 주님께서 늘 동행하시는 역사가 있기를 기대하오며 사랑 많으신 예수 그리스도의 이름으로 기도드립니다. 아멘

9월 둘째 주 대표기도문 ❷

영원토록
거룩하신 하나님!

▌ 우리를 사랑하사 믿음으로 구원을 얻게 하시고 하나님의 자녀가 되게 하시고 주님의 거룩한 전으로 나아와 예배를 드리게 하심을 감사합니다. 이 시간 우리의 감사와 찬양을 받으사 영광이 하늘과 땅에 충만하게 하시옵소서.

우리가 드리는 예배가 하나님께는 영광이요 우리에게는 은혜가 되게 하시옵소서. 이 시간 신령과 진정으로 감사하며 예배드리기를 원하오니 우리의 마음을 주님께서 친히 주장하여 주옵소서.

의로우신 하나님!
우리가 그리스도인을 자처하면서도 세상의 어리석은 자들과 같은 방법으로 살아가고 있지는 않은지 우리의 삶을 되돌아봅니다. 주님 저희들의 삶을 새롭게 하여 주옵소서. 우리가 때로는 세상의 이익을 좇아 수단과 방법을 가리지 않았음을 고백합니다.

우리를 복음으로 거듭나게 하시기를 원하오며 우리에게 성결한 삶의 모습을 허락하여 주옵소서. 이제는 착한 행실과 의로움으로 모든 면에서 하나님의 의를 드러내며 주님 앞에서 높은 품성을 갖게 하여 주옵소서. 우리가 행한 불의를 회개하고 죄악에 물들기 쉬운 마음을 제어하는 용기와 담대함을 허락하여 주옵소서. 주님, 어려운 때에 주님의 교회를 든든히 세우려고 몸부림치는 일꾼들을 기억하시고, 저들의 헌신을 통해서 진리의 빛을 더욱 드러낼 수 있는 교회가 되게 하여 주옵소서.

안식이 필요한 때입니다. 삶에 지친 영혼들이 그 어느 때 보다도 거리를 방황하고 있습니다. 길을 잃고 방황하는 자들이 주님이 주시는 평안과 안식을 맛볼 수 있도록, 주님 앞으로 인도할 수 있는 저희들이 되게 하여 주옵소서.

황무한 북한 땅을 위해 기도합니다. 북한 땅이 살 수 있는 길이 무엇이겠습니까? 오직 주의 은혜 밖에는 없음을 고백합니다. 주님 그 땅을 긍휼히 여겨 주옵소서. 김정은 공산 정권이 물러가게 하시며 그 옛날 평양에서 일어났던 성령의 바람이 불같이 일어나는 역사가 있어지게 하시옵소서.

오늘도 예배를 돕는 손길들을 기억하여 주시고, 특별히 말씀을 들고 단 위에 서시는 목사님 위에 함께 하사 생명 있는 말씀을 전하시기에 부족함이 없도록 채워 주옵소서. 예배의 시종을 주님께 의탁 드리오며 주 예수 그리스도의 이름으로 기도드립니다. 아멘

9월 둘째 주 오후예배 기도문

능력의 주 하나님!

이 시간 하나님의 말씀을 다시 한번 묵상하며 예배드릴 수 있게 하시니 감사와 영광을 돌립니다. 황무지 같은 이 땅 위에 복음의 씨앗을 뿌려 주시고 교회를 세우사 구원의 역사로 열매 맺게 하시니 감사와 찬송을 드립니다. 주님께서 저희들을 위하여 당하신 십자가의 고통을 생각해봅니다.

저희들의 작은 십자가 앞에서도 십자가를 지기 싫어서 회피하고 다가서지 않았던 지난날을 회개합니다. 주님의 보혈로 우리의 죄를 정결케 하시고 일어나 주님을 향해 달려 나갈 새로운 용기를 허락하여 주옵소서. 찬송과 기도로 성령의 은혜와 도우심을 간구하는 심령 위에 흡족한 은혜를 베풀어 주시고, 이 시간 하늘 문을 여시고 주님의 은혜의 강물이 쏟아져 내릴 수 있도록 축복하여 주옵소서.

거룩하신 하나님!
이 땅 위에 흩어져 주님 나라의 확장을 위해 헌신하시는 많은 선교사님들을 위해서 기도드립니다. 오늘 저희들이 일일이 선교 현장에는 동참하지 못한다 할지라도 눈물의 기도와 물질로 그분들과 동역하게 하시며, 주님의 나라가 이 땅에 이루어지기까지 이 같은 관심과 열정이 식어지지 않게 하옵소서. 가까운 우리의 이웃에게 주님의 사랑을 증거 할 수 있는 저희들이 되게 하여 주옵소서. 우리의 마음에 주님의 사랑으로 넘쳐나게 하시고 주님의 은혜가 충만할 수 있도록 축복하여 주옵소서.

은혜의 하나님!
오늘도 주님의 말씀을 선포하시는 목사님을 성령의 능력으로 붙들어 주시고, 저희들이 주님의 말씀에 새롭게 다짐하는 시간이 되게 하여 주옵소서. 주님의 말씀이 우리의 삶의 척도가 될 수 있도록 축복하여 주옵소서.
또한 예배를 주관하는 예배 위원들과 수종을 드는 모든 손길들 위에도 성령님께서 함께 하시기를 믿습니다. 저들의 봉사하는 헌신을 축복하시고 자자손손 주님의 말씀으로 세상을 이길 수 있도록 축복하여 주옵소서.

우리의 예배를 기쁘게 받아주시길 바라며 지금은 예배의 첫 시간이오니 마치는 시간까지 주님 홀로 영광을 받으시기를 원하오며 거룩하신 예수 그리스도의 이름으로 기도드립니다. 아멘

9월 셋째 주 대표기도문 ①

진리와
생명이 되신 하나님!

■ 거룩하고 복된 주님의 날 주님의 성전에 나아와 우리의 몸과 마음을 드리게 하시니 감사합니다. 우리가 주님을 알 수 있는 믿음을 주셔서 감사합니다. 이 믿음으로 드리는 우리의 신앙고백을 받아 주옵소서. 이 시간 우리가 한마음으로 모여 예배드리게 하시니 영광과 찬양을 주님께 드립니다. 주님, 교회의 모든 성도들이 믿음에 굳게 서게 하시고, 믿음의 능력으로 살게 하옵소서.

주님의 교회와 성도들을 사랑하사 이 시대를 분별하여 주님의 영광을 나타내는 복음의 증거자가 되게 하여 주옵소서. 우리의 모습은 약하지만 주님의 능력으로 우리를 통하여 역사하심을 믿습니다. 기도와 말씀 안에서 순종하는 자세로 감당하게 하옵소서.

거룩하신 하나님!
지나온 날을 반성해볼 때, 저희들은 자기 믿음도 굳게 세우지 못하여 전전 긍긍하였으며, 믿지 않는 영혼들을 주님 앞으로 인도하지 못한 죄 또한 크오니 넓으신 주님의 사랑으로 용서하여 주시고, 이제는 흐트러진 믿음을 바로 세우고 담대히 주님의 말씀을 듣고 세상을 향해 달려 나갈 수 있는 능력과 용기를 주옵소서. 우리가 믿음에서 떠난 미움으로 가득 차 있으며 맡은 일에 태만하여 절망과 낙심에 잠겨 있을 때마다 주님께서 저의 등 뒤에서 밀어주신 것을 기억합니다.

우리의 삶이 온전히 주님께서 주장하시고 우리가 주님을 온전히 의지할 수 있도록 축복으로 함께하여 주옵소서. 새롭게 거듭나게 하시고 우리 가운데 그리스도의 형상을 닮아갈 수 있도록 축복하여 주옵소서.

이 나라와 이 민족 가운데 하나님의 자비와 은혜가 흘러넘치길 원합니다. 죄악이 관영하지 않게 하시며, 서로가 서로를 돌보며, 사랑할 수 있는 나라 되도록 인도하여 주옵소서. 정치, 경제, 문화 등의 모든 분야에서 정의가 실현되도록 지켜 주옵소서.

이 시간 생명의 말씀을 전하시기 위해서 대언하시는 목사님에게 능력으로 더하여 주시고, 은혜로우신 말씀을 듣는 저희들에게 성령의 강권하시는 역사가 일어나게 하시옵소서. 저희 삶의 주관자 되시는 주님을 찬양하며 거룩하신 예수 그리스도의 이름으로 기도드립니다. 아멘

9월 셋째 주 대표기도문 ②

구원의 하나님!

거룩한 성일을 허락하시어 주님의 전으로 나아오게 하심을 감사합니다. 우리를 향하신 하나님의 성실하심을 믿습니다. 구원의 확신을 갖고 주님께 나아오게 하시고 지켜주심과 도우심을 한 주간 동안도 경험하였기에 감사하는 마음을 주님께 드립니다.

주의 나라는 말에 있지 아니하고 능력에 있다고 하셨으니 저희 교회가 실제로 주님을 위해서, 세상에 복음과 진리로 봉사하는 교회가 되게 하시고 불의와 거짓으로 가득 찬 세상에 정의와 주님의 사랑을 보여줄 수 있는 교회가 되게 하옵소서.

진리의 하나님!
아직도 이 땅에는 주님을 모른 채 죄악의 그늘 속에서 허덕이며 살아가는 영혼들이 있사오니, 저희들에게 영혼을 사랑하고 불쌍히 여기는 마음을 주셔서 빛 되신 주님을 증거 하게 하시고, 참 생명 되신 주님을 그들 심령 속에 심게 하셔서 구원의 기쁨을 함께 나누며 주님의 크신 사랑을 서로 나눌 수 있게 하시기를 원합니다.

그리하여 이 지역이 복음화되고 이나라, 이 민족도 주님의 복음으로 통일되게 하셔서, 교회와 성도들이 성소의 역사를 이루어갈 수 있도록 하옵소서. 우리가 주님의 증인이 될 수 있도록 우리에게 말씀의 갑옷을 입게 하시고 성령의 검을 높이 들게 하시옵소서. 주님께서 땅끝까지 이르러 주님의 증인이 되라 하신 명령을 지켜 행할 수 있도록 우리를 축복하여 주옵소서.

하나님께서 귀하게 들어 쓰시는 목사님의 가정과 심령에 평강이 넘치게 하시고 성령의 권능으로 인도하여 주옵소서. 말씀을 선포하실 때에 말씀이 성령의 검이 되어서 우리의 심령과 골수를 찔러 쪼개고 변화되는 생명의 만남을 허락하여 주옵소서. 병든 사회, 병든 사람, 상한 심령들이 말씀을 듣는 중에 신유의 역사를 체험하기 원합니다.

에스겔 골짜기의 새 생명의 바람이 불어 이 지역 이 민족의 심령 속에 역사할 줄로 믿사오니 우리의 기도를 들어 응답하시기를 간구합니다. 예배가 살아야만 나라와 민족이 살 수 있습니다. 예배가 살아야만 영혼들이 살아날 수 있습니다. 살아있는 예배가 되게 하옵소서. 우리의 주관자 되시는 주님을 찬양합니다. 거룩하신 예수님의 이름으로 기도드립니다. 아멘

9월 셋째 주 오후예배 기도문

우리를
사랑하시는 주님!

우리의 연약함을 주님의 담대함으로 강하게 하신 주님을 찬양합니다. 우리의 죄로 인해 멸망 받아 마땅한 죄인들을 주님의 사랑으로 독생자를 통한 대속의 은총을 베푸시고 희망이 없던 저희들이 이 은혜를 통하여 소망의 삶을 누리게 하신 하나님께 영광과 찬양과 감사함으로 경배드리오니 영광받아 주옵소서.

주님, 지난 한 주간 동안 저희들의 삶을 고백합니다. 우리의 형제와 이웃들에게 무례히 행하고 미워했던 것을 자복합니다. 나혼자만 선하다고 생각했고, 다른 사람을 어리석으며 모질고 악하다고 여겨왔던 지난날을 용서하여 주옵소서.
우리가 여러 이웃들에게 얼마나 많은 허물을 범하였으며 마음을 아프게 했는지를 깨달아 알고 주님의 은혜를 구할 수있게 하옵소서.

위로와 소망의 하나님!
택함받은 자녀로서 그 어떤 시련이 닥쳐 온다할지라도 언제나 주님의 크신 사랑과 능력을 신뢰하며 살아갈 수 있도록 하시고, 주님의 사랑의 능력으로 하나님을 날마다 찬양하는 저희들이 되게 하옵소서. 힘겨운 우리의 삶을 고백합니다. 우리의 삶의 주관자가 되시는 주님께 온전히 의지할 수 있도록 은혜로 더하여 주옵소서.

우리의 연약함에 소망을 주시고 강하고 담대하게 하옵소서. 우리가 주님의 나라를 바라보는 믿음으로 세상을 이길 수 있도록 축복하여 주옵소서.

교회에 모든 기관들을 은혜로 인도하여 주옵소서. 교회학교, 학생회, 청년회 그리고 장년부에 이르기까지 저마다 속한 기관에서 온전하게 섬기게 하시며, 하나님의 나라와 질서를 세우는데 앞장서도록 인도하여 주옵소서. 큰 부흥의 역사가 있게 하옵소서.

이 시간 교회와 예배를 위하여 헌신적으로 봉사하는 손길들을 기억하시고 귀하신 주님의 사랑 안에서 날마다 승리할 수 있도록 은혜로 더하여 주옵소서. 또한 주님의 말씀을 증거 하시기 위해 단 위에 말씀을 들고 서신 목사님 위에 축복하사 주님의 말씀을 대언하실 때 우리에게 귀한 은혜의 말씀이 되도록 축복하여 주옵소서.

귀한 말씀으로 늘 승리하는 역사가 있게 하여 주옵소서. 거룩하신 예수 그리스도의 이름으로 기도드립니다. 아멘

9월 넷째 주 대표기도문 ①

빛되시는
전능의 하나님!

온 세상이 죄로 물든 이 시간에 빛 되신 주님께 예배를 드리게 하신 전능의 하나님의 은혜에 감사합니다. 저희들도 주님을 닮아 세상에 빛 된 삶을 살아가게 하옵소서. 세상의 모든 것들이 타락으로 치닫고 있사오니 믿는 자답게 살아가게 하옵소서.

우리의 부족함을 잘 아시는 주님께서 모든 것을 채워 주사 주님 앞에 언제나 헌신할 수 있는 마음을 허락하옵소서. 주님의 보혈로 우리의 모든 죄를 깨끗이 사하여 주신 줄로 믿사오니 오직 믿음으로 승리하는 삶을 살게 하여 주옵소서. 저희들이 생활하는 곳 어느 곳에서라도 믿음의 자녀답게 살게 하여 주시기를 원합니다.

오늘 이 자리에 참석한 모든 성도들을 일일이 기억하시고 이 어렵고 힘든 때에 모든 가정을 지켜 주셔서 어려운 일을 당하지 않도록 도와주시고 모든 일이 주안에서 형통하게 하옵소서.

저희는 항상 기도하고 깨어 주님 오실 날을 예비하는 슬기로운 다섯 처녀와 같이 항상 기름과 등불을 예비하는 저희 성도들이 되도록 함께 하여 주옵소서. 저희들의 가정마다 회복하는 역사가 일어날 수 있도록 축복으로 더하여 주옵소서. 우리의 연약함을 고백합니다. 우리의 부족함을 고백합니다. 가족이 서로 사랑하게 하시고 가족이 서로 화합하게 하옵소서.

우리의 연약함으로 서로에게 상처 주는 일이 없도록 은혜로 더하여 주옵소서. 여러 가지 어려운 환경으로 인하여 가정을 돌아보지 못하는 누를 범치 않도록 은혜로 더하여 주옵소서. 우리의 약함을 아시는 주님께서 우리를 돌보아 주옵소서.

이 시간 귀한 말씀을 듣고 단위에 서신 목사님을 붙들어 주시고 주님의 말씀을 대언하실 때에 하나님의 음성을 듣게 하시고 우리의 심령이 주님을 향하여 열려질 수 있도록 은혜로 더하여 주옵소서.
우리의 마음을 옥토와 같이 좋게 하시고 우리의 심령을 정금과 같이 정하게 하옵소서. 우리가 주님의 말씀으로 세상을 이기고 주님의 말씀으로 우리의 삶의 자세가 바뀌어질 수 있도록 축복하여 주옵소서.
지금은 예배의 처음 시간이오니 마치는 그 시간까지 주님 홀로 영광을 받으시옵소서. 거룩하신 예수 그리스도의 이름으로 기도드립니다. 아멘

9월 넷째 주 대표기도문 ❷

전능하신 하나님!

▎ 저희들을 주님의 자녀가 삼아주시고 성전에 모여 우리의 정성과 마음을 다하여 하나님께 찬양과 기도로 감사의 예배를 드리오니 기쁨으로 받아 주옵소서.

우리가 주님의 지체로서 주님의 몸 된 교회를 위하여 마땅히 해야할 일을 다하지 못하였음과 의롭게 살지 못하였음을 회개하오니 우리를 긍휼히 여겨 주시고, 용서하여 주옵소서. 우리의 소망을 날로 새롭게 하여 주사 아버지를 기쁘게 하는 삶으로 인도하여 주옵소서. 그리하여 우리를 대하는 사람마다 아버지의 사랑을 알게 하옵소서.

사랑의 하나님!
우리가 이 시간 영광을 하나님께 돌리오며 지난날의 받은 모든 은혜를 감사합니다. 이 시간도 새롭게 되기를 원합니다. 주께서 우리의 몸과 마음을 다해 드리는 이 예배를 기쁘게 받으시옵소서. 영광중에 임하시고 오늘 저희들의 이 예배에 성령의 연합이 일어나고 주의 사랑으로 서로 사랑함이 있게 하옵소서. 더욱 주께 영광이 되게 하옵소서. 이 시간 교회 안에 있는 기관 기관마다 복을 허락하사 하는 일마다 아버지께 영광을 돌리기에 부족함이 없는 일들이 되게 하옵소서. 일하는 모든 사람들에게 복을 허락하시어 아버지의 뜻하심과 크신 경륜을 체험하게 하옵소서.

황무한 땅에 나가 복음의 증거자가 된 선교사님들을 위해 기도합니다. 그들의 수고와 피를 통하여 복음이 그 땅 가운데 뿌려지게 하시고, 열매 맺게 하시길 원합니다. 성도들의 헌신과 수고를 받으시는 주님, 선교사님들이 흘리는 땀과 피가 헛되지 않도록 인도하여 주옵소서.

오늘도 강단에 서서 우리에게 말씀을 전하시는 목사님에게 권능과 지혜로 함께 하셔서, 들려주시는 말씀으로 우리를 깨닫게 하시며 기쁨과 은혜와 소망을 가지게 하옵소서. 목사님께 아버지의 사랑을 더하여 주시고, 그 가정을 축복하여 주옵소서.
우리가 정성을 모아 한마음으로 드리는 이 예배와 찬양과 기도를 기쁨으로 받아 주시기를 우리 주 예수 그리스도의 이름으로 간절히 기도드립니다. 아멘

9월 넷째 주 오후예배 기도문

교회의
머리가 되시는 주님!

복되고 거룩한 주일을 맞이하여 주님의 전으로 나와 예배드리게 하시니 감사합니다. 세상에는 평화가 없고 슬픔과 고통만이 있으나 오직 주님의 은혜로 이 모든 것들을 헤치고 나갈 수 있게 하시니 감사합니다.

죄로 인해 멸망을 받아야 마땅한 우리를 사랑하사 독생자를 통한 대속의 은총을 베푸시고 희망이 없던 인간들이 이 은혜를 인하여 소망의 삶을 누리게 하신 하나님께 찬양과 감사함으로 경배드리오니 영광을 받으시옵소서.

사랑의 주님!
메마른 인생의 한 주간을 보내고 주님 전으로 나아왔습니다. 그동안 묻은 때와 세상적인 것들로 물든 생각, 생활의 자세, 말씀에 대한 소외 등 모든 것을 씻어 낼 수 있게 하시고 새로워지는 은총을 내려 주시기를 원합니다. 기도할 때 회개케 하시고 심령도 입술도 정결케 하여 주시기를 원합니다. 말씀을 들을 때 깨달음이 있게 하셔서 돌이켜 말씀을 의지할 수 있게 하여 주옵소서.

은혜의 하나님!

날마다 모여 기도하고 전도하며 교제에 힘쓰는 성도들을 위해서 기도드립니다. 모일 적마다 주님의 사랑과 은혜가 넘치게 하시고 주님의 몸 된 교회를 세우고 가정을 주님의 말씀으로 세우는 성도들이 되게 하여 주옵소서.

특별히 저희들을 통하여 이웃들이 주님을 영접하게 하시고 그리스도의 몸 된 교회로 나아오도록 하시고 주님의 사랑을 가지고 복음을 증거 하는 영혼들이 되도록 축복하여 주옵소서.

교회와 예배를 위하여 헌신하는 손길들을 기억하시고, 주님 앞에 아름다운 향기가 되게 하여 주옵소서. 저들의 봉사로 주님의 영광이 드러나게 하시고 주님의 말씀으로 승리하도록 크신 은혜로 더하여 주옵소서.

특별히 이 시간 주님의 말씀을 듣고 단위에 서신 목사님 위에 축복하사 우리에게 꿀 송이와도 같은 말씀으로 우리를 양육하시기에 부족함이 없도록 축복하여 주옵소서. 늘 주님이 동행하여 주옵소서. 예배의 시종을 주님께 맡깁니다. 거룩하신 예수 그리스도의 이름으로 기도드립니다. 아멘

10월 첫째 주 대표기도문 ①

거룩하신 하나님!

▌ 우리를 세상과 구별하셔서 거룩한 성일에 주님의 전으로 나아오게 하심을 감사합니다. 수고에 지친 몸을 쉬게 하시고 죄로 상한 영혼을 소생케 하심을 믿습니다. 가슴에 소망을 품고 살아가는 귀한 주님의 백성들이 되도록 축복하여 주옵소서.

아버지께서 사랑하시는 거룩한 주님의 가족들이 주님의 전으로 나아와 예배를 드립니다. 주님의 이름을 찬양합니다. 이 시간 친히 임재하셔서 이 예배를 기쁨으로 받으시고 신령과 기쁨으로 드리는 산제사가 되게 하여 주옵소서. 기쁨의 찬송과 감사의 기도가 쉬지 않고 주님의 축복이 떠나지 않게 하사 주님을 기쁘시게 하는 은혜의 교회가 되게 하여 주옵소서.

죄와 허물 가운데 살아온 저희들은 주님의 영광보다는 자기의 영광을 구하기에 급급하였고 주님의 뜻에 순종하기보다는 자기의 욕심에 복종했었음을 고백합니다. 주님을 사랑한다고 하면서도 하나님 나라를 추구하기보다는 이 세상의 이득을 얻기에 분주했습니다. 이 모든 허물진 생활을 회개하오니 주님의 피로 깨끗이 씻겨주시고 청결한 마음과 진실한 영으로 새롭게 하여 주옵소서. 특별히 말씀을 통하여 믿음이 자라나게 하시고 전도에 힘써 많은 곡식을 추수하게 하시고 서로 돕고 위하면서 하나님 나라의 백성으로 훈련되게 하옵소서. 그리하여 하나님의 뜻이 이 땅 위에 이루어지도록 힘쓰고 땀 흘리고, 더욱 사랑하며, 서로 격려하고 용기를 더하는 우리의 신앙생활이 되도록 축복하옵소서.

하나님 우리 교회가 바른 교회로 성장하길 원합니다. 목표 지향적인 교회가 되게 하시며, 그 목표가 바른 목표가 되게 하시되, 세상의 기준으로 교회가 나가지 않게 하시고, 오직 말씀이 기준이 된 교회가 되도록 인도하여 주옵소서.
항상 말씀을 전하시는 목사님에게 권능과 능력을 주시어 피곤치 않게 하시고 가정과 건강도 지켜주셔서 온전히 몸 된 교회와 성도들을 위하여 일할 수 있게 하옵소서.

또한 이 예배를 위하여 수고와 봉사를 아끼지 않는 귀한 손길들이 있사오니 저들의 손길 위에 축복하사 하늘의 창고에 쌓이고 넘치는 복을 허락하여 주옵소서. 찬양으로 봉사하는 성가대 또한 열정을 가지고 찬양할 수 있는 귀한 능력을 허락하여 주옵소서. 거룩하신 예수님의 이름으로 기도드립니다. 아멘

10월 첫째 주 대표기도문 ❷

생명의
주관자이신 하나님!

▌오늘도 우리를 향하여 은혜와 평강을 비추어 주심을 감사합니다. 주님의 복된 날에 소망을 안고 모여든 저희들에게 새 생명과 새 희망을 불어넣어 주옵소서.

선하시고 인자하심이 영원하신 하나님!

악으로 오염된 우리의 심령을 선하게 바꾸어 주옵소서. 미움이 가득 찬 세상에서 어그러진 우리의 마음을 사랑으로 감싸주옵소서. 악으로 선을 이기지 못하게 하시고 무자비함이 인자를 억압하지 않게 하옵소서.

사랑의 주님!

풍성한 가을, 결실의 좋은 계절을 우리에게 주셨건만 이 좋은 계절에 주님 앞에 드릴 것이 없는 우리의 삶을 용서하여 주옵소서. 이제 올해도 얼마 남지 않았습니다. 우리를 도우시고 우리를 통하여 역사하셔서 이 남은 기간 동안 주님의 일을 더욱 열심히 하여 하나님의 나라가 이 땅 위에 이루어지도록 우리의 삶을 주장하시고 용기를 북돋워 주옵소서.

주님!

우리의 이웃을 돌아볼 수 있는 귀한 안목을 허락하여 주옵소서. 우리의 믿지 않는 이웃들에게 주님의 사랑을 전할 수 있도록 더하여 주시고, 주님의 사랑으로 인하여 변화되게 하옵소서. 주님의 사랑이 불처럼 번지게 하여 주시고, 주님의 사랑으로 저들의 심령이 주님의 증인들이 되도록 축복으로 더하여 주옵소서.

주님, 저희들의 입술을 주장하사 복음을 증거 하는 귀한 영혼들이 되게 하여 주옵소서. 저희들의 연약함을 주장하사 담대히 주님을 전할 수 있도록 은혜로 더하여 주옵소서.

이 시간 말씀을 전하실 목사님께도 함께하사 우리의 마음에 귀한 믿음의 선한 씨앗들이 심겨지는 귀한 말씀이 되게 하여 주옵소서. 말씀을 듣는 우리의 귀도 복되게 하여 주옵소서. 성령에 감동되는 예배 시간이 되도록 인도하여 주옵소서.

목사님의 가정과 건강 또한 주님께 맡기오며, 주님의 손으로 강권적으로 붙드시기를 원합니다. 지금은 예배의 처음 시간이오니 마치는 시간까지 주님 홀로 영광 받으시오며, 거룩하신 예수님의 이름으로 기도드립니다. 아멘

10월 첫째 주 오후예배 기도문

사랑과 은혜가
충만하신 하나님!

주님의 귀하신 사랑으로 주님의 전으로 모여 귀한 예배를 드리게 하시니 감사합니다. 우리의 입술을 열어 주님께 찬양하게 하시니 감사합니다. 우리에게 날마다 감사의 귀한 열매가 맺혀지게 하옵소서. 우리의 입술을 주장하사 주님의 거룩한 백성이 되게 하시며 주님의 은혜로 날마다 거룩하게 하심으로 세상과 구별되어 성결하게 하여 주옵소서.

우리의 부족함과 우리의 교만과 우리의 믿음 없음을 고백합니다. 우리의 부족함을 주님의 귀하신 사랑으로 채워 주시고, 우리의 교만을 주님의 거룩하심으로 낮아지게 하옵소서. 주님, 우리의 믿음 없음을 용서하시고 주님을 절대적으로 신뢰하고 주님만을 의지하도록 귀하신 은혜와 축복으로 동행하여 주옵소서.

또한 이 오후 시간에 주님께 구할 것은 믿지 않는 모든 영혼들을 위해서 기도드립니다. 그들의 영혼을 주님 긍휼히 여겨 주옵소서.

주님의 사랑 안에서의 충만함을 맛보게 하심으로 주님의 사랑이 얼마나 깊은지 알게 하옵소서.

주님의 사랑으로 삶의 척도가 바뀌게 하시고 주님의 사랑으로 성품이 변화되게 하시고 귀한 주님의 성도가 될 수 있는 귀한 축복을 허락하여 주옵소서. 주님의 사랑으로 날마다 다른 이웃들을 전도하게 하심으로 이 땅 위에 지상 천국을 이루도록 귀하신 은혜와 능력으로 더하여 주옵소서.

거룩하신 하나님!
이 시간 주님의 귀한 예배를 위하여 봉사하는 귀한 손길들을 기억하시고 저들의 수고와 봉사가 하늘나라에 귀한 상급으로 쌓여지도록 은혜로 더하여 주옵소서.
주님의 귀하신 제단을 위한 봉사와 주님을 섬기는 봉사 또한 주님께서 갚아 주시기를 기도드립니다. 주님의 전을 사랑하는 복을 허락하시고 주님께 귀한 영광 돌리기에 부족함이 없도록 귀하신 은혜와 능력으로 동행하여 주옵소서.
이 시간 목사님을 통해 귀한 말씀 듣는 우리에게도 하나님의 은혜가 넘치게 하여 주시고, 말씀 전하실 때 힘 있는 귀한 말씀, 권세 있는 말씀이 되어서 우리의 상한 심령이 치유받고 돌아갈 수 있는 시간이 되게 하여 주옵소서. 이 시간 주님 홀로 영광 받으시기를 원합니다. 거룩하신 예수님 이름으로 기도드립니다. 아멘

10월 둘째 주 대표기도문 ①

경배의 하나님!

주님의 성령이 우리에게 임하심으로 우리의 입술을 열어 주님의 복음을 전하게 하심을 감사합니다. 귀한 이 시간, 주님의 시간으로 구별하여 귀한 예배를 드리게 하시니 감사합니다. 우리에게 주님을 찬양하며 주님께 영광 돌리게 하심을 감사합니다.

우리에게 주님의 사랑하심을 깨닫게 하심을 감사합니다. 은혜의 하나님께서 우리에게 날마다 은혜로 더하여 주시니 감사합니다. 이 시간 우리를 만나주시기를 간구합니다. 겸손한 심령으로 드리는 우리의 경배를 받아주옵소서.

용서를 베푸는 주님!
강퍅한 마음, 완악한 마음, 남을 정죄했던 마음들을 그대로 가지고 주님 앞에 섰습니다. 우리의 허물 많은 몸이 용서받기 원합니다. 주님을 따르는 길이 얼마나 먼 길인지 우리는 알지 못하나 돌이킬 수 없는 것은 우리가 아오니, 주님께 순종함으로 흠이 없게 하시고 우리를 도와주옵소서. 또한 주님 앞에 간구할 때 우리의 의를 의지하지 않고 주님의 크신 긍휼을 의지할 수 있도록 축복하여주옵소서.

우리가 기도한다고 할 때에는 인간 중심의 기도로만 일관할 때가 많았나이다. 우리가 저희 자신의 불순종과 배반 때문에 고통당하면서도, 그것을 합리화시키려고 갖은 핑계와 변명을 했던 것을 용서하여 주옵소서. 전폭적으로 회개하고 주님의 긍휼만을 구하는 자들이 되게 하여 주옵소서.
　우리에게 성도의 귀한 직분을 허락하심을 감사드립니다. 우리의 입술과 손길과 발길이 주님의 말씀을 전하는 귀한 복음의 증인들이 되게 하여 주옵소서. 그리하여 이 땅에 하나님의 나라가 이루어지도록 축복하여 주옵소서.

　언제 어느 곳에 있든지 하나님의 자녀임을 기억하게 하시어, 죄와 타협하지 않게 하시며, 사단의 세력을 막으사, 주의 주권을 선포하는 백성 되게 하여 주옵소서. 열방이 주의 것 되도록 온 힘을 다하는 성도 되게 하여 주옵소서.
　오늘도 말씀을 전하시는 목사님을 붙들어 주시고 주님이 주시는 자유와 평화의 메시지가 선포되어지는 시간이 되게 하여 주옵소서.
　귀한 목사님의 가정과 건강을 지켜 주시고, 주님의 사랑으로 늘 충만케 하여 주옵소서. 예배의 시종을 주님께 의탁드리오며 거룩하신 예수 그리스도의 이름으로 기도드립니다. 아멘

10월 둘째 주 대표기도문 ❷

존귀하신 하나님!

우리가 주님의 뜻대로 지어짐을 감사합니다. 우리의 기도를 응답하시는 주님께 감사합니다. 귀한 예배를 통하여 주님께 영광 돌리게 하심을 감사합니다. 우리에게 하나님을 아는 지혜를 허락하심에 감사합니다. 우리의 삶이 주님께 예배로 드려지도록 축복하여 주옵소서.

오늘 이 시간도 주님 앞에 탕자와 같은 심정으로 주님께 나아왔사오니 우리를 긍휼히 여겨 주옵소서. 주님의 자녀이면서도 세상의 쾌락 속에서 사는 저희들의 추한 모습을 불쌍히 여기시고, 주님의 품이 다시 그리워 찾아 나온 저희들에게 주님의 용서와 사랑을 베풀어 주옵소서. 늘 주님의 품에 거할 수 있는 저희들이 되게 하시고 영원히 주님의 즐거움에 동참하는 은혜를 허락하여 주옵소서.

사랑의 하나님!

이 아름다운 계절을 맞이하여 더욱 열매 맺는 저희들이 되기를 원합니다. 성령의 열매를 맺으므로 우리의 삶에 소망이 넘치게 하시고 기쁨이 충만케 하셔서 하나님께 영광을 돌릴 수 있도록 축복하여 주옵소서. 더 큰 믿음의 용기를 가지고 살아가야 하는 때인 것을 뼛속 깊숙이 절감합니다. 세상의 시련이 엄습해 올 때 두려워하거나 허약해지는 우리가 되지 않게 하시고 더욱 믿는 자의 사명을 다하게 하시어 주님의 백성다운 모습으로 살아가기에 부족함이 없도록 도와주옵소서.

　세상을 살아갈 때에 하나님의 자녀라는 자신감으로 살아가게 하시며, 오히려 세상을 이기며, 세상을 변화시킬 수 있는 주도적인 힘을 허락하여 주옵소서. 아직도 믿지 않은 많은 영혼들이 주께 돌아오도록 복음 들고나가는 자들이 되게 하여 주옵소서.

　이 어렵고 힘든 때에 교회는 주님의 향기를 잃지 않게 하시고 그리스도의 향내를 나타내는데 마음이 하나가 될 수 있도록 이끌어 주옵소서. 힘들고 어려운 이때에 가정마다 주시는 주님의 말씀이 소망과 삶에 기적을 일으키는 생명력 있는 말씀이 되게 하여 주옵소서. 단위에 서신 목사님을 성령의 능력으로 붙들어 주시고 피곤치 않도록 도와주옵소서. 사랑이 많으신 예수 그리스도의 이름으로 기도드립니다. 아멘

10월 둘째 주 오후예배 기도문

전능하신 창조주 하나님!

복된 주일에 예배드림을 허락하시는 주님을 찬양합니다. 이 시간 예배드림 속에 함께 하여 주사 영광 받아 주옵소서. 길 잃은 양과 같은 무리를 위하여 목자 되어 주심을 감사드립니다. 교회와 성도들이 주님의 능력과 사랑으로 충만케 하옵소서. 강한 능력을 더하시어 말씀을 듣는 자마다 회개의 가슴이 열리게 하여 주옵소서. 말씀을 들을 때마다 주의 크신 권능이 나타나게 하여 주옵소서.

거룩하신 주님!
주님의 말씀을 받아 새롭게 결단하고 세상에 나아갔지만 여러 일로 상처 받고 흩어진 마음을 가지고 또다시 주님 앞에 나왔습니다. 상처 난 심령을 가지고 나온 죄인을 긍휼히 여겨 주옵소서. 이 모든 죄악에서 건져 주시옵기를 기도합니다. 십자가의 보혈로 속량 하시고 크신 권능으로 새롭게 하여 주옵소서.

우리에게 십자가의 사랑을 주셨던 주님!
이제는 용서받기보다는 용서하면서 살아가도록 크신 은혜로 동행하여 주옵소서. 남을 탓하기 전에 먼저 스스로 마음을 정하게 하여 주옵소서. 이 참회의 기도를 받아 주시고, 사죄의 은총을 허락하여 주옵소서. 주님의 말씀을 들을 수 있는 열린 귀를 허락하옵소서. 사탄의 유혹을 이기고 믿음에 굳게 서게 하여 주옵소서.

이 시간 귀한 말씀을 전하시는 목사님과 동행하여 주시어 가시는 곳곳마다 성령의 불길을 일으키시고 이 시대에 주시는 하나님의 음성을 선포하게 하여 주옵소서. 가정에 평강을 허락하시고 저희 교회에 날마다 믿는 무리가 많아지게 하옵소서. 우리의 영과 몸과 마음도 하나 되게 하시고 겸손과 진실로 하나님이 기뻐 받으시는 예배를 드리게 하시옵소서.

우리에게 성령의 능력을 주셔서 죄악과 마귀를 이기게 하시고 자신의 혈과 육을 이기게 하여 주옵소서. 우리의 싸움은 혈과 육에 대한 싸움이 아니요. 정사와 권세와 이 어둠의 주관자들과의 싸움임을 기억하게 하시어, 늘 기도로 세상을 이길 수 있는 은혜를 허락하여 주옵소서. 다시는 죄의 멍에를 매지 않도록 인도하여 주옵소서. 이 예배의 향기가 주님의 보좌로 올려지기를 간구하오며 거룩하신 예수님의 이름으로 기도드립니다. 아멘

10월 셋째 주 대표기도문 ①

광대하신 하나님!

영적 기근의 시대를 살아가고 있는 우리에게 구별된 삶을 살고자 하는 열망을 갖게 하시고, 우리의 소망을 하나님께 두며 이 부정한 세대를 본받지 않게 하시니 감사를 드립니다. 허물과 죄로 죽을 우리를 그리스도 예수 안에서 살리셨으니 모세와 함께 계셨던 것처럼, 여호수아를 도우셨던 것처럼, 바울과 동행하셨던 것처럼 지금 저희와 함께 하여 주옵소서.

임마누엘의 하나님!
삶의 현장에서 저지른 모든 잘못들을 용서하여 주옵소서. 거짓이 많은 세태 속에서 진리의 허리띠를 든든히 매지 못하였으며 불의한 세상에서 나라와 의를 구하지 못했습니다.
불신이 팽배한 세상에서 신실한 언행으로 일관하지 못한 우리의 삶을 용서하여 주옵소서. 성령의 불로 우리의 원치 않는 죄성과 정욕과 숨은 악을 태우사 그리스도의 보혈로 깨끗하게 하옵소서.
은혜의 주님, 저희는 순종치 못함으로 인해서 아무런 체험도 없고 확신에 거하지도 못하곤 합니다.

하나님께서는 오래 참고 기다려 주시지만 저희는 금방 좌절하고 의심하며 끝내는 방황을 합니다. 우리에게 성숙하고 참된 신앙을 허락하셔서 언제 어디에서나 주님의 십자가 군병들로 담대히 선한 싸움을 싸워 나갈 수 있게 인도하여 주옵소서.

우리 시대가 주님의 손에 달려 있음을 믿사오니 이나라 이민족을 긍휼히 여겨 주옵소서. 우리에게 주님의 말씀에 순종하게 하시기를 원하오니 우리의 기도를 들어 응답해 주시기를 원합니다.
예배가 살아있는 나라가 되어지게 하시고, 날마다 하나님의 백성들이 늘어나는 나라가 되게 하시며, 삶의 희망과 용기를 주며, 위로를 베풀 수 있는 복된 민족이 되도록 축복하여 주옵소서. 정의가 이 땅에 넘쳐나길 기대합니다. 주님이 이루어 주실 줄 믿습니다.

이 시간 드리는 예배가 신령과 진정으로 드려지는 귀한 예배가 되기를 원하오니 주님의 영이 임재하셔서 우리에게 은혜 충만한 시간이 되게하여 주옵소서. 우리가 마음의 그릇을 비우고 성령의 감동에 따라 진리로 심령을 채우기에 부족함이 없도록 인도하여 주옵소서. 거룩하신 예수님의 이름으로 기도드립니다. 아멘

10월 셋째 주 대표기도문 ②

거룩하신 하나님!

■ 우리를 거룩하게 하사 거룩한 백성 중에 거하게 하고 거룩한 성전에서 예배를 드리게 하시니 감사합니다. 우리를 왕 같은 제사장으로 세워 주시고 주님 앞에 나아올 수 있는 특권과 자격을 주신 것에 감사합니다.

우리가 이 시간 영광을 하나님께 돌리며 지난날의 받은 모든 은혜를 감사하오니 이 시간도 새롭게 되기를 원합니다. 주님께 우리의 몸과 정성과 뜻을 다해 예배를 드리오니 받아 주옵소서. 영광중에 임재하사 저희 각 사람을 만나 주시고 오늘 저희들이 예배에 성령의 연합이 일어나고 주의 사랑으로 서로 사랑함이 있게 하여 주옵소서. 주님께 더욱 영광이 되도록 축복으로 더하여 주옵소서.

노하기를 더디 하시는 주님!
원수를 사랑하며 핍박하는 자를 위하여 기도하라 하셨으나 불순종함으로 주의 명령을 거역하였습니다. 주께서 몸소 행하심으로 본을 보이신 사랑은 입술만이 아닌, 함께 나누는 것이었음을 기억하게 하옵소서. 저희도 육체만을 섬기는 삶에서 돌이켜 주님의 사랑을 닮아가도록 축복하여 주옵소서.

이 시간 특별히 교회를 위해서 기도드립니다. 사회적으로 어려운 이때에 주님의 몸 된 교회가 더욱 성결하고 성숙하여 상처 받은 이 민족, 이 나라 백성을 성령의 능력으로 치유할 수 있는 교회가 되게 하시고, 무엇보다도 이 민족을 영적으로 지도하고 민족의 미래를 이끌어 갈 수 있는 교회가 되게 하여 주옵소서.

오늘도 마음을 다하여 예배를 돕는 손길들을 기억하시고 저들의 봉사와 헌신을 통하여 이 예배가 더욱 주님께 큰 영광을 돌리는 예배가 되게 하옵소서. 또한 성가대로 봉사하는 성가대원들에게 귀한 직분을 허락하셨으니 더욱 공교히 찬양함으로 주님 나라의 은혜가 쏟아지는 귀한 찬양을 드릴 수 있도록 축복으로 더하여 주옵소서.

세우신 목사님에게도 큰 은혜를 베풀어 주옵소서. 교회를 바른 길로 인도하게 하시며 모든 성도들을 좋은 꼴로 먹이게 하여 주옵소서. 말씀을 전하실 목사님을 성령의 능력으로 강하게 붙들어 주실 줄로 믿사옵고, 거룩하신 예수 그리스도의 이름으로 기도드립니다. 아멘

10월 셋째 주 오후예배 기도문

전능하신 하나님!

■ 주님의 은혜와 사랑을 감사드리며 영광을 돌립니다. 지난 한 주일 동안에도 세상을 살면서 주님을 기쁘시게 하지 못하고 우리들의 육신을 위하여 이기적인 욕망과 많은 죄악 가운데서 살아왔음을 고백합니다.

이 시간 우리의 회개를 들어주시고 용서하여 주옵소서. 오늘도 갈급한 심령으로 나아왔사오니 주님께서 우리의 기도를 응답하여 주옵소서.

먼저 하나님의 말씀대로 살아가는 믿음을 허락하시고 삶 전체를 통하여 주님의 영광을 드러내는 믿음을 허락하여 주옵소서. 우리에게 주님께서 명하신 대로 땅 끝까지 이르러 주님의 복음을 전할 수 있도록 은혜를 더하여 주시고, 영혼 구원의 사명을 감당하기에 부족함이 없도록 축복하여 주옵소서.

나태하여 잠자는 영혼이 없게 하시고 주님의 명령에 순종하여 열매를 맺게 하여 주옵소서. 친히 교회의 머릿돌이 되셔서 지켜 주시고 주님의 사랑과 진리와 은혜가 가득 찬 교회가 되게 하여 주옵소서. 날로 부흥 발전하게 하시옵소서. 하나님이 친히 세우신 담임 목사님의 가정과 심령의 평강이 넘치게 하시고 성령의 권능으로 인도하여 주옵소서. 말씀을 선포하실 때에 말씀이 성령의 검이 되어서 우리의 심령과 골수를 찔러 쪼개고 변화되는 생명의 만남을 허락하여 주옵소서.

교회의 모든 일을 계획하며 운영해 나갈 때에도 지혜를 베푸사 능히 감당하는 은혜가 있게 하여 주옵소서. 병든 사회, 병든 인간, 상한 심령들이 말씀을 듣는 중에 신유의 역사를 체험하기를 원합니다. 에스겔 골짜기의 새 생명의 바람이 불어 이 지역 이 민족의 심령 속에 역사할 줄 믿습니다.

오늘도 마음을 다하여 예배를 돕는 손길들을 기억하시고 저들의 헌신과 봉사를 통하여 이 예배가 더욱 주님께 큰 영광을 돌리는 예배가 되게 하여 주옵소서. 하늘에 크신 상급이 예비되어 있는 줄로 믿습니다. 푸른 초장과 맑은 물가로 인도함 받는 우리 모두가 되도록 인도하여 주옵소서.

주의 지팡이와 막대기가 우리를 안위하게 하시며, 늘 주의 인도함을 받는 성도가 되도록 인도하여 주옵소서. 주께서 인도하지 않으시면 우리는 한 걸음도 움직일 수 없사오니, 은혜로 함께하여 주옵소서. 거룩하신 예수 그리스도의 이름으로 기도드립니다. 아멘

10월 넷째 주 대표기도문 ①

진리의
생수가 되시는 하나님!

▎ 오늘 우리가 지치고 상한 심령으로 주님 앞에 나아왔사오니 우리의 지친 심령에 쉼을 허락하시고 우리의 상한 심령을 주님의 보혈로 나음을 허락하여 주옵소서. 주님의 거룩하심을 찬양합니다.

주님의 선하심을 감사합니다.

우리의 예배를 기뻐하시는 주님 우리가 이 예배를 기쁨으로 드리오니 기뻐 받으시기를 원합니다. 풀뿌리 같은 저희들의 인생이 아니었습니까, 우리를 귀하게 하신 하나님을 찬양합니다.

우리의 한 주일을 되돌아보니 주님께 부끄러운 모습들이었음을 고백합니다. 연약한 저희는 정욕을 이기지 못하여 범죄하였고, 어리석은 저희는 주님의 뜻을 알지 못하여 범죄 하였음을 고백합니다. 우리를 긍휼히 여겨 주옵소서. 우리를 주님의 사랑 안에 온전히 거하게 하시옵소서.

주께서는 우리의 모든 것을 아십니다. 우리의 속마음까지도 훤히 들여다 보시는 하나님이심을 믿습니다. 우리가 받고 있는 미혹, 방황, 변덕, 마음의 갈등 등을 누구보다도 주께서는 낱낱이 다 알고 계심을 믿습니다. 우리가 믿음에서 떠나 맡은 일에 태만하여 절망과 낙심에 잠겨 있을 때마다 주님은 "네가 어찌하여 여기 있느냐" 하시며 일깨워 주시고 새 힘을 주신 것을 기억합니다. 새로거듭나게 하시며 우리 속에 그리스도의 형상이 이루어지게 하옵소서.

풍성한 가을입니다. 일 년을 수고한 농부들이 기쁨으로 단을 거두는 시기입니다. 심는 대로 거두리라는 주의 진리의 말씀을 확인하는 기간이 되게 하여 주옵소서. 큰 열매로 더하사 기쁨이 넘치게 하옵소서. 우리의 가을걷이를 감사하는 시간이 되게 하여 주옵소서.
우리가 지금까지 살아 온 모든 것이 주의 은혜임을 망각하지 않도록 인도하여 주옵소서.

이 시간 말씀을 통하여 믿음이 자라게 하시고 전도에 힘써 많은 곡식을 추수하게 하시고 서로 돕고 위하면서 하나님의 나라의 백성으로 훈련되게 하옵소서. 말씀이 저희 속에서 선하고 좋은 씨앗이 되어 선한 열매들이 열리게 하옵소서. 항상 말씀을 전하시는 목사님께 권능과 능력을 주셔서 피곤치 않게 하시고 가정과 건강도 지켜주셔서 온전히 주님의 몸 된 교회와 성도들을 위하여 일할 수 있게 하옵소서. 예수님의 이름으로 기도드립니다. 아멘

10월 넷째 주 대표기도문 ②

지존하신 하나님!

▌ 찬송과 영광을 주님께 돌립니다. 죄와 허물로 죽었던 우리를 살리시고, 구원의 길에서 오늘도 복된 날을 거룩하게 지킬 수 있도록 인도하여 주심을 감사드립니다. 또한 풍성한 가을을 허락하신 하나님께 감사와 찬송을 올립니다.

이 좋은 계절에 건강한 육체와 정신을 주시니 감사드립니다. 지금까지 지내온 모든 것이 주님의 크신 은혜였음을 믿고 고백합니다. 앞으로 나아갈 길도 주님께서 인도하여 주실 줄로 확신하오니 우리의 믿음의 발걸음을 쉬지않게 하시옵소서.

오늘도 신령과 진정으로 예배하는 자를 찾으시는 하나님이시오니, 거짓 없는 마음으로, 진실한 마음으로 예배를 드리게 하옵소서. 오직 주님께 소망을 두게 하시고 이 소망을 가리는 모든 것들을 청산할 수 있도록 선한 싸움을 싸우게 하시옵소서. 낙심하는 심령에는 주님이 거할 자리가 없음을 알게 하시고, 한숨과 자포자기로 뒤섞였던 옛사람의 자취를 벗어나게 하옵소서.

거룩하신 하나님!

명예가 있고 재산이 풍족해서 이 세상에서 잘 먹고 잘 사는 것이 복이라고 생각하는 사람들의 어리석음이 있습니다. 저희들의 미련함을 깨우치사 주님을 떠나 있던 죄를 사함 받은 그 일이 곧 유일한 복이며 가장 큰 복임을 깨닫게 하신 것을 감사드립니다.

열매 맺는 가을이지만 아직도 전도의 열매도 없었고, 헌신과 봉사의 열매도 없던 저희들을 고백합니다. 주님의 말씀에 대한 순종의 열매도 없음을 고백합니다. 우리가 주님의 말씀에 순종하는 마음을 허락하시고 강권적으로 주님의 권위에 순종하는 저희들이 되도록 축복으로 함께하여 주옵소서.

많은 사람들이 기쁨으로 가을걷이를 하고 있지만, 여전히 헐벗고 굶주리며, 소외당하는 많은 사람들이 있습니다. 고아들의 아버지가 되시는 하나님, 우리가 그들을 외면하지 않도록 인도하여 주옵소서. 우리의 작은 정성이라도 그들을 보살필 수 있도록 은혜를 허락하옵소서. 나누는 기쁨이 넘치게 하시고 참 결실은 나눔에 있음을 기억하게 하옵소서. 주님 홀로 영광을 받으시기를 원하오며 거룩하신 예수 그리스도의 이름으로 기도드립니다. 아멘

10월 넷째 주 오후예배 기도문

영광의 주 하나님!

우리가 주님의 성전에 모여 우리의 정성과 마음을 다하여 하나님 아버지께 찬양과 기도로 감사의 예배를 드리오니 기쁨으로 받아주옵소서. 우리가 이 시간 하나님께 받은 모든 은혜를 감사하오니 이 시간도 새롭게 되기를 원합니다.

주께서 이 예배 중에 우리에게 임재하사 우리를 만나 주시고, 오늘 저희들의 예배를 통하여 성령의 연합이 일어나고 주의 사랑으로 서로 사랑함이 있게 하여 주옵소서. 더욱 주님께 영광이 되도록 축복으로 더하여 주옵소서.

우리가 주님의 지체로서, 주님의 몸 된 교회를 위하여 마땅히 해야 할 일을 다하지 못하였음과 열심히 섬기는 일을 다하지 못하였음과 의롭게 살지 못하였음을 참회하오니 우리를 긍휼히 여겨 주옵소서. 거짓이 많은 세태 속에서 진리의 허리띠를 든든히 매지 못하였으며 불의한 세상에서 신실한 언행으로 일관하지 못한 우리의 삶을 용서하여 주옵소서. 성령의 불로 원치 않는 죄성과 정욕과 숨은 악을 태우사 그리스도의 보혈로 깨끗하게 하여 주옵소서.

넘어지기 쉽고 쓰러지기 쉬운 때인 만큼 어떠한 시련이 닥친다 하여도 절대 세상과 타협하지 않는 저희들이 되게 하여 주시고, 십자가의 믿음으로 승리하는 저희들이 되게 하여 주옵소서.

이 은혜로운 자리에 육신의 일에 얽매여서 참석하지 못하는 성도들이 있습니다. 육신적인 일에 우선권을 두고 사는 성도들을 긍휼히 여기시고 하나님을 재물과 겸하여 섬길 수 없음을 깨달아 하나님께 영광을 돌리며 사는 복된 삶으로 이끌어 주옵소서. 또한 참석하고 싶어도 어쩔 수 없이 참석하지 못한 성도들이 있습니다. 이 자리에 역사하시는 성령께서 저들의 심령 속에도 임재하여 주옵소서.

이 땅 가운데 필요한 것이 주의 은혜임을 기억합니다. 하나님의 은혜를 허락하시고, 이 나라가 회복되는 은혜를 경험하도록 인도하여 주옵소서. 정의가 승리하게 하시고, 의를 위하여 자신의 몸을 바치는 자들이 일어나도록 인도하여 주옵소서.

이 시간 단위에 서신 목사님을 능력의 오른팔로 붙드시고 주님의 권세 있는 말씀을 선포케 하시고, 주의 은혜를 사모하는 저희 모두가 주님의 임재하심을 체험하는 놀라운 시간이 되게 하여 주옵소서. 살아 계셔서 우리와 함께 하시는 거룩하신 예수 그리스도의 이름으로 기도드립니다. 아멘

11월 첫째 주 대표기도문 ①

사랑과 은혜가
충만하신 하나님!

▎주님의 거룩하심을 찬양합니다. 이제 올해도 두 달을 남겨놓고 있음을 감사합니다. 지난 열 달 동안도 주님의 은혜 가운데 건강하고 복되게 지내게 하심을 감사합니다. 귀하신 주님의 전으로 나아와 예배를 드리게 하시는 은혜에 감사합니다.

사랑의 하나님!
우리의 마음과 육신에 지쳐 주님 앞으로 나아옵니다. 주님께서 우리에게 쉼을 허락하여 주옵소서. 우리의 지친 영혼을 안아 주시고 우리의 영혼에 병든 것을 불쌍히 여기사 우리에게 쉼을 허락하여 주옵소서. 우리의 연약함을 잘 아시는 주님께서 우리의 마음과 육신의 고통을 살펴 주시기를 원합니다. 주님께서 강하고 담대한 믿음을 소유할 수 있는 귀한 복을 허락하여 주시기를 원합니다.

우리의 일생이 다하는 날까지 은혜로우신 성령님의 인도하심에 순종할 수 있도록 축복으로 더하여 주옵소서. 그러므로 우리의 삶 가운데 성령의 귀한 열매가 맺혀 주님께 영광을 돌릴 수 있도록 축복으로 더하여 주옵소서.

거룩하신 하나님!

우리가 주님의 거룩한 자녀로서의 본분을 다할 수 있도록 축복하여 주옵소서. 저희의 연약함을 고백합니다. 그러나 강하신 주님께서 우리의 손과 발과 우리의 입술을 친히 주장하셔서 어느 곳에든지 주님의 향기를 날릴 수 있는 우리가 될 수 있도록 은혜로 더하여 주옵소서.

사랑의 주님을 증거하는 귀한 주님의 일꾼이 되게 하시고 주님을 위하여 봉사하는 것을 즐거워할 수 있는 우리가 될 수 있도록 축복하여 주옵소서. 이 땅에 주님의 나라가 완성되는 그 날까지 우리에게 전도의 사명을 쉬지 않도록 축복하여 주시고, 날마다 성령님의 도우심으로 인도하여 주옵소서.

이 시간을 통하여 우리에게 주님의 사명을 감당하기 위한 비전을 보여 주시기를 원하오며 주님의 말씀을 전하시는 목사님 위에 축복하사 말씀 한마디, 한마디가 우리의 심령에 살아 역사하는 원동력 있는 귀한 말씀이 되기를 원합니다. 거룩하신 예수 그리스도의 이름으로 기도드립니다. 아멘

11월 첫째 주 대표기도문 ❷

은혜의 주 하나님!

거룩한 성일에 주님의 전으로 나아와 예배드리게 하심을 감사합니다. 지난 한 주간 동안도 인도하여 주신 은혜에 감사합니다. 주님의 은혜 가운데 우리를 인도하사 주님의 전으로 나아오게 하신 주님의 은혜에 다시 한번 감사를 드립니다. 이제는 제법 날씨가 쌀쌀하지만 주님께 예배드리는 것을 소홀히 여기지 않는 저희 모든 심령 위에 하늘의 귀한 복으로 축복하여 주옵소서.

거룩하신 하나님!
우리가 주님의 전으로 나아오기 했지만 우리의 부끄러운 모습들을 용서하여 주시기를 원합니다. 우리의 교만함을 용서하여 주옵소서. 우리가 교만하여 이웃을 업신여기지는 않았습니까? 우리가 교만하여 우리의 이웃에게 상처를 주지는 않았습니까?

우리의 교만으로 주님께서 십자가를 지신 것을 잊고 방자하지는 않았습니까? 우리의 죄를 용서하시고 무지한 우리를 용서하여 주옵소서. 우리에게 주님의 한 없으신 긍휼을 허락하여 주옵소서. 우리에게 믿음 없음을 고백합니다.

우리에게 주님의 귀한 복을 허락하사 믿음으로 승리할 수 있도록 축복하여 주옵소서. 날마다 감사의 열매들이 맺혀질 수 있도록 축복하여 주옵소서.

날씨가 많이 쌀쌀해졌습니다. 주위에 춥고 소외된 사람들을 생각할 수 있는 마음의 여유를 허락하여 주옵소서. 주님의 사랑으로 그들을 사랑하며 격려할 수 있는 위로의 힘이 우리 가운데 있길 원합니다.

오늘도 우리 자신을 부인하고 십자가를 지고 나를 따르라고 말씀하시지만 우리는 우리의 욕망과 계획을 포기하지 못하고 오히려 십자가를 등에 지는 생활 속에 사는 경우가 너무 많았습니다. 우리에게 새 믿음과 용기를 주시사 주님을 끝까지 따르는 제자들이 되게 하여 주옵소서. 이 시간 새로운 신앙으로 다짐하는 귀한 시간이 되게 하여 주옵소서.

오늘도 단 위에 서신 목사님 위에 귀한 은혜로 축복하시고 진리의 말씀을 전하기에 부족함이 없도록 인도하여 주옵소서. 그 말씀으로 인하여 승리하게 하시고 주님의 사랑을 증거하는 주님의 증인들이 되도록 인도하여 주옵소서. 이 시간 주님 홀로 영광 받으시기를 원합니다. 예수 그리스도의 이름으로 기도드립니다. 아멘

11월 첫째 주 오후예배 기도문

거룩하신 하나님!

거룩한 영으로 오늘도 살아 역사하시는 주님을 찬양합니다. 이 오후 시간에 바라는 것은 주님의 권능과 사랑을 수시로 느끼게 하시고 깨닫게 하사 우리의 연약한 뜻을 굳게 세워 주옵소서. 저희 모두가 감격의 찬송과 용서의 기도를 드리게 하시고 마음과 뜻과 정성이 담긴 진실한 예배를 드리게 하옵소서. 이 시간 성령의 충만하신 역사가 우리에게 임하게 하옵소서.

은혜의 하나님!

우리는 하나님께서 우리에게 맡겨주신 달란트를 땅 속 깊이 묻고 생각 속에 세월을 보낸 악하고 게으른 종임을 고백합니다. 분주한 세상 소리에 주님의 음성을 듣지 못했고 화려한 세상의 환경에 영의 눈이 어두웠습니다. 이 시간 주님께 나아왔사오니 모든 허물을 말끔히 씻어 주옵소서.

손과 발 머리와 몸과 마음과 영혼도 주의 보혈로 깨끗이 씻어 주옵소서. 우리의 거짓과 위선의 죄악을 씻어 주옵소서. 인자와 긍휼을 기다리는 심령에 주님의 위로의 손길을 베풀어 주시고 십자가의 보혈의 은총을 덧입을 수 있는 시간이 되게 하옵소서. 우리의 영혼이 주님의 은혜를 사모하며 하늘의 보좌를 우러러 경배합니다. 이 시간 말씀으로 은혜받고 찬송으로 감동되고 기도로 새 힘을 얻게 하여 주옵소서.

교회와 목사님을 권능의 손으로 붙들어 주시고 성도들이 서로가 사랑할 수 있는 은사를 받아 하나님의 사랑으로 하나 되게 하옵소서. 우리의 믿음이 말씀과 진리로 날마다 바르게 성장하게 하시며 주님께서 부탁하신 영혼 구원의 사명을 잘 감당하게 하옵소서. 어두워진 눈을 밝혀 주사 신령한 것을 보게 하시고 귀가 둔하여 듣지 못했던 주님의 음성을 듣기를 원합니다.

추수감사절이 있는 달입니다. 1년의 삶을 마무리하면서 하나님께 늘 감사하는 성도가 되게 하여 주옵소서. 감사의 제목을 발견하게 하시고, 그 감사의 제목들로 날마다 감사하는 삶이 되게 하여 주옵소서.

우리의 심령을 정결하게 하시고 감사와 찬송하는 삶을 살게 하여 주옵소서. 주님의 영광이 이 성전에 충만하기를 원하오며 예비하신 은총과 사랑을 기다립니다. 예수 그리스도의 이름으로 기도 드립니다. 아멘

11월 둘째 주 대표기도문 ①

날마다
새 힘을 허락하시는 주님!

지난 한 주간도 주님의 보호하심으로 지켜주신 은혜를 감사합니다. 오늘 주님의 백성들이 함께 모여 주님 앞에 찬양하며 경배하게 하시니 감사합니다. 이 시간 우리가 신령과 진정으로 예배드리기를 원하오니 우리의 찬송과 기도를 받으시고 우리가 드리는 예배가 하나님께는 영광이 되고 저희 모두에게는 은혜가 되게 하옵소서.

우리는 주님 앞에 다 죄인임을 고백합니다. 이제는 더 이상 우리가 어리석음과 잘못을 계속하여 답습하지 않도록 인도하여 주옵소서. 이 모든 죄를 고백하고 참회하는 우리의 기도를 들으시고 독생자 예수 그리스도의 보혈로 용서하여 주시고, 이 예배를 통하여 생명의 말씀으로 빛을 받게 하여 주옵소서. 성령의 크신 능력을 얻게 하여 주옵소서.

오 주님! 우리에게 축복받을 만한 그릇을 준비하도록 허락하여 주옵소서. 숨겨진 죄악으로부터 우리를 깨끗하게 하여 주옵소서. 작은 정성과 친절을 누구에게나 베풀 수 있도록 하옵소서. 그러므로 우리에게서 주님의 향기가 나도록 축복하여 주옵소서.

세상이 주님의 나라 되는 것에 협력하는 손길들이 되도록 인도하여 주옵소서. 우리 교회를 사랑하사 이곳에 세워 주셨으니 저희 교회가 세상사람들과 어린아이들에게 주님의 복음을 전하는 귀한 터전이 되게하여 주옵소서. 또한 저희에게도 새로운 믿음의 결단을 할수 있는 은총을 허락하사 주님의 복음을 어느 곳에서든 전하는 역사가 있게 하여 주옵소서.

우리가 주님께 한 마음으로 찬양드리는 역사가 있게 하여 주옵소서. 말씀으로 우리를 양육하시는 목사님 또한 귀한 은혜로 함께하사 주님의 사랑을 늘 마음에 품고 사는 우리가 되게 하여 주옵소서. 선한 목자 되게 하시어, 모든 성도들을 양의 문으로 인도할 수 있는 은혜를 허락하여 주옵소서.

기도하실 때마다 주께서 기뻐하시는 역사들이 일어나게 하시고 말씀을 연구하실 때마다 하나님의 크고 놀라운 뜻을 발견하도록 인도하여 주옵소서. 온 교회 성도들 또한 온 마음으로 하나 되어 목사님을 섬길 수 있는 섬김과 사랑의 공동체가 되게 하여 주옵소서.

지금은 예배의 처음 시간이오나 마치는 시간까지 주님 홀로 영광받으시기를 원하오며 거룩하신 예수 그리스도의 이름으로 기도드립니다. 아멘

11월 둘째 주 대표기도문 ②

거룩하신 하나님!

오늘도 거룩한 주일을 허락하사 새벽 미명부터 오후 늦은 이 시간까지 주 앞에 나와 예배드릴 수 있도록 허락하신 은혜를 감사합니다. 이 예배를 통하여 우리가 참된 희락을 맛보며 참다운 소망을 발견할 수 있도록 하여 주옵소서. 우리가 부활하신 주님의 새 생명을 가지고 기쁨으로 주님의 전에 나와 건강한 몸과 마음으로 예배드리게 하시니 진정으로 감사합니다.

저희 모두가 지난날의 은혜를 감사하면서도 하나님의 뜻대로 살지 못한 것을 용서받게 하시고 우리의 현실 생활 속에 성령으로 인도하심을 믿고 힘을 얻는 승리의 생활을 하게 하옵소서. 내일과 영원을 향한 소망을 지니고 살아갈 의지를 더하여 주옵소서.

우리가 주님의 은혜에 합당하지 못한 부끄러운 삶을 살아가고 있음을 고백합니다. 몸 된 교회를 위하여 봉사하고 충성하기에도 게을렀던 우리를 고백합니다. 육신이 연약하고 부족한 우리를 불쌍히 여기사 용서하여 주옵소서. 주님의 사랑을 늘 몸에 배어 실천하는 우리로 살아가도록 인도하여 주옵소서.

은혜의 주님!

주께서 뜻이 계셔 예수 그리스도의 참된 터 위에 저희 교회를 세우셨으니 하늘의 영광과 베푸신 축복이 사랑과 함께 넘치게 하여 주옵소서. 그리하여 세상에서 방황하던 심령들이 다 교회에 나와서 쉼과 평안을 얻으며 죄 가운데 빠져있는 심령들이 죄사함을 받고 구원을 얻는 구원의 방주가 되게 하여 주옵소서.

바른 교회로 성장되어지길 원합니다. 세상에 손가락질당하는 교회가 아니라, 세상에 칭송을 받으며, 주의 덕을 세우는 믿음의 공동체가 되어지길 원합니다. 성령의 인도하심과 말씀의 교훈을 기다립니다. 원하옵기는 우리의 삶이 이웃의 비방 거리가 되지 않게 하시고 우리의 기도에 사단의 유혹이 없게 하시며 이 시간 진실한 가운데 영적인 예배를 드릴 수 있게 하옵소서.

이 시간 저희 모두를 향한 하나님의 사랑을 깨닫게 하시고 우리에게 행하신 자비에 감사하도록 하여 주옵소서. 반석 같은 믿음과 성령이 충만한 열정으로 우리를 채워 주옵소서. 우리를 날마다 새롭게 변화시키시는 주님께서 괴롭고 어려운 인생의 역경 속에도 늘 함께 하실 줄로 믿사오며 거룩하신 예수 그리스도의 이름으로 기도합니다. 아멘

11월 둘째 주 오후예배 기도문

찬양과 경배를
받으시기에 합당하신 주님!

언제나 저희와 함께 하신 주님의 은혜를 감사합니다. 슬플 때나 기쁠 때나 일할 때나 쉴 때도 함께 하시고 주님의 선하신 뜻대로 이끌어 주신 것을 감사합니다. 온 세상에 주님이 주신 은총으로 생명이 있는 것마다 주님을 찬양하도록 축복하여 주옵소서.

저희들의 의지와 생각이 주님 앞에서 하나로 묶여져 더욱 큰 믿음으로 성장하게 하시며 그 믿음이 죽을 영혼도 살려내는 생명력이 넘치는 믿음이 되게 하여 주옵소서.

은혜의 주님!

주님 앞에서 견고한 믿음을 보여드리지 못했음을 고백합니다. 주님을 믿는 자는 죽어도 살겠다고 하신 말씀을 기억하고 있으면서도 저희는 죽음을 지나치게 두려워하고 있습니다. 긍휼히 여기사 용서하여 주옵소서.

우리가 때때로 신앙생활에서 실족할 때가 많이 있습니다. 죄악과 허탄한 것에 메인바 되어 주님의 자녀 된 모습을 늘 잃어버리고 사는 우리를 불쌍히 여기시고 용서하여 주옵소서.

항상 주님 앞에서 경건한 생활의 모습이 되게 하시고 우리가 어떤 일을 하든지 먼저 주님을 생각하게 하셔서 주님께 인정받고 칭찬받으며 축복받을 수 있는 주님의 귀한 자녀가 되게 하여 주옵소서.

회개하고 뉘우치는 마음마다 은혜로 채워 주시기를 원합니다. 주님의 은혜를 흠뻑 받아 사랑과 찬양을 강하게 할 수 있게 하시고 직장과 일터와 생활의 전 영역을 통해서 주님의 뜻을 담아내는 저희들이 되게 하옵소서.

이 시간 특별히 간구하기는 저희 교회가 아픔에 처한 이 사회를 보며 수수방관하지 않게 하시고 가슴으로 껴안고 마음을 쏟는 기도를 드릴 수 있게 하옵소서. 세계 열방 가운데 하나님의 복음을 증거하는 선교사를 파송할 수 있는 교회가 되게 하시어, 힘있게 주의 일을 감당할 수 있는 교회 되길 기대합니다. 살아있는 교회로 역사하여 주옵소서.

신령한 만나를 준비하신 목사님을 성령의 능력으로 붙드시고 귀 기울여 주님의 말씀을 듣기를 사모하는 심령마다 세미한 음성을 들을 수 있도록 축복해 주옵소서. 거룩하신 예수 그리스도의 이름으로 기도드립니다. 아멘

11월 셋째 주 대표기도문 ①

전능하신 하나님!

험난하고 복잡한 일 년 동안을 축복하셔서 아름다운 결실을 얻게 하시고 오늘 감사절 예배를 드리게 하심을 감사합니다. 하나님의 은혜를 생각할 때 온통 감사만 드려도 부족한데 삶의 정황속에서 불평과 원망만을 늘어 놓은 적이 얼마나 많았는지 모릅니다.

자신을 다른 사람과 비교할 때가 많았으며 물질적인 것만 가지고 감사의 조건을 따질 때가 너무 많았습니다. 우리의 어리석음과 불충함을 고백하오니 용서하여 주옵소서.

이제는 세상의 썩어질 양식을 위하여 일하기보다는 하늘의 신령한 양식을 위하여 일할 수 있도록 은혜로 더하여 주옵소서. 주의 나라와 의를 위하여 게으르지 않도록 인도하시고 주님의 몸 된 교회를 섬기고 이웃을 위하여 베풀고 쓰기에 인색하지 않도록 인도하여 주옵소서. 이제는 더 이상 제 자신의 만족과 쾌락을 위하여 주님의 이름을 더럽히지 않도록 축복하여 주옵소서.

오늘 감사 예물을 드리는 손길을 축복하시고 정성을 모아 드리는 이 감사가 하늘나라 창고에 차곡차곡 쌓여지는 알곡 제물이 되게하여 주옵소서. 또한 이 씨앗과 같은 예물을 통하여 하나님의 거룩하시고 풍성한 열매를 맺게 하옵소서. 추수감사절로 지키는 이 예배로 인하여 날마다 감사할 수 있는 은혜가 있게 하여 주옵소서.

긍휼히 많으신 하나님!
이 풍성한 추수의 계절에 특히 집중호우로 인하여 일 년 동안 애써지은 곡식을 거두지 못한 농민들을 기억하시고 아픔을 딛고 일어설 수 있는 용기를 주옵소서. 이번 일로 하여금 만물을 조성하시고 다스리시는 하나님을 만날 수 있는 계기가 되게 하여 주옵소서.

오늘도 말씀을 전하시는 목사님을 기억하사 붙들어 주시고, 말씀을 듣는 저희도 식어진 감사가 회복되게 하여 주옵소서. 날마다 입술에 감사의 열매를 맺게 하시며, 가을의 풍성함이 늘 함께 하여 주옵소서. 목사님을 통하여 증거 되는 말씀으로 우리의 영적 삶, 또한 풍성해지도록 인도하옵소서.
이 감사의 예배가 내년에도 더 큰 감사가 되게 하실 줄로 믿사오며 거룩하신 예수 그리스도의 이름으로 기도드립니다. 아멘

11월 셋째 주 대표기도문 ❷

귀하신 주님!

■ 성삼위 하나님께 감사와 찬송과 영광을 돌립니다. 저희 가운데 임재하시는 하나님! 진리와 권능으로 우리를 찾아와 주시니 감사합니다. 세상의 고달픔에 지쳐 고단한 심령으로 주님 앞에 나온 저희들에게 위로의 영으로 오시옵소서. 우리 모두 성령 충만한 사람들이 되어 불신앙과 육신의 정욕들을 이겨내는 하나님의 능력있는 자녀로 살아가게 하옵소서.

오늘은 추수감사절로 하나님께 예배를 드리며 일 년의 삶을 돌아보며 주께 감사하는 날입니다. 농사를 지어 드리는 열매뿐 아니라 일 년을 지키시며 보호하시는 하나님의 사랑을 마음깊이 느끼게 하시고 감사함이 충만할 수 있도록 인도하여 주옵소서. 온 교회 모든 성도들이 항상 감사의 말씀을 깊이 새기며, 날마다 감사하게 하여 주옵소서.

주님, 교회도 성령의 권능으로 세우셨으니 교회를 찾는 심령마다 교회를 통해서 일하시는 성령의 능력을 체험케 하시고 주의 은혜를 사모하는 각 사람마다 성령을 충만하게 부어주시고자 하시는 주님의 은총을 깨닫게 하옵소서. 성령을 의지하며 사모하는 심령들이 넘쳐날 때 주님의 교회가 질과 양적인 모든 면에서 날로 부흥하게 하여 주옵소서. 주님의 살아계심을 온 누리에 나타낼 수 있는 능력의 교회가 되게 하옵소서.

사랑의 주님!
이 사회도 주님의 나라가 속히 이루어지기를 원합니다. 개인적으로나 국가적으로 불의와 온갖 죄악 된 일들이 많사오니 속히 이 사회를 성령의 권능으로 치유하여 주시고 건전하고 바른 가치관이 정립될 수 있도록 은총을 허락하여 주시기를 원합니다.

이 시간 말씀을 전하여 주실 목사님을 기름 부어 주셔서 선포되는 말씀이 우리의 굳은 심령을 찔러 쪼개어 치료와 위로와 변화가 임하는 능력의 말씀이 되게 하옵소서. 주님의 몸 된 교회를 위하여 여러 모양으로 몸을 드려 충성하는 일꾼들을 붙들어 주시고 오직 주님이 기뻐하시는 것만 생각하며 맡은 바 직분을 즐거움으로 감당하기를 원하는 심령마다 성령의 큰 역사와 능력으로 채워 주옵소서. 이 시간 성령께서 우리 가운데 운행하심을 믿사옵고 예수 그리스도의 이름으로 기도드립니다. 아멘

11월 셋째 주 오후예배 기도문

빛 되신 주님!

▪ 우리에게 구원을 베푸시며 권능으로 도우시는 크신 역사에 감사를 드립니다. 이 시간 우리의 예배를 받으시고 영원한 화평을 우리에게 주시어 저희 모두가 영화와 기쁨을 누리게 하여 주옵소서.

또한, 우리에게 세상을 이길 수 있는 평안을 허락하여 주옵소서. 우리가 어느 곳에 있든지 주님의 향기가 묻어나게 하여 주옵소서. 성부, 성자, 성령께서 함께 하심 같이 저희도 믿음, 소망, 사랑으로 하나 되어 주님 앞에 나아가게 하옵소서.

긍휼의 주님!
우리의 독선과 교만을 용서해 주시기를 원합니다. 주님은 하나 되기를 원하시고 친히 본을 보여 주시었지만 저희는 내 주장만을 앞세우며 고집하고 까다로움을 부렸습니다.

나보다 나은 상대의 의견을 억지로 무시하였고, 스스로 자랑하는 일에 많은 시간을 보냈습니다. 이웃과 함께 주님의 나라를 이루기에는 심히 부족한 몸임을 고백합니다. 용서를 구하오니 이 교만한 몸을 사하여 주옵소서.

특별히 분열이 가득한 이 사회를 성령의 하나 되게 하시는 역사로 치료 할 수 있는 교회가 되게 하시고 미움과 다툼이 쉼 없이 일어나는 곳에 주님의 사랑을 심어줌으로써 한마음 한뜻으로 화합을 이룰 수 있는 역할을 감당하는 교회가 되게 하옵소서.

교회 내에도 멍든 심령으로 주님의 도움을 호소하는 형제들이 많이 있습니다. 상한 심령을 위로하시고 치유하시는 주님께서 저들이 더 큰 설음을 안고 매일의 삶에 힘겨워하지 않도록 긍휼히 여겨 주시기를 원합니다.

몸 된 교회를 위하여 몸을 드려 충성하는 제직들을 기억하시고 저들의 수고를 통해서 온 교회가 성령으로 충만해지고 주님의 크신 영광이 드러나게 하옵소서. 말씀을 들고 단 위에 서시는 목사님을 성령의 권능으로 붙드시고 목마른 영혼마다 생명수를 풍족하게 마시는 은혜의 시간이 되게 하여 주옵소서.

이 오후 감사의 찬양으로 주님께 나아갑니다. 주께서 베푸신 놀라운 구원을 감사하게 하시며, 날마다 우리를 도우시는 주의 성실을 감사하게 하시고, 다시 오셔서 우리를 천국으로 이끌 하나님께 감사하게 하여 주옵소서. 거룩하신 예수 그리스도의 이름으로 기도드립니다. 아멘

11월 넷째 주 대표기도문 ①

은혜로우신 주님!

우리의 삶에 풍성한 은혜로 함께 해주시는 것을 감사드립니다. 11월을 마지막 주일을 보내며 주님 앞에 기도드립니다. 늘 게으르지 않고 열심을 품어 주님을 섬기는 후회 없는 날들을 보내게 하옵소서. 오늘도 우리의 마음속에 변함없는 주의 사랑을 경험하게 하시며, 이 감격을 간직하고 신령과 진정으로 예배드리게 하옵소서.

위로의 주님!
이 시간 주님 앞에 고백합니다. 주님께서 우리를 사랑하신 것과 같이 저희는 주님을 사랑하지 못하였고 이웃과 민족을 사랑하지도 못했습니다. 크고 작은 다툼에 앞장섰으며 미움과 비방으로 일관해 왔습니다. 주여, 용서해 주시고 온전히 새로운 사람이 되게 하여 주옵소서.

믿음이 적은 우리에게 참 믿음을 주시기를 원합니다. 말씀 위에 굳게 세워 주시고, 믿음의 주요 온전케 하시는 이인 주님을 바라보게 하옵소서. 여호수아 같이 항상 큰 믿음을 구하게 하시고 하나님을 온전히 믿는 믿음을 통하여 응답받는 복된 주의 백성으로 삼아 주시기를 원합니다. 특별히 이 시간 주님의 몸 된 교회를 위하여 기도드립니다. 이 땅에 주님이 허락한 참된 평화가 임할 때까지 절박한 심령으로 부르짖게 하시고 복음의 빚진 자로의 사명을 게으르지 않는 교회가 되게 하시고, 이 땅과 이 백성을 복음화시키기까지 증인으로서의 사명을 잘 감당할 수 있는 교회가 되게 하여 주옵소서.

오늘은 절기상으로 예수 그리스도의 나심을 기다리는 대강절이 시작되는 주일입니다. 날마다 주의 임재하심을 기다리게 하시며, 임마누엘 주 되시기 위하여 이 땅에 오신 예수 그리스도의 사랑을 기억하게 하여 주옵소서. 하늘 높은 보좌를 버리시고, 낮고 낮은 이 땅에 임하셔서 우리를 구속하시며 십자가에 죽으신 그 사랑에 날마다 감사하는 성도들 되게 하시고, 예수 그리스도의 겸손을 몸에 가질 수 있도록 인도하여 주옵소서.

말씀을 전하시는 목사님께 성령의 능력으로 함께 하셔서 선포되는 말씀마다 성령 충만 은혜 충만한 말씀이 되게 하시고, 그 말씀을 듣는 우리의 심령이 뜨거워져서 주님을 사랑하지 않고는 견딜 수 없는 마음이 되도록 역사하옵소서. 거룩하신 예수 그리스도의 이름으로 기도드립니다. 아멘

11월 넷째 주 대표기도문 ②

거룩하신 하나님!

이제는 날씨가 더욱 쌀쌀해졌습니다. 이러한 날씨에도 주님의 전으로 나와 귀한 예배를 드리게 하신 은혜를 감사합니다. 우리를 향하신 주님의 인자하심을 감사드리오며 이 시간 찬송과 영광과 존귀를 주님께 드리려고 이 자리에 모였습니다.

이 땅에 하나님의 교회가 세워질 때 내려 주셨던 성령을 지금 이 시간 우리에게 충만하게 부어 주시고, 우리를 성결케 하사 예배드리기에 합당한 심령이 되게 하여 주옵소서.

세속과 죄악에 찌든 우리의 심령이 성령의 능력으로 깨끗해지고 새 사람이 되기를 원합니다. 보혜사 성령께서 죄로 물든 저희 심령을 훈계하시고 일깨워 주셔서 다시는 죄에 눌리는 안타까운 심령으로 살아가지 않도록 하옵소서. 저희들을 성령으로 권위 있게 하여 주시기를 원합니다. 냉랭한 우리의 마음이 뜨거운 성령의 열기로 가득 차기를 원합니다.

이 시간 우리가 성령 안에서 기도하고 찬송하고 말씀을 사모 할 때 은혜 받게 하시며, 의로운 인격을 갖추고 새 사람으로 새 날을 살아갈 수 있도록 크신 은총을 내려 주옵소서. 또한 성령의 인도하심 속에서 우리의 신앙도 살찌게 하시고 주님의 계획하신 뜻을 실현할 수 있는 복된 삶으로 이끌어 주옵소서. 저희들의 전 생활 영역이 성령의 역사와 인도하심을 따라 사는 권세 있는 삶이 되게 하여 주옵소서.

대강절이 시작되었습니다. 세상은 벌써 크리스마스 분위기로 들떠있고 예수님께서 무엇 때문에 이 땅 가운데 오셨는지 잃어버린채 스스로를 위하여 만족해하는 일들이 일어나고 있습니다. 좋으신 하나님, 우리가 예수 그리스도의 나심을 기억하게 하시고, 하늘 영광을 버리고 이 땅 가운데 오신 사랑의 주님을 본받을 수 있도록 인도하여 주옵소서.

오늘도 성령을 의지하고 말씀을 선포하시는 목사님을 권세 있게 하셔서 말씀에 귀 기울여 듣는 모든 자들이 성령의 역사하심을 체험하고 은혜받는 시간이 되게 하옵소서. 예배를 돕는 귀한 손길들이 있습니다. 주님 앞에 더욱 귀하게 쓰임 받는 종들이 되게 하여 주옵소서. 여러 가지의 모양으로 봉사하는 많은 손길들 위에도 주님의 크신 축복으로 함께 하여 주옵소서. 이 땅의 구주로 오신 예수 그리스도의 이름으로 기도드립니다. 아멘

11월 넷째 주 오후예배 기도문

새롭게 하시는 주님!

■ 은혜와 사랑을 진심으로 감사합니다. 오늘도 우리를 불러 주셔서 이 시간 주님께 진실한 마음으로 정성스런 예배를 드리고자 합니다. 거룩한 주의 날 주님의 복된 새로운 힘을 주옵소서. 주님을 경배하며 찬양함으로써 하나님께만 영광과 찬송을 돌리게 하시고 우리로 하여금 무한한 능력과 기쁨을 얻게 하여 주옵소서.

공의의 하나님!
소외되고 불쌍한 사람들의 보호자가 되시며 그들을 사랑하시는 주님의 공의로우심을 사랑합니다. 그리스도인으로서의 사랑과 관심이 필요한 자들을 용납하지 못하고 그들을 외면했던 우리를 용서하여 주옵소서. 그들의 아픔이 우리의 아픔이 되게 하시고 주님의 사랑을 그들에게 증거 할 수 있게 하옵소서.

지난날의 어두운 삶을 용서하시고 밝은 마음으로 거짓된 마음을 바로잡아 정직한 심령을 만들어 주옵소서. 게으른 생활을 용서하시고 근면한 의지를 심어 주시며 세속에 물든 습관을 고쳐주옵소서.

하나님의 선하시고 기뻐하시고 온전하신 뜻에 따라 살게 하옵소서. 우리의 삶 전체가 주님께 영광이 되도록 축복하여 주옵소서.

    은혜의 주님!
    하나님의 백성으로 선택된 저희들은 주의 군사 되어 영적인 선한 싸움을 싸우기를 원합니다. 연약한 저희들이지만 만군의 하나님은 권능의 하나님이시오니 우리에게 능력을 허락하여 주옵소서.
    그리하여 마귀가 우리를 삼키려고 우는 사자와 같이 덤벼들어도 능히 물리치게 하시고 그 어떤 어려움이 닥쳐와도 능히 이겨 나갈 수 있는 저희들이 되게 하여 주옵소서. 그러므로 선한 싸움을 싸우고 달려갈 길 마치고 승리의 면류관을 받게 하옵소서.

    오늘도 말씀을 전하시기 위하여 단 위에 서시는 목사님을 성령의 능력으로 붙들어 주시고 저희 모두가 말씀의 신령한 꼴을 먹기에 부족함이 없게 하옵소서.
    임마누엘 되신 예수 그리스도께서 우리와 늘 함께 하여 주옵소서. 늘 동행하여 주옵소서. 우리와 늘 함께 하시며 이 땅 가운데 구주로 오신 예수 그리스도의 이름으로 기도드립니다. 아멘

12월 첫째 주 대표기도문 ①

생명의 빛 되시는 하나님!

우리에게 베푸신 그 크신 사랑과 은총을 감사드립니다. 성부의 사랑과 성자의 피로 우리를 살려주시고 성령님을 보내사 하나님을 믿게 하신 능력을 감사드립니다. 이미 우리에게 주신 이 소망과 영광의 노래를 항상 부르며 살게 하여 주옵소서.

우리의 삶을 날마다 주님께 드려 온전히 순종하여 그리스도인으로서의 대가를 치르는 삶을 살며 저희 안에 주님의 형상이 이루어지도록 축복하여 주옵소서.

예수 그리스도만이 우리에게 구원이시며 진리이심을 믿습니다. 때로 복음의 능력을 참되게 깨닫지 못하여 세상의 유혹을 좇아 방황하던 우리의 허물을 용서하여 주옵소서.

복음만이 우리의 유일한 기쁨이요 소망이 되게 하시며 원망과 좌절, 죄의식으로 가득 차 있는 우리의 마음이 예수 그리스도의 보혈의 능력을 힘입어 감사와 자유함으로 가득하게 하여 주옵소서. 때때로 형제와 자매를 판단하고 무관심했던 죄를 고백합니다. 우리의 마음속에 있는 교만을 버리게 하시고, 주변의 형제와 자매들에게 세심한 관심을 갖고 섬기게 하옵소서. 우리가 주님의 은총 속에 있으면서도 눈물과 가슴 치며 후회하는 인생이 되지 말게 하시고, 늘 주님께 감사드리는 삶이 되게 하여 주옵소서.

이제 다가오는 겨울을 준비하듯 저희도 신앙의 시련기를 극복할 수 있는 믿음을 충분히 준비하게 하시고 겉 사람은 후패하나 속 사람은 날로 새로움을 체험하는 삶이 되게 하옵소서. 오늘도 은혜 충만히 받게 하시고 성령으로 저희 마음에 역사하여 주옵소서.

죄악에 죽을 수밖에 없는 우리를 구하시려, 이땅 가운데 오시고 구세주로서의 삶을 사시며, 하늘나라 복음을 증거하시고, 골고다 언덕을 오르사 십자가를 지시고, 우리의 죄를 대속하신 주님의 귀한 사랑을 감사합니다. 그 사랑에 감격하여 날마다 예배하게 하여 주옵소서.

귀한 말씀을 선포하실 목사님을 성령의 능력으로 세우시고, 강건케 하여 주옵소서. 산 소망이 되는 희망의 메시지가 선포되도록 인도하여 주옵소서. 한 해를 정리하여 주께 드리는 시간이 되게 하여 주옵소서. 거룩하신 예수 그리스도의 이름으로 기도드립니다. 아멘

12월 첫째 주 대표기도문 ❷

새 힘을
허락하시는 주님!

우리에게 일 년의 긴 날들을 허락하시고 이제 한 달을 남겨놓고 있음을 감사드립니다. 지난날들을 돌아보니 감사뿐입니다. 새 봄을 맞아 감사했고, 뜨거운 여름에 주신 많은 은사들로 감사했고, 가을에는 많은 결실들로 감사했고 이제는 무사히 한 해를 보낸 것을 감사합니다.

이렇게 감사의 조건들이 많은데도 불구하고 저희는 어찌하여 얼굴에 수심이 가득 차고 세상이 두려운지 저희들의 믿음 없음을 탓하지 마시고 주님의 사랑으로 우리를 강하고 담대하게 축복으로 함께하여 주옵소서.

은혜의 주님!
이 겨울에 갈 곳이 없고 쉴 곳도 없는 사람들을 위해서 기도드립니다. 이 땅에는 굶주리고 헐 벗은 사람들이 어찌나 많은지요.

주님, 저들에게 주님의 복음이라도 들려지게 하셔서 천국의 소망으로 기쁘게 살아갈 수 있도록 축복하여 주옵소서. 우리가 그들을 위하여 헌신하게 하시고 그들을 위하여 온정의 손길을 펼 수 있도록 우리를 충만하게 하여 주옵소서. 우리의 손길이 주님의 살아 계심을 증거하는 귀한 손길이 되도록 축복하여 주옵소서.

빛이 되시는 주님!
한 해동안 저희들이 믿음 위에 굳게 서지 못했던 일들이 너무도 많음을 고백하지 않을 수 없습니다. 그리고 때로는 언행일치의 생활을 하지 못하고 거룩한 생활을 하지도 못했음을 고백합니다. 위선과 교만에 가득 차 있던 때가 많았습니다. 이 시간, 진실하게 하셔서 자신의 죄인 된 모습을 발견할 수 있게 하여 주시옵소서. 피묻은 주님의 십자가 아래에서 양털 같이 희게 해 주시는 주님을 바라보게 하여 주옵소서.

이 시간 우리의 영혼이 주님의 사랑과 평안으로 가득하기를 원합니다. 이 땅에 평화의 왕으로 오신 예수님의 나심을 기다리는 달입니다. 좀 더 경건하게 하시고, 거룩한 삶을 살도록 인도하여 주옵소서. 예수 그리스도께서 무엇 때문에 우리 가운데 오셨는지 기억하게 하시고, 감사할 수 있도록 인도하여 주옵소서.
말씀으로 우리를 먹이시는 목사님을 성령의 동행하심으로 인도하시고 주님의 크신 권능으로 늘 강건하도록 도와주옵소서. 거룩하신 예수 그리스도의 이름으로 기도드립니다. 아멘

12월 첫째 주 오후예배 기도문

반석이신 하나님!

이제 한 해를 한 달을 남겨 놓은 오후 시간에 주님의 전으로 모여 귀한 찬송과 영광을 주님께 드리며, 주님께서 가장 기뻐하시는 예배를 드리게 하신 은혜 또한 감사합니다. 주님의 사랑이 날마다 차고 넘치게 하시고 그 은혜로 인하여 우리가 날마다 새 힘을 얻도록 축복하여 주옵소서.

은혜의 주님!
이제 한 달을 남겨놓고 되돌아보니 후회되는 일들이 너무도 많았음을 주님께 고백합니다. 우리가 영성을 쌓는 것을 너무도 소홀히 하여 주님의 음성을 듣지 못했고 주님께 날마다 간구와 기도로 겸손히 고백해야 할 것들을 겸손하지도 않고 기도와 간구도 하지 않았습니다.

우리가 왜 기도하지 못했는지 이제는 우리가 늘 기도로 주님과 대화하게 하시고 주님의 음성을 듣게 하시고 그러므로 주님의 뜻에 온전히 순종할 수 있도록 은혜로 더하여 주옵소서.

우리가 주님의 부르심에 응답하지 못하고 주님이 원하시는 일을 외면한 채 다른 곳에서 방황한 적이 많았나이다. 주님 안에 거한다고 하면서도 스스로의 생각을 앞세웠으며 주님의 뜻을 구하여 알기도 전에 제 뜻대로 행동한 어리석은 자들임을 고백합니다. 이제 되돌아와 후회의 눈물을 흘리는 우리를 불쌍히 여기시고 용서하여 주옵소서.

이 시간 교회와 목사님을 위해서 기도드립니다. 저희 양 떼들을 양육하시기 위하여 헌신하시는 목사님을 주님께서 친히 붙들어 주시며, 솔로몬에게 주신 지혜를 더하여 주셔서 목사님의 입술을 통하여 나오는 말씀이 능력의 말씀이 되게 하시며, 완악한 심령이 그 말씀 앞에 엎드려지는 놀라운 역사가 일어나게 하옵소서.

이제 다음해를 이끌어 갈 새로운 임원들이 각 기관에 구성되었습니다. 큰 은혜를 허락하시어, 서로 합력하여 선을 이루게 하시고 하나님께 영광을 돌리는 복된 기관들이 되도록 인도하여 주옵소서.

이 시간 드리는 예배를 주님께서 흠향하시기를 원하오며 예비된 하늘의 놀라운 은혜를 체험하게 하여 주옵소서. 거룩하신 예수님의 이름으로 기도드립니다. 아멘

12월 둘째 주 대표기도문 ①

은혜로우신 주님!

■ 이 아침 예배를 통하여 하나님의 크신 사랑을 더욱 체험하도록 도와주옵소서. 저희 마음에 소망을 주시고 한 사람 한 사람에게 각기 필요한 말씀을 들려주옵소서. 우리의 귀를 열어 주의 말씀을 듣게 하시며 우리의 마음을 열어 주님의 말씀 앞에 결단하게 하여 주옵소서. 우리의 드리는 예배가 하나님께 영광이 되고 저희 모두에게는 은혜가 되게 하여 주옵소서.

이 시간 우리의 모습 이대로 주님 앞에 내어놓습니다. 우리의 삶과 생각이 더러울 때가 많았습니다. 믿음으로 살기보다는 염려하고 근심하며 살았습니다. 잎사귀만 무성한 무화과나무처럼 무엇이 있을 것 같이 보였지만 실속이 없고 열매가 없었습니다.

지난날의 잘못을 용서하여 주옵소서. 주님을 이제는 실망시키지 않도록 은혜로 우리를 도와주옵소서. 지금 이 시간 진정으로 주님을 사모하는 시간이 되게 하시고 우리의 모든 죄악을 예수 그리스도의 보혈로 소멸시켜 주옵소서. 우리의 예배를 기쁘게 받아 주옵소서. 오직 주님만을 의지하고 나아온 저희들입니다.

이 시간 십자가의 사랑을 더욱 의지하고 깨달을 수 있는 우리가 되게 하여 주옵소서. 오늘 이 예배를 통하여 우리의 영혼이 고침을 받고 소생이 되며 능력 받는 시간이 되게 하옵소서. 그 피가 맘속에 큰 증거가 되게 하옵소서.

하나님과 교통하는 시간이 되게 하옵소서. 이 귀한 시간을 통하여 주님의 나라에 소망을 갖게 하시고 주님을 위하여 헌신을 다짐하는 귀한 시간이 되게 하여 주옵소서.

교회의 중심이 되시는 주님!

교회가 반석 위에 세운 집이 되게 하시며, 성도들이 하나님 중심 말씀 중심, 교회 중심으로 살게 도와 주옵소서. 새롭게 세워진 각 기관의 임원들과 새롭게 세워진 각 기관의 임원들과 새롭게 임명된 직분자들을 성령의 능력으로 붙드사 다가오는 한 해가 교회가 새롭게 부흥되는 계기가 되게 하시고, 주의 역사를 체험하며 감격할 수 있는 은혜를 주옵소서. 맡은 자들에게 구할 것은 충성이라 말씀하셨으니, 온 맘으로 충성을 구할 수 있도록 인도하여 주옵소서.

귀한 말씀으로 우리를 먹이시는 목사님을 붙드시고, 항상 충만한 은혜로 채우사 좋은 꼴을 먹이게 하옵소서. 거룩하신 예수님의 이름으로 기도드립니다. 아멘

12월 둘째 주 대표기도문 ②

할렐루야
거룩하신 주님!

세상에서 죄의 종노릇 하던 우리를 부르사 주님의 자녀로 삼으시고 주일을 주님께 바쳐 예배를 드릴 수 있게 인도하신 은혜를 감사합니다. 하나님 나라가 가까운 줄을 알지 못하고 제 뜻대로 살아가는 어리석은 죄인들을 용서하여 주옵소서. 주님의 때가 임박하였음을 알게 하시고 늘 깨어서 기도하는 믿음을 허락하여 주옵소서.

우리가 성도의 본분을 망각하였다면 회개하고 돌이킬 수 있도록 인도하여 주시고, 마지막에는 심판을 면할 수 있도록 지켜 주옵소서. 이 추운 겨울에 주님의 말씀을 늘 상고하며 신앙에 나태해지지 않도록 주님께서 우리를 붙들어 주옵소서.

늘 깨어서 기도함으로 주님이 오실 그날을 기억하고 기다릴 수 있도록 지혜를 허락하여 주옵소서. 그리하여 슬기로운 다섯 처녀와 같이 지혜롭게 등불을 준비하여 신랑 되시는 주님과 함께 혼인잔치에 들어가도록 축복하여 주옵소서. 추위로 인하여 게으르고 나태해지기 쉬운 이 겨울에 주님의 말씀으로 우리의 심령을 채우고 싶어서 이렇게 주님의 전으로 나아왔사오니 우리의 심령을 주님의 크신 권능으로 주장하사 생명수로 채워 주옵소서. 거듭남의 결단을 하게 하시고 이제 얼마 남지 않은 한해를 잘 마무리할 수 있도록 축복으로 더하여 주옵소서.

은혜를 사모하는 심령들 위에 은혜의 단비를 부어 주옵소서. 주님의 날개 아래서 안식을 얻게 하여 주옵소서. 추운 날씨가 우리의 믿음을 얼게 하지 마시고 주님의 사랑으로 녹여 주옵소서. 이 세상에 따뜻한 온기를 전하는 우리가 되게 하시고 주님의 사랑을 실천하는 성도들이 되도록 축복으로 더하여 주옵소서.

한 해의 삶을 인도하신 주님 참 감사합니다. 오늘 목사님의 귀한 말씀을 통하여 다시 한번 감사하게 하시고, 주를 향한 사랑을 회복하는 기회가 되도록 인도하여 주옵소서. 온 교회가 하나 되어 열심히 주를 섬길 수 있기를 원합니다. 우리가 하나 되는 은혜를 허락하여 주옵소서. 바른 교회 되게 하시고, 주의 향기를 바라는 교회 되도록 인도하여 주옵소서.

이 시간 목사님의 귀한 말씀을 듣고 돌아갈때에는 우리의 마음이 가벼워져 기쁨으로 충만하게 하시고 주님께서 예배를 주장하여 주시고 돌아가는 발걸음도 지켜 보호하여 주옵소서. 예수 그리스도의 이름으로 기도드립니다. 아멘

12월 둘째 주 오후예배 기도문

은혜로우신 주님!

연약한 우리들을 주님의 전으로 나아오게 하신 은혜를 감사합니다. 주님의 귀하신 사랑을 늘 감사합니다. 우리의 삶에 주님을 향한 감사의 열매가 주렁주렁 맺히도록 축복으로 더하여 주옵소서.

주님의 동행하심을 늘 감사합니다. 우리에게 주님의 은혜로 살아가게 하신 것 늘 감사합니다. 영적인 타락과 도덕적 부패가 쌓이고 쌓여 위태로운 이 시대에 우리를 부르사 구원의 소식을 들려 주신 은혜 또한 감사합니다.

겸손하신 주님!
우리에게 주님의 겸손을 본받게 하여 주옵소서. 우리가 교만하여 주님의 이름을 더럽게 하지는 않았는지, 우리가 주님의 겸손을 본받기를 원합니다. 이제는 우리가 겉 사람을 벗고 주님의 오심을 준비할 수 있는 귀한 시간들이 되게 하여 주옵소서. 믿음으로 주님을 기다리게 하시고 소망으로 주님을 바라보게 하여 주옵소서.

사랑한다고 말하면서 미워하고, 존경한다고 말하면서 격멸하고 믿는다고 말하면서 의심하며 용서한다 하면서도 아직까지 형제의 허물을 기억하는 우리를 용서하여 주옵소서. 누구보다도 자신을 먼저 알게 하시고 주님을 바로 알게 하여 주옵소서.

성탄절이 얼마 남지 않았습니다. 우리를 구원하시기 위하여 낡고 허름한 말구유에 오신 주님을 늘 가슴에 품고 우리가 저희 이웃을 위하여 진정한 주님의 사랑을 베풀 수 있는 우리가 되게 하여 주옵소서. 겨울이 되면 더욱 추워하는 사람들이 잇습니다. 따뜻한 겨울을 보낼 수 있도록 사랑과 온정의 손길이 넘쳐나게 하여 주옵소서. 성탄절을 준비하는 기관마다 주님을 사랑하는 마음으로 준비하게 하여 주옵소서.

사랑하는 교회가 이 땅 가운데서 교회의 역할을 온전히 감당하게 하시고, 성경말씀만이 진리임을 선포하는 교회 되게 하여 주옵소서. 세상의 헛된 욕심들이 교회에 들어오지 않게 하시고, 주를 위하여 헌신하는 역사들이 일어나게 하여 주옵소서.

이 시간 귀한 말씀으로 우리를 위하여 준비하신 목사님을 위하여 기도하오니 주님의 크신 권능으로 함께하여 주옵소서. 예수 그리스도의 이름으로 기도드립니다. 아멘

12월 셋째 주 대표기도문 ①

할렐루야!
빛으로 오신 주님을 찬양합니다

▌저희 마음을 성령으로 말미암아 하나님의 사랑이 넘치게 하심을 감사드립니다. 이 시간 우리가 찬송과 영광과 존귀를 하나님께 드리려고 이 거룩한 자리에 모였습니다. 이 땅에 하나님의 교회가 세워질 때 내려 주셨던 성령을 충만하게 부어 주시고 우리를 성결하게 하시옵소서. 예배드리기에 합당한 심령이 되게 하여 주옵소서.

거룩하신 주님의 성령께서 속된 우리를 성결하게 하여 주사 의로우신 주께서 불의한 우리를 의롭게 여겨 주시고, 지혜로우신 주께서 어리석은 우리를 인도하시고, 목자 되신 주님께서 길 잃은 양과 같은 우리를 찾아 주옵소서. 지금도 주님의 사랑에 품에 품어주신 것을 감사합니다. 이 시간 성령께서 우리의 마음을 주장하사 신령한 예배를 드리게 하시고 영적인 찬양이 울려 퍼지는 시간이 되게 하여 주옵소서.

은혜로우신 주님!
시간 시간 지혜로우신 성령으로 우리를 일깨워 주시고 능력 있으신 성령으로 우리를 권능 있게 하여 주시며 이 겨울 날씨와 같이 냉랭했던 우리의 마음을 뜨거운 성령의 열기로 가득 차게 하여 주옵소서. 탄식하는 성령의 도움으로 우리 모두가 기도의 제목을 찾게 하사 우리의 삶이 온전히 성령의 인도하심과 위로와 능력에 이끌리게 하여 주옵소서.

우리가 성령 안에서 기도하고, 성령 안에서 찬송하며 말씀으로 은혜를 받게 하여 주옵소서. 새로운 인력을 갖추고 새 날을 살게 하여 주옵소서. 항상 하나님의 성령으로 충만하게 하여 주옵소서.

교회학교 어린이들이 성탄축하 행사를 준비하고 있습니다. 주님께서 친히 주장하여 주시고 행사로 그치는 것이 아니라 주님의 사랑을 모두에게 전하는 귀한 시간이 되게 하여 주옵소서. 주님의 오심을 기다리는 마음으로 준비하게 하옵소서. 혹이나 우리가 움직이는 분주함 때문에 정작 감사해야 하고 묵상해야 할 예수그리스도의 오심을 잃어버리지 않도록 인도하여 주옵소서. 이 낮고 낮은 땅, 베들레헴 말구유에 나신 주님을 기억하게 하옵소서.

오늘 선포될 말씀을 기대합니다. 목사님을 세우셨으니 말씀으로 증거케 하여 주옵소서. 변함이 없으신 주님의 사랑을 감사드리며 사랑 많으신 예수 그리스도의 이름으로 기도드립니다. 아멘

12월 셋째 주 대표기도문 ②

구원의 하나님!

심령의 눈을 들어 예수 그리스도의 십자가를 바라봅니다. 우리에게 독생자를 주시어 구원의 길을 열어 주신 하나님께 감사를 드립니다. 광야와 같은 인생길을 걷던 저희들에게 이제는 십자가 아래 나와 안식과 평안을 허락하여 주옵소서.

은혜의 주 하나님!
이 험악한 세상을 살면서도 하나님을 모르는 자처럼 살아온 것을 용서하여 주옵소서. 무거운 짐에 매여 방탕과 실의에 빠진 적도 있었습니다. 우리의 마음을 돌이키려는 주님의 많은 말씀을 들었지만 깨달은 대로 살지 못했습니다.
우리의 약함으로 인하여 결심대로 살지 못했습니다. 지난날의 교만함을 용서하여 주시고 순종하는 마음을 허락하여 주옵소서. 내 뜻대로 행한 모든 잘못을 뉘우치오니 이제 주님의 뜻을 따르는 자가 되게 하옵소서.
진흙과 같은 인생을 불쌍히 여기시고 주님의 뜻에 합당한 그릇으로 재창조하여 주사 새롭게 하여 주옵소서.

이 시간 주님의 십자가 아래로 회개의 심령으로 나왔사오니 우리를 사하시고 정결하게 하여 주옵소서.

성탄절이 다가옵니다. 우리를 위하여 죽으시고 초라한 마굿간에 오신 주님을 기억하게 하시고 우리를 구원하시기 위하여 다시오실 그 날을 기다리게 하여 주옵소서. 성탄의 깊은 뜻을 헤아리게 하시고 연말연시의 들뜬 분위기에 주님이 오신 뜻을 가리지 않도록 우리에게 지혜를 더하여 주옵소서.

사랑하는 성도들의 온 가정에 성탄의 은혜가 충만하게 하시옵소서. 서로 예수 그리스도의 나심을 기쁨으로 증거하게 하시고, 온 세상에 주님의 오심을 전파하게 하여 주옵소서. 성탄의 기쁨과 감격이 삶의 모든 날 동안 충만하게 하시고, 그로 인한 감사가 넘치도록 인도하여 주옵소서.

날마다 주님의 사랑을 의지하여 살아가는 우리 모두가 되게 하시고 연초에 세웠던 계획들을 돌아보게 하시고 잘 마무리하며 정리하는 경건의 시간들이 되게 하여 주옵소서. 주님의 사랑을 전하기에 부지런한 우리들이 되게 하시고 우리가 주님의 사랑을 전하는 메신저의 역할을 할 수 있도록 축복으로 더하여 주옵소서. 거룩하신 예수 그리스도의 이름으로 기도드립니다. 아멘

12월 셋째 주 오후예배 기도문

은혜와 긍휼이 충만하신 하나님!

오늘도 귀한 오후 시간에 예배를 드리게 하시니 감사합니다. 우리에게 평안을 주시기 위해 이 땅에 오신 주님을 찬양합니다. 우리를 위하여 독생자까지도 아끼지 않으시고 보내주신 은혜를 찬송합니다. 받은 복이 많음을 알면서도 주님을 찬양하지 못하고 살아가는 저희들에게 이 예배를 통하여 확신과 감사가 넘치는 찬양이 솟아나게 하옵소서. 주님을 맞이하는 자들의 영광된 기쁨이 저희 모두의 가슴에 새겨지는 귀한 시간이 되게 하여 주옵소서.

주님! 우리의 마음이 주님을 기뻐하기보다는 세상의 명예와 재물을 좋아했음을 부끄럽게 아룁니다. 주님께서 임하시는 그날 우리가 찬양하는 입과 기뻐하는 마음으로 살아가기를 원합니다. 우리에게 주님의 지혜를 허락하사 주님 오시는 귀한 뜻을 알 수 있도록 그 뜻을 세상에 전할 수 있도록 하여 주옵소서.

은혜의 주 하나님!
연말연시를 맞아 여러 가지 모임들이 많습니다. 어떤 모임에서도 주님의 이름을 망각하지 말게 하시고 주님의 이름을 더럽히는 일을 하지 않도록 우리에게 지혜를 허락하여 주옵소서. 주님의 성도 된 본분을 지키게 하심으로 우리의 삶이 늘 주님께 드리는 귀한 예배가 되게 하여 주옵소서.

주님이 오신 성탄절을 하나의 절기로 지내게 하지 마시고 주님이 우리를 위하여 고난 받으시고 죽으시기 위하여 오시는 날임을 알게 하시고 경건한 마음으로 주님의 뜻을 기리게 하여 주옵소서.

하나님! 이 세상의 주님을 모르는 영혼들도 향락에 휘청거리는 성탄절이 되지 않게 하시고 왜 주님이 이 땅에 오셔야만 했는지 진정으로 깨닫게 하셔서 주님을 영접하여 새 삶을 찾을 수 있는 귀한 계기를 허락하여 주옵소서. 주님의 평화가 그들의 마음속에도 임하여 주시기를 원합니다. 그리하여 이 땅에 주님의 나라가 속히 임하도록 축복하여 주옵소서.

오늘도 생명의 복음을 전하시는 목사님을 붙들어 주시고 듣는 우리들도 아멘으로 순종하게 하시고 행함으로 열매 맺을 수 있는 은혜를 허락하여 주옵소서. 한 주간도 믿음으로 승리하게 하시고 주의 사랑을 깊이 깨달을 수 있도록 인도하여 주옵소서. 우리를 죄에서 구원하신 예수 그리스도의 이름으로 기도드립니다. 아멘

12월 넷째 주 대표기도문 ①

존귀하신 하나님!

▌ 경배와 영광을 돌립니다. 세상에 살면서 상처 받은 심령들이 쉴 수 있도록 주님의 거룩한 전으로 불러내어 주신 주님께 감사를 드립니다. 죄 가운데 살던 우리가 대속의 은총을 사모하여 이 자리에 모였나이다. 성도의 찬양을 받으시고 진리의 빛 가운데로 인도하여 주옵소서. 성부와 성자와 성령께 영광이 충만하게 하옵소서.

우리에게 영생을 약속하신 주님!
세상의 유혹에 빠져 탕자처럼 방황하고 주님께서 허락하신 은혜를 낭비하지 않도록 도와주옵소서. 버려야 할 것들과 끊어야 할 것들이 있음을 알면서도 끊지도 버리지도 못하고 살아온 죄를 용서하여 주옵소서. 교만하여 자가의 의를 드러내며 죄를 정당화하고 남을 원망하며 불평하는 삶을 살았음을 고백합니다.

오늘이 평안하다고 지난날 어려웠던 때를 잊었으며 내가 배부르다고 배고픈 사람을 외면했습니다. 용서의 은총을 베푸사 십자가의 보혈의 능력으로 정결한 몸과 마음으로 거듭나게 하옵소서.

이후로는 자신의 모든 것을 다 주고 또 주고도 여전히 사랑하시는 주님처럼 살게하여 주옵소서. 우리의 삶이 주님께 드려지는 귀한 예배가 되게 하옵소서.

우리의 마음을 깨끗게 하사 주님의 영광을 보게 하시고 우리의 입을 정케하사 주님의 영광을 찬양하게 하옵소서. 신령한 귀를 열어 주사 진리의 말씀을 듣게 하시고 우리의 생명이 새롭게 창조되고 피곤한 육신이 치유받게 하시고 이 시간 영광과 존귀와 감사와 찬양을 주님께 드리며 우리를 향하신 선하심과 인자하심을 높이 찬양합니다.

이 추운 겨울에도 우리에게 온유와 따뜻한 사랑의 옷으로 입혀 주시고 움츠린 삶이 기지개를 펴며, 새 생명을 돌이키면서 소생된 심령으로 기쁘고 즐겁게 찬송하며 살게 하여 주옵소서. 한 해의 마지막 주일 예배로 드립니다. 올 한 해 변함없이 주의 전에 나와 예배하게 하심을 감사합니다. 더욱더 감사한 마음으로 예배할 수 있는 복된 한 해가 되도록 인도하여 주옵소서.

목사님의 말씀을 통하여 위로가 되게 하시며, 새로운 소망을 갖길 원합니다. 주님 홀로 영광 받으시길 원하오며 거룩하신 예수님의 이름으로 기도드립니다. 아멘

12월 넷째 주 대표기도문 ②

공의로우신 주님!

■ 지난 1년간도 저희와 함께 하시고 저희 교회와 함께하신 은혜를 감사드립니다. 우리의 연약함을 도우사 이 거룩한 자리에 이르게 하신 하나님의 인도하심을 찬양합니다.

1년의 다사다난했던 삶의 막이 서서히 내려지는 연말, 그리고 주님의 탄생하심을 축하하는 온 누리에 경사스러운 분위기 속에서 저희 모두가 분주하고 피곤한 심령과 육신을 가지고 주 앞에 나왔사오니 우리에게 긍휼을 베풀어 주옵소서.

저희와 함께 하셔서 지난 한 해를 은혜 가운데 인도하심을 감사합니다. 그러나 말씀대로 살지 못하고 사랑의 삶을 살지 못했던 저희들을 용서하여 주옵소서. 연약한 믿음과 게으른 신앙으로 세상의 유혹을 부지런히 쫓던 우리를 고백합니다.

이 시간 오직 주님만을 바라보며 사는 지혜의 눈을 허락하여 주시고, 이후로는 주님의 거룩함에 이르는 성결의 삶을 살아가게 하옵소서. 성령의 법 아래 늘 소망 찬 새 인생을 살도록 도와주옵소서.

살아계신 하나님!

지난 한 해 우리의 책임과 맡은 일을 나태하고 게을렀던 것을 용서하여 주옵소서. 우리를 변화시켜 새로운 품성과 인격으로 새해를 맞이하게 하시고 기대와 감사함으로 소망의 신년을 맞이하에 하옵소서. 새해에는 주님께 더욱 충성하게 하시고 하나님 말씀 중심으로 살게 하시며 그리스도 안에서 새 사람이 되게 하옵소서. 또한 새 성전을 허락하여 주시고 그곳에서 하나님의 나라와 영광을 찬양하게 하옵소서.

이 나라가 통일되는 소식이 들리게 하셔서 희망과 기쁨의 새해가 되게 하옵소서. 새해에는 온 나라가 평화롭게 하시며, 빈부의 격차가 줄어들게 하시어, 서로 사랑하며 서로 웃고 지낼 수 있는 복된 나라 되도록 인도하여 주옵소서. 하나님! 기다리오니 말씀으로 교훈하시고 성령으로 감동시켜 주옵소서.

이 시간 주님께 사랑의 진실한 고백을 하고 돌아가게 하옵소서. 오늘도 새로운 말씀으로 우리에게 소망을 품게 하시려고 단 위에 서신 목사님을 기억하사 크신 권능으로 함께 하여 주옵소서. 늘 성령 충만케 하옵소서. 거룩하신 예수 그리스도의 이름으로 기도드립니다. 아멘

12월 넷째 주 오후예배 기도문

찬양 받으시기에 합당하신 주님!

하나님의 선하시고 기쁘신 뜻을 찬양합니다. 우리에게 향하신 하나님의 신실하심이 크고 영원하심을 믿습니다. 항상 하나님의 뜻을 겸손하게 받아들이며 세상으로 향하는 우리의 의지와 욕심을 십자가에 못을 박게 하여 주옵소서.

우리에게 생명을 주신 것과 같이 우리가 예배할 수 있도록 허락하신 주의 섭리하심을 감사합니다. 하나님만을 바라보며 주의 말씀에 겸손히 순종함으로 주님을 더욱 섬기기를 원합니다.

이제는 한 해를 마무리해야 하는데, 저희는 아무런 열매도 맺지 못한 채 허망한 일에 분주했음을 고백합니다. 성령께서 우리의 삶 가운데 임재 하사 매일의 삶을 주관하시고 지켜주옵소서.

우리가 우리의 감정과 육체의 소욕을 따르지 않고 주님의 인내를 받을 수 있도록 도와주옵소서. 하나님의 사랑과 인내를 본받아 저희 중 누군가 실수하였을 때 따스한 사랑으로 품어줄 수 있게 하시고 그에게 하나님의 위로와 평강을 전하게 하여 주옵소서. 우리의 삶 가운데 놀라운 기적을 체험할 수 있도록 도와주옵소서.

사랑의 하나님!

이 추운 겨울에 우리에게 주님의 사랑을 전하는 귀한 사명을 감당하게 하옵소서. 우리에게 더욱 큰 믿음을 허락하사 주님의 사랑의 복음을 세상에 전하는 귀한 사명을 감당하게 하옵소서.

우리에게 큰 믿음을 허락하사 주님의 사랑의 복음을 세상에 전하는 귀한 영혼들이 되도록 축복하여 주옵소서. 주님의 놀라우신 복음의 능력을 믿고 의지하여 기도하오니 우리에게 주님의 크신 권능으로 사마리아와 땅 끝까지 이르러 증인이 되라고 하신 주님의 사명을 감당하도록 축복으로 더하여 주옵소서.

성령께서 세우신 교회를 지금껏 인도하셨거니와 날마다 새로운 은혜로 채워 주옵소서. 그로 인하여 온 교회 모든 성도들이 주의 영광과 역사를 이루는데 동참하도록 은혜를 허락하여 주옵소서. 부흥하는 새해가 되도록 인도하여 주옵소서. 사랑과 성령으로 충만한 한 해가 되도록 인도하여 주옵소서.

우리에게 주님의 백성 된 본분을 지켜 행하게 하심으로 우리의 삶이 주님께 예배가 될 수 있도록 축복으로 더하여 주옵소서. 목사님과 예배를 돕는 손길들 위에 주님의 크신 권능으로 은총을 더하여 주실 줄로 믿사오며 우리를 구원하신 예수 그리스도의 이름으로 기도드립니다. 아멘

 내 의의 하나님이여 내가 부를 때에 응답하소서 곤란 중에 나를 너그럽게 하셨사오니 내게 은혜를 베푸사 나의 기도를 들으소서(시 4:2)

교회력에 따른 대표기도문

주현절 대표기도문

사순절 대표기도문

종려주일 대표기도문

고난주간 대표기도문

부활절 대표기도문

성령강림절 대표기도문

대강절 대표기도문

성탄절 대표기도문

주현절 대표기도문 ①

　이 땅에 빛으로 오신 존귀하신 예수 그리스도의 이름을 찬양 합합니다. 오랫동안 고대하던 예수 그리스도께서 이 땅에 구원을 선포하시며 진리로 오신 것을 감사합니다.
　하늘에는 영광이 되는 일이요, 땅에서는 예수의 나심을 기뻐하는 모든 사람들에게 평화가 임한 줄 믿습니다. 예수 그리스도께서 우리에게 오심으로 세상의 모든 율법이 폐하여 지고, 열왕이 침묵하며, 사단의 세력이 결박되었습니다. 포로로 갇힌 자들에게 자유를 주시려고, 가난한 자에게 복음을 전파하시려고 하늘의 영광을 버리고 이 땅에 오심을 감사합니다.

　이제 우리가 빛 되신 예수 그리스도를 본받다 세상에 나가 빛과 소금의 역할을 온전히 감당하게 하시고, 주의 진리 위해 십자가 군기 높이 쳐들고 나가 사단의 세력을 결박하게 하시고, 하늘나라 복음을 선포하게 하여 주옵소서.
　예수님이 우리에게 오심은 권세와 영광을 위함이 아니요, 우리를 위해 친히 자신의 몸을 버리기 위함인 줄 압니다. 그 사랑과 헌신이 우리를 구원했음을 믿습니다.
　"이제 내가 십자가에 못 박혔나니 그런즉 이제는 내가 산 것이 아니요, 오직 내 안에 예수께서 사신 것이라. 이제 내가 육체 가운데 사는 것은 나를 사랑하사 나를 위하여 자기 몸을 버리신 하나님의 아들을 믿는 믿음 안에서 사는 것이라"라고 고백했던 사도바울의 고백처럼 우리 안에 예수께서 살게 하시고, 오직 욕심은 그리스도의 십자가 앞에 못 박을 수 있도록 인도하여 주옵소서.

은혜의 시작은 하나님의 내려오심입니다. 주께서 이 곳에 내려오지 않으시면, 우리와 함께 하지 않으시면 그 어떤 것으로도 우리의 죄를 씻을 수 없고, 우리를 구원할 수 없습니다. 이제 우리 모두가 그 은혜를 힘입어 주의 성소로 달려 가게 하여 주옵소서.

임마누엘 되신 주 예수님, 언제나 우리와 함께 하셔서 하나님이 우리와 늘 함께 함을 보여 주옵소서. 온 교회 모든 성도들에게 임마누엘 되길 기도합니다. 새롭게 시작하는 올 한 해가 주와 동행하므로 날마다 승리하게 하여 주옵소서.

그로 인하여 '마라나타, 주여 어서 오시옵소서' 외치며 고백할수 있는 복된 성도들이 되게 하여 주옵소서. 단 위에서 좋은 말씀으로 우리를 먹이시는 목사님에게도 임마누엘로 동행하셔서 하나님과 영적으로 친밀한 교제가 있도록 인도하여 주옵소서. 우리 구주 예수 그리스도의 이름으로 기도드립니다. 아멘

주현절 대표기도문 ②

　오랜 침묵의 세월을 지나고 우리에게 구주로 오신 예수 그리스도의 현현을 감사하는 주간입니다. 오늘 이 예배가 우리에게 빛으로 오신 예수 그리스도의 이름을 높여 드리는 복된 시간이 되기를 간구합니다.
　우리가 삶을 살아가면서 주님을 원망하며 산 적이 많습니다. 주의 은혜를 구하기만 하며 살았습니다. 이 시간 무엇이 진정한 은혜인지 바로 깨달을 수 있도록 인도하여 주옵소서. 우리가 감사해야 할 진정한 은혜는 우리 가운데, 우리를 위하여, 우리 때문에 오신 예수 그리스도로 인하여 감사해야 하는 것입니다.

　무엇이 은혜이겠습니까? 무엇이 기적이겠습니까?
　거룩한 하나님께서 독생자 예수 그리스도를 우리를 위해 보내주신 그것이 바로 은혜요, 기적인 줄 믿습니다. 주께 원망하기 이전에, 주께 간구하기 이전에 이 큰 은혜에 감사하는 입술들이 되도록 인도하여 주옵소서.
　구약의 많은 선지자들을 통하여 이미 예언하셨고, 그 예언의 말씀 따라 우리 가운데 오셨으며, 하늘 복음을 전하시고, 골고다 언덕에 오르사 우리 대신 십자가를 지시고, 창과 채찍에 맞으시며 죽으신 예수님, 그 예수님의 사랑이 우리를 구원했습니다.

그 보혈의 피가 우리를 정케 하셨습니다. 그 사랑에 날마다 감격하는 우리가 되도록 인도하여 주옵소서. 우리 교회에도 주의 현현의 은혜가 넘쳐 나길 원합니다. 계획된 모든 일들을 진행해 나갈 때마다 주께서 나타나시어 성령의 능력으로 동행해 주시고, 주와 함께함을 날마다 증거 하는 복된 교회가 되게 하여 주옵소서.

예수 그리스도의 임재를 충만하게 경험하는 교회가 되게 하시며 열방 가운데 주의 임재를 증거 할 수 있는 교회 되게 하옵소서.

오늘 현현절로 지키는 모든 성도들에게 임마누엘로 동행하시고 주를 의지하며 세상을 이기게 하시고, 언제나 주께서 우리 편임을 기억하여 세상에서 당당할 수 있도록 인도하여 주옵소서.

교회에 속한 모든 기관들이 새롭게 출발하는 이 주간에 주와 함께 할 수 있기를 다짐하는 기관들이 되게 하여 주옵소서. 교회를 위하여 항상 기도하시며, 좋은 말씀으로 먹이시는 목사님에게도 큰 은혜를 주옵소서.

주와 친밀한 교제로 풍성하여지도록 인도하여 주옵소서. 교회의 모든 일을 계획하고 운영해 나갈 때도 주께서 친히 말씀해 주셔서 주의 영광을 나타내는 교회 되게 인도하여 주옵소서.

우리의 예배가운데 임마누엘로 임재해 계실 줄 믿으며, 우리 구주 예수 그리스도의 이름으로 기도드립니다. 아멘

사순절 대표기도문 ①

갈보리 산 위에 험한 십자가를 바라봅니다. 우리를 위하여 십자가를 지신 주님께 감사와 찬송을 드립니다. 예수 그리스도의 보혈로 우리를 정케하사, 그 보혈의 피로 우리가 값없이 의롭다함을 얻었음을 고백합니다. 이제 우리는 주안에서 자유하게 되었고, 하나님의 자녀로서의 삶을 당당하게 살아가고 있음을 고백합니다.

사순절이 시작되는 이 주간에 주의 고난을 가슴깊이 묵상할 수 있도록 인도하여 주옵소서. 무엇 때문에 예수 그리스도께서 이 땅에 오셨고, 무엇 때문에 죽으셔야 했는지, 조용히 우리 가운데 질문하게 하여 주옵소서.

이 세상에 가장 큰 사랑이 있다면 우리를 위하여 죽으신 예수 그리스도의 사랑일 것입니다. 이제부터 시작되는 40일간의 사순절 기간을 통하여 온 교회가 거룩하여 지게 하시고, 다시 한번 정결해지는 은혜가 있길 원합니다. 예수의 사랑으로 충만한 교회가 되길 원합니다.

우리가 십자가를 바라볼 때마다 마음의 큰 고통이 사라지고, 우리의 눈이 밝아 주를 보게됨을 감사합니다. 예수 그리스도의 십자가가 있기에 오늘 우리가 있고, 예수의 죽음 때문에 우리가 살 수 있음을 감사하게 하여 주옵소서.

우리를 위하여 죽으실 뿐 아니라, 우리에게 산 소망이 되시려 첫 열매로 다시 사신 주님을 의지합니다. 이제 우리도 죽은 후 다시 살아 부활의 열매가 되는 날을 사모하며 기다립니다. 주 오시는 그날까지 우리가 여전한 믿음을 지킬 수 있도록 인도하여 주옵소서.

주의 놀라운 은혜를 덧입은 것으로 끝나는 것이 아니라, 이제 그 은혜를 알지 못하는 모든 사람들에게 전파하고 나누어 줄 수 있도록 인도하여 주옵소서. 주님의 사랑을 전하는 은혜를 허락하여 주옵소서. 그리하여 온 세계 모든 열방들이 주의 은혜를 덧입게 하시고 날마다 감사하는 은혜와 역사가 있게 하여 주옵소서.

사랑하며 섬기는 교회가 예수 그리스도의 복음을 높이 드는 교회가 되길 원합니다. 사순절 기간을 지키며 좀 더 거룩해지고, 좀 더 사랑이 많아지며, 주의 은혜로 넘쳐나는 교회가 되게 하옵소서.

말씀을 전하실 목사님께 함께하시며, 성령의 큰 권능으로 함께하여 주옵소서. 피 묻은 주의 주의 복음을 담대히 전파하도록 인도하여 주옵소서. 우리에게 놀라운 말씀으로 다가오도록 축복하여 주옵소서. 성가대의 아름다운 찬양으로 홀로 영광 받아 주옵소서.

예배의 주관자 되시는 우리 구주 예수 그리스도의 이름으로 기도드립니다. 아멘

사순절 대표기도문 ②

　참으로 좋으신 하나님, 주님의 귀한 은혜와 사랑에 진심으로 찬송과 영광을 돌립니다. 사랑하는 독생자 아들 예수 그리스도를 이 땅에 보내주시고, 갈보리 십자가를 감당케 하시어, 우리를 구원하신 하나님의 크신 사랑을 감사합니다.

　오늘 그 크신 사랑에 감사하는 마음으로, 주의 거룩한 죽음에 동참하는 마음으로 사순절 절기를 지킵니다. 이번 주부터 시작되어지는 사순절 기간을 통하여 예수그리스도의 사랑과 은혜를 마음 한 가운데 담을 수 있는 은혜를 주옵소서. 그 은혜에 감격하여 날마다 감사하는 생활이 되게 하여 주옵소서.

　사순절 기간을 지키면서 세상의 환락과 유익을 멀리하게 하시며 사치스런 웃음이나, 교만을 버리게 하옵소서. 십자가를 지시기 위하여 예루살렘으로 올라가는 예수님의 모습을 상상해 봅니다. 많은 사람들은 호산나 다윗의 자손이여 외치며 주를 맞이했지만, 주님은 결국 그들이 당신을 버리고 뺨을 때릴 것을 아셨기에, 예루살렘을 바라보며 눈물을 흘리셨습니다. 혹 우리가 예루살렘의 백성과 같지 않습니까?

　우리의 죄를 위해 죽으신 예수 그리스도는 멀리한 채, 우리가 예수님을 이용하려 하지 않았습니까?

우리의 편안과 안위를 위해서만 주께 구하지 않았습니까?

주를 위해 감사하게 하시고, 베푸신 사랑에 눈물 흘리는 은혜가 있게 하옵소서. 입술에 항상 주의 사랑을 갖게 하셔서 만나는 모든 사람들에게 예수 그리스도의 사랑을 전하는 자 되게 하여 주옵소서. 전할 뿐 아니라, 몸소 실천할 수 있는 은혜도 허락하여 주옵소서.

자비의 하나님!

이 나라와 이 민족을 긍휼히 여겨 주옵소서. 주의 구속의 은혜를 망각한 채, 악한 길로만 달려가고 있습니다. 이 땅에 하나님의 자비가 강같이 흐르게 하여 주옵소서. 주께 나와 죄를 토설하고, 사함의 은혜를 경험하는 백성들이 되게 하여 주옵소서.

우리 교회가 하나님의 사랑으로 충만하길 원합니다. 성령의 은혜가 늘 넘치는 교회 되길 원합니다. 사순절을 시작으로 주의 십자가만 자랑하는 교회 되길 원합니다. 십자가만이 유일한 승리의 길임을 선포하는 교회 되길 원합니다. 우리가 감당할 능력을 주옵소서.

오늘도 불붙는 심령으로 단 위에서 말씀을 선포하시는 목사님을 보혈의 은혜로 채워 주옵소서. 주 보혈의 은혜를 선포하게 하여 주옵소서. 모든 예배의 주의 구속의 은혜가 차고 넘치도록 인도하여 주옵소서. 우리 구주 예수그리스도의 이름으로 기도드립니다. 아멘

종려주일 대표기도문 ①

　호산나 다윗의 자손으로 이 땅에 오신 예수 그리스도를 찬양합니다. 오늘도 우리가 종려주일로 지킵니다. 골고다 십자가 언덕에 올라 우리의 죄를 대신 지시기 위하여 예루살렘으로 입성하시는 예수님을 기념하는 주일입니다.
　예수님께서 예루살렘에 입성하실 때 많은 예루살렘 백성들은 자신들의 옷을 벗어 길에 깔고 종려나무 가지를 꺾어 흔들며 "호산나 다윗의 자손이여, 주의 이름으로 오시는 이여, 호산나"하며 주님을 맞이했습니다.

　예수님께서 예루살렘에 들어오시기만 하면, 그 옛날 다윗이 예루살렘을 점령하고 최강대국으로 이스라엘을 만들었던 것처럼, 예수님이 이스라엘의 왕으로 오실 것이고, 로마의 압제 속에서 해방되며, 이스라엘은 강대국으로 설 것을 많은 사람들은 기대했습니다.
　그러나 그들의 그런 기대와는 너무도 다르게 일주일도 채 지나지않아 예수님이 십자가를 지시고, 죽음의 산으로 올라가시자, 사람들은 저마다 돌을 들어 예수님께 던지고 침을 뱉고 조롱했습니다.
　자신들이 생각했던 메시아가 아니었기 때문입니다. 예수님에 대한 기대는 곧 분노로 바뀌기 시작했고, 아무 죄도 없으신 예수 그리스도를 결국 십자가에 못 박기까지 되었습니다.

스스로가 원하는 메시아가 아니었다는 것 때문입니다. 인류의 구주이신 하나님, 오늘 우리가 그때의 상황을 다시 한번 생각해봄은 그들이 저질렀던 악이 바로 오늘 우리가 저지르고 있는 악이 아닌가 하는 생각뿐입니다.

예수님을 우리의 마음대로 이용하려 하지는 않았습니까?
오직 우리를 위하여 돌아가신 예수 그리스도의 사랑을 날마다 감사할 줄 아는 성도 되게 하옵소서. 우리에게 주신 가장 큰 선물은 그리스도의 십자가임을 분명히 알도록 인도하여 주옵소서. 우리에게 예수님을 맞추는 것이 아니라, 예수님께 우리를 맞출 수 있는 복되고 성숙한 성도들이 되어지도록 인도하여 주옵소서.

오늘도 호산나로 오신 주님을 찬양하기 위해 이 자리에 모인 모든 성들들이 온 맘으로 주를 찬양하고 예배하길 원합니다. 구원의 복음을 선포하실 때 목사님께도 함께하사 큰 은혜로 더하여 주시고 갑절의 은혜를 주옵소서. 예배를 도와 봉사하는 많은 손길들을 축복하시고, 찬양대의 찬양이 은혜의 물결로 온 성전을 덮을 수 있도록 인도하여 주옵소서. 호산나, 이 땅의 구주로 오신 예수 그리스도의 이름으로 기도드립니다. 아멘

종려주일 대표기도문 ②

우리의 왕이 되시고, 구주 되시는 하나님, 오늘 우리가 하나님의 전에 모여 예배합니다. 큰 은혜로 함께하여 주옵소서. 2000년 전에 이 땅에 오시어 하나님 나라를 선포하시고 많은 사람들을 주의 길로 이끄시며, 구원하신 주님을 찬양합니다. 예수 그리스도께서 십자가를 지시기 위하여 예루살렘으로 올라간 날을 기념하기 위하여 오늘 우리가 종려주일로 지킵니다.

예루살렘에 올라가면 로마 병정들과 유대인들에 의해 자신이 십자가 죽음의 길을 걸어야 할 것을 알면서도 오직 하나님의 뜻에 순종하는 마음으로, 도살장에 끌려가는 어린양처럼 예루살렘으로 오르신 예수님을 생각합니다.

주님, 우리 또한 예수그리스도의 순종을 배울 수 있도록 인도하여 주옵소서. 우리의 편안과 안위를 먼저 생각하기전에 우리에게 품으신 주의 크신 뜻을 생각하게 하시고, 주의 뜻대로 우리를 드릴 수 있도록 인도하여 주옵소서.

"부름 받아 나선 이 몸 어디든지 가오리다"라고 찬송하지만 입술로만 고백했음을 고백합니다. 예수님께서 몸소 참된 순종을 보여주셨던 것처럼 우리도 그 길을 걷게 하여 주옵소서. 호산나, 다윗의 자손이여, 찬송하리로다 외치며 따르던 많은 무리들은 채 일주일도 지나지 않아 예수님을 십자가에 못 박는 폭도들이 되어 버리고 말았습니다. 전능하신 하나님, 어떤 것이 바른 믿음입니까?

   눈에 보이는 영광 때문에 호산나 하지 않게 하시고, 앞에 놓인 분노 때문에 예수님을 십자가에 못 박지 않도록 인도하여 주옵소서. 날마다 흔들리는 우리의 믿음을 불쌍히 여겨 주옵소서. 예수님이 십자가를 지시기 위해 예루살렘에 오르실 때에도 여전히 가룟 유다는 예수님을 팔려고 종일 수고하는 모습을 봅니다. 그 유다의 모습을 보시며 예수님 또한 한없는 눈물을 삼키셨을 것을 기억합니다.

   존귀하신 하나님, 우리가 가룟 유다 되지 않도록 인도하여 주옵소서. 예수보다는 세상을 좋아하는 일들을 끊을 수 있도록 역사하여 주옵소서. 갈보리 십자가 밑에 꿇어 엎드리게 하시며 우리의 죄짐을 풀 수 있도록 인도하여 주옵소서.

   주님을 온전히 찬양하는 복된 예배시간이 되길 원합니다. 예루살렘을 보시며 눈물을 흘리셨던 예수님의 고통을 기억하는 시간이 되도록 인도하여 주옵소서. 이제 내일부터 시작되어지는 고난주간을 통하여 예수 그리스도의 심장을 마음에 가질 수 있도록 인도하여 주옵소서. 구주 예수 그리스도의 이름으로 기도드립니다. 아멘.

고난주간 대표기도문 ①

"웬 말인가 날 위하여 주 돌아가셨나. 이 벌레 같은 날 위해 큰 해 받으셨나. 내 지은 죄 다 지시고 못 박히셨으니 웬일인가 웬 은혠가 그 사랑 크셔라. 주 십자가 못 박힐 때 그 해도 빛 잃고 그 밝은 빛 가리워서 캄캄케 되었네. 나 십자가 대할 때에 그 일이 고마워 내 얼굴 감히 못 들고 눈물 흘리도다. 늘 울어도 눈물로써 못 갚을 줄 알아 몸 밖에 드릴 것 없어 이 몸 바칩니다."

우리를 위하여 독생자를 보내시고, 그를 십자가에 죽이시기까지 우리를 사랑하시는 존귀하신 하나님, 그 크신 사랑에 진심으로 감사드립니다.

고난주간을 통하여 예수 그리스도 보혈의 피가 우리의 심령 가운데 강같이 흘러넘치길 원합니다. 주께서 베푸신 은혜가 날마다 감사하고, 너무도 고마워 눈물 흘리며 주께 나갑니다. 주님 한없는 죄인을 용서하시며, 주의 자녀로 받아 주옵소서.

우리에게 베푸신 하나님의 무한한 사랑이 우리를 날마다 감격케 합니다. 이제 그 감격으로 날마다 주를 증거하는 복된 자녀들로 인도하여 주옵소서. 고난주간은 예수님께서 십자가를 지기 위하여 예루살렘에 오르시고, 예루살렘에 머무시면서 십자가를 지실 준비를 하신 1주일간의 기간입니다.

그 일주일 동안도 여전히 주님은 많은 사역을 하셨습니다. 이미 타락할 대로 타락해진 성전을 정화한 사건, 열매 없는 무화과나무를 저주하신 사건, 과부의 두 렙돈을 어느 누구보다도 크게 받으신 주님의 모습, 마리아의 향유를 통하여 미리 장사를 예표하는 사건, 그리고 최후의 만찬과 겟세마네 동산에서 땀방울이 핏방울이 되도록 흘리신 주님의 간절한 기도, 그렇게도 주님은 마지막까지 악한 세대를 향하여 하늘의 복음을 선포하셨습니다.

이제 우리가 고난주간을 보내면서 하루하루 예수님이 하신 일들을 묵상할 때에 우리에게 말씀하여 주시고, 그 사건을 통하여 우리에게 교훈하여 주옵소서. 온 교회가 이 한 주간을 거룩하게 지키길 원합니다. 주님의 죽음을 마음 깊이 묵상하며 지낼 수 있는 시간이 되길 원합니다.

고난주간 특별기도회를 진행하는 가운데 큰 은혜를 경험하게 하시고, 주의 사랑으로 감격하는 시간이 되게 하여 주옵소서. 시간 시간마다 우리에게 말씀을 주시는 목사님을 성령으로 붙드시어 은혜의 말씀을 쏟아 놓을 수 있도록 인도하여 주옵소서. 우리의 심령이 통회하며 자복하는 말씀이 되도록 인도하여 주옵소서. 우리를 위하여 돌아가신 예수 그리스도의 이름으로 기도드립니다. 아멘

고난주간 대표기도문 ②

　좋으신 하나님, 오늘 우리가 고난주간으로 모여 주께 예배하게 하신 은혜 감사합니다. 이번 한 주간이 주님을 깊게 생각하는 시간이 되게 하시며, 갈보리 십자가 앞으로 나오는 복된 시간이 되도록 인도하여 주옵소서.
　주님, 갈보리의 십자가를 짊어지신 주님을 생각합니다. 그 은혜와 그 사랑에 날마다 감격합니다. 예수님의 십자가 죽음이 없었다면 우리는 영원히 멸망을 받아야 했을것입니다. 그러나 우리를 죄악 가운데 버리지 아니하시고, 우리를 사랑하시는 그 사랑으로 구원해 주시니 감사합니다.

　고난주간을 보낼 때에 세상의 헛된 욕심을 버리게 하시고, 주의 말씀을 더욱더 굳건히 붙드는 시간이 되게 하여 주옵소서. 특별히 고난주간 기도회로 모여 기도합니다. 이 시간이 예수 그리스도의 십자가를 마음에 새기고, 예수의 흔적을 갖는 시간이 되게 하여 주옵소서.
　예수님의 순종을 기억합니다. 인간이셨기에 스스로 감당하기 어려운 십자가를 벗고 싶었지만 오직 하나님께 순종하므로 갈보리의 길을 걸으신 주님의 순종을 본받아 우리도 그 순종에 동참하므로 예수 그리스도를 열방 가운데 전할 수 있도록 인도하여 주옵소서.

아직도 세계의 많은 사람들이 예수의 이름조차 들어보지 못하며 죽어가고 있습니다. 이 땅이 복음의 황무지였을때 하나님의 사람들을 보내시고, 복음이 들어오게 하시고, 놀라운 부흥의 국가로 만드신 하나님, 이제 우리가 보내는 나라 되도록 인도하여 주옵소서.

온세계 열방 가운데 나가 주를 전하게 하시어, 주의 말씀을 전혀 듣지 못하고 죽는 안타까움이 없도록 인도하여 주옵소서. 예수를 위하여 헌신하는 자들이 일어나도록 인도하여 주옵소서.

우리가 그 크신 은혜를 갚을 수 있는 길은 오직 주의 사랑을 전하는 길 뿐임을 고백합니다. 우리의 입에 성령으로 함께 하셔서 지혜로운 말씀 증거 하게 하여 주옵소서. 죽은 영혼을 살리는 일들이 일어나도록 역사하여 주옵소서.

오늘도 생명의 말씀으로 양들을 위해 꼴을 먹일 목사님 위에 함께하사 이 고난주간을 더욱더 깊이 묵상하며 지낼 수 있는 말씀을 허락하여 주옵소서. 오직 주의 십자가만 자랑하길 원합니다. 내 일생의 자랑이 십자가 되도록 인도하여 주옵소서. 우리를 위하여 예루살렘에 오르시고 갈보리 십자가를 짊어지신 예수 그리스도의 이름으로 기도드립니다. 아멘

부활절 대표기도문 ①

　사망의 권세를 이기시고 승리자로 부활하신 예수 그리스도 존귀하신 주님의 이름을 찬양합니다. 부활의 첫 열매로 우리에게 보이시고, 우리를 부활로 이끄시는 주님의 능력을 경배합니다.
　오늘 이 시간 우리가 부활절 예배로 모여 하나님께 경배하게 하시니 감사합니다. 당신의 아들 독생자 예수 그리스도를 이땅에 보내주시고, 그의 피 흘리심과 죽으심으로 우리를 구원하시고, 부활 공동체로 묶으신 하나님께 영광을 돌립니다.

　우리에게 부활이 없으면 세상에서 가장 미련하고 불쌍한 자라고 칭했던 바울의 말씀처럼 우리가 부활의 소망을 가지고 믿음 생활을 하기에 날마다 승리하는 삶을 사는 줄 믿습니다. 사단의 세력을 결박하시고 주의 승리를 선포하신 이날 감사함으로 모여 예배하게 하여 주옵소서.
　부활의 큰 능력과 은혜가 오늘 모여 예배하는 모든 성도들에게 충만하길 기도합니다. 모든 성도의 가정에도 함께하사 주의 부활을 같이 기뻐하며 전할 수 있도록 인도하여 주옵소서.
　예수님의 부활을 의심하는 제자들에게 친히 나타나시며 부활을 보이시고 의심하는 도마에게까지 믿음을 주신 주님, 아직도 예수님의 부활과 우리의 부활이 믿어지지 않는 사람들에게 믿음의 확신을 주옵소서. 예수 그리스도의 부활이 의심되어지지 않고, 믿어지는 역사가 일어나게 하여 주옵소서. 이제 우리 교회가 부활하신 예수 그리스도를 증거하는 교회 되길 원합니다. 세상의 구원을 선포하는 교회 되길 원합니다. 부활을 의심하는 자들에게 부활의 복된 소식을 전하게 하시며 이땅을 구원하시려는 하나님의 계획을 선포하게 하여 주옵소서.

주님의 부활은 사단의 세력을 결박하시고 승리하신 것임을 믿습니다. 이 세상을 살아가는 우리가 승리의 주님을 의지하며 신앙생활 하도록 인도하여 주시고, 세상에서 승리하는 삶을 살도록 역사하여 주옵소서.

부활의 기쁜 소식을 증거 하실 목사님께도 함께하사, 성령의 큰 능력으로 도우시며, 부활의 참된 의미를 깨닫는 좋은 시간이 되도록 인도하여 주옵소서. 기쁨으로 주를 찬양하는 성가대 위에 주님을 찬양하는 기쁨이 더하게 하시고, 새벽에 주의 부활을 외친 천사의 목소리가 되도록 인도하여 주옵소서.

주 예수 그리스도가 우리의 희망임을 고백합니다. 주로 인하여 우리가 구원을 얻었음을 고백합니다, 날마다 주를 찬양하고 고백하는 일들이 일어나게 하옵소서. 부활하신 예수 예수그리스도의 이름으로 기도드립니다. 아멘

부활절 대표기도문 ②

부활의 주님으로 오늘 우리에게 임재하신 능력의 주님을 찬양합니다. 온 성도들이 모여 부활의 주님을 찬양하며 기뻐합니다. 함께 기뻐하며 예배하는 이 시간 충만한 은혜로 임재하여 주옵시며, 부활의 능력을 경험하는 복된 시간이 되도록 역사하여 주옵소서.

많은 사람들이 사람의 죽음을 논할 때에 주님은 죽은 나사로를 살리심으로 부활을 보여 주셨고, 그 증거를 확증하기 위하여 사망을 이기시고, 어둠의 권세를 물리치시고 승리하신 것을 감사합니다.

이제 우리가 부활의 굳건한 신앙으로 세상에서 승리하도록 인도하여 주옵소서. 이 귀한 부활의 아침에 처소마다 세워진 교회에서 주를 찬양하며 경배합니다. 온 나라가 주의 부활을 기뻐할 수 있도록 인도하여 주옵소서.

부활의 첫 열매로 우리에게 나타나신 주님, 이제 그 부활을 모든 사람들에게 증거 하게 하사 산 희망의 메시지를 전할 수 있도록 인도하여 주옵소서. 사람의 끝은 죽음이 아니요, 영원한 삶이 있음을 보여주시는 주님, 우리의 삶과 생각이 이 땅 가운데 얽매이지 않도록 인도하여 주옵소서. 우리가 영원히 거할 거룩한 천국을 사모하며 살아가도록 인도하여 주옵소서. 특별히 오늘 부활절을 통하여 처음 교회에 나온 분들을 위해 기도합니다.

주께서 발걸음을 인도하여 주셨으니, 이제 구원하여 주시고, 진리의 깊은 말씀을 깨닫게 하옵소서. 부활의 확신으로 돌아가는 발걸음이 되도록 인도하여 주옵소서. 온 성도들이 함께 기뻐하고 즐거워하는 이 아름다운 일들이 오늘로 그치지 않게 하시고 우리가 사는 날 동안 늘 주님을 찬양하게 하옵소서.

예수 다시 사셨네, 예수 다시 사셨네, 외치며 사는 자들이 되게 하여 주옵소서. 하나님, 우리에게는 소망이 있음을 고백합니다. 예수님께서 부활하셨기에, 우리도 부활할 수 있다는 소망이 있습니다. 이 소망을 세상의 모든 사람들에게 증거 할 수 있도록 인도하여 주옵소서. 부활의 사건이 믿어지지 않는 가운데 우리가 여전히 부활을 믿을 수 있는 은혜를 주시니 감사합니다.

말씀을 전하실 목사님 위에 성령의 큰 능력으로 함께 하여 주옵소서. 교회를 치리 하실 때에 바른 길로 인도하게 하시고 부활의 소식을 힘 있게 전파하게 하여 주옵소서. 온 맘을 다하여 주께 예배하는 모든 성도들에게 한없는 능력으로 함께 하여 주옵소서.
산 소망이 되시는 예수 그리스도 존귀하신 이름으로 기도드립니다. 아멘

성령강림절 대표기도문 ①

할렐루야! 주의 날을 우리에게 허락하시고 우리가 함께 모여 주를 찬양하게 하시니 감사합니다. 우리 모임 가운데 임하신 성령님을 찬양합니다. 충만함으로 임재하여 주옵소서. 온 성도들이 성령으로 감동되게 하시며, 신령과 진정으로 주께 예배하도록 인도하여 주옵소서.

오늘은 우리가 성령강림 주일로 지킵니다. 주께서 승천하시면서 제자들에게 말씀하신 보혜사 성령님은 오순절 마가의 다락방에 임하시고, 오늘 우리와 늘 함께 하심을 믿습니다. 우리가 날마다 성령님과 동행하게 하시고, 성령님의 인도함을 받을 수 있도록 역사하여 주옵소서.

성령님은 오늘도 우리와 함께 하셔서 주를 믿는 믿음을 주시고 세상을 이길 수 있는 힘을 주시며, 주의 말씀을 깨닫게 하시고, 진리 가운데 거하게 하시는 분이심을 믿습니다. 주께서 성령으로 함께해 주시기에 우리가 이 세상을 이길 수 있음을 고백합니다.

말세에 부어주시기로 약속하신 성령께서 우리에게 임하시어, 자녀들은 예언하게 하시고, 젊은이들은 환상을 보게 하시며, 늙은이는 꿈을 꾸게 하시니 감사합니다. 성령의 큰 감동으로 날마다 부흥되어지는 역사가 있게 하여 주옵소서.

에스겔의 마른 골짜기 같은 심령들에게 성령의 역사로 함께하사 죽은 영혼이 살아나는 역사가 경험되도록 인도하여 주옵소서.

성령 하나님, 우리가 주의 성령으로 충만하길 원합니다. 가물어 메마른 땅에 단비를 내리듯이 우리에게 성령의 단비를 허락하여 주옵소서. 성령님, 임하셔서 우리의 죄악을 태우시고, 영으로 거듭나게 하시며, 주를 고백하는 일들이 일어나게 하여 주옵소서. 성령으로 무장하여 세상을 이길 수 있는 십자가 군병 되길 원합니다.

교회에 머리 되신 주님, 우리 교회에 성령으로 임재하여 주옵소서. 교회 안에 있는 모든 불의와 악들이 제하여지게 하시고, 오직 성령의 법이 우리를 주장하게 하여 주옵소서. 성령님께 민감한 교회 되길 원합니다. 충만으로 임하여 주옵소서.

오늘 우리에게 말씀을 증거 하시는 목사님께도 성령의 큰 확신으로 함께 하사 오순절 다락방에서 모든 사람들에게 담대히 증거했던 베드로의 설교가 되게 하여 주옵소서. 죽은 영혼들이 통회 하는 심령으로 변화되도록 인도하여 주옵소서. 교회의 모든 되어지는 일들이 성령님의 감동이 되도록 인도하여 주옵소서.

성령으로 임재하신 주님을 찬양합니다. 임마누엘 되시며 우리와 늘 동행하시는 예수 그리스도의 이름으로 기도드립니다. 아멘.

성령강림절 대표기도문 ②

　오직 성령이 너희에게 임하시면 너희가 권능을 받고 예루살렘과 온 유대와 사마리아와 땅 끝까지 이르러 내 증인이 되리라 말씀하신 주님, 오늘 우리가 성령 강림절로 모여 주를 경배하며 찬양합니다.
　성령님께서 이 땅 가운데 임하셔서 만민에게 부어주시는 은혜를 통하여 하나님의 자녀가 되게하여 주시니 감사합니다.

　성령하나님, 우리의 모든 죄를 태워 주옵소서. 모든 죄가 성령의 불로 태워지는 시간이 되길 원합니다. 주께 죄를 고백함으로 자유함을 얻게 하시고, 죄의 권세가 우리를 다스리지 않도록 인도하여 주옵소서.

　보혜사 성령 하나님, 우리를 지키시며 보호하시고, 우리가 주의 길을 걸을 수 있도록 인도하시니 감사합니다. 날마다 한 걸음 한 걸음 주와 동행하게 하시고, 주께서 도우시는 손길을 경험하도록 인도하여 주옵소서.
　오직 성령의 충만함만이 세상을 이기는 지혜인 줄 믿습니다. 생명의 성령의 법이 우리를 주관하게 하여 주옵소서. 성령께서 지혜를 주사 바른 말씀을 깨닫게 하시고, 주를 증거할 때 지혜로운 말들이 생각나게 하여 주옵소서.

주의 성령의 법을 거스르지 않도록 지켜 주옵소서. 이 나라와 민족이 성령으로 충만한 나라 되길 원합니다. 부흥의 물결이 일어나는 나라가 되길 원합니다. 죄의 권세가 역사하지 못하는 성령의 나라가 되길 원합니다. 먼 곳에 나가 복음을 전하는 많은 선교사님들에게 함께하사 성령으로 동행하여 주옵소서.

성령의 역사를 경험하게 하시어, 주의 도우심으로 교회들이 곳곳에 세워지는 역사가 있게 하여 주옵소서. 날마다 기도하므로 성령 충만하게 하시고, 뜨겁게 신앙생활하게 하시며, 바른 믿음을 소유하도록 인도하여 주옵소서. 교회와 모든 성도들의 가정에도 충만하게 임재하여 주옵소서.

단 위에서 말씀을 선포하시는 목사님을 성령의 충만으로 채우시고, 교회의 모든 일을 결정하실 때도 성령님 개입하시어, 성령의 도우심을 경험하게 하여 주옵소서. 말씀과 함께 성령님을 경험하게 하여 주옵소서. 성령님께서 주시는 주의 자녀라는 확신으로 주를 찬양하게 하여 주옵소서. 온 맘 다해 주를 예배하길 원합니다. 보혜사 성령님 임재하여 주옵소서.
　우리 구주 예수 그리스도의 이름으로 기도드립니다. 아멘

대강절 대표기도문 ①

참 좋으신 하나님, 주님의 귀한 은혜와 사랑에 감사와 찬송과 영광을 돌립니다. 벌써 1년의 시간을 거의 다 지나고 있습니다. 남은 한 달의 기간을 통하여 더욱 주께 영광 돌리는 복된 시간이 되도록 인도하여 주옵소서.

대강절로 지키는 오늘 이 시간 주의 강림을 기다리는 복된 성도들 되게 하여 주옵소서. 대강절은 예수 그리스도의 탄생을 고대하는 기간입니다. 오늘부터 시작되는 대강절 기간을 통하여 주의 오심을 준비하게 하시고, 이들을 이 땅에 보내신 하나님의 사랑을 기억할 수 있는 순간순간들이 되도록 인도하여 주옵소서.

우리의 죄를 사하시며, 사단의 세력을 결박하시고, 승리하기 위하여 임재하신 주님을 찬양합니다. 주께서 우리에게 오시지 않으시면 우리는 영원히 구원을 얻지 못하였음을 고백합니다. 주의 은혜로 받은 구원에 감사하는 성도들이 되게 하여 주옵소서.

대강절 기간만 주님의 임재를 기다리지 않게 하시고, 이제는 우리가 다시 오실 주님을 기대할 수 있도록 인도하여 주옵소서. 다시 오셔서 세상을 심판하시고, 하나님의 나라를 이루실 그 날을 사모하게 하여 주옵소서. 주의 승리의 날을 기뻐하도록 인도하여 주옵소서.

주의 성령의 법을 거스르지 않도록 지켜 주옵소서. 이 나라와 민족이 성령으로 충만한 나라 되길 원합니다. 부흥의 물결이 일어나는 나라가 되길 원합니다. 죄의 권세가 역사하지 못하는 성령의 나라가 되길 원합니다. 먼 곳에 나가 복음을 전하는 많은 선교사님들에게 함께하사 성령으로 동행하여 주옵소서.

성령의 역사를 경험하게 하시어, 주의 도우심으로 교회들이 곳곳에 세워지는 역사가 있게 하여 주옵소서. 날마다 기도하므로 성령 충만하게 하시고, 뜨겁게 신앙생활하게 하시며, 바른 믿음을 소유하도록 인도하여 주옵소서. 교회와 모든 성도들의 가정에도 충만하게 임재하여 주옵소서.

단 위에서 말씀을 선포하시는 목사님을 성령의 충만으로 채우시고, 교회의 모든 일을 결정하실 때도 성령님 개입하시어, 성령의 도우심을 경험하게 하여 주옵소서. 말씀과 함께 성령님을 경험하게 하여 주옵소서. 성령님께서 주시는 주의 자녀라는 확신으로 주를 찬양하게 하여 주옵소서. 온 맘 다해 주를 예배하길 원합니다. 보혜사 성령님 임재하여 주옵소서.
우리 구주 예수 그리스도의 이름으로 기도드립니다. 아멘

대강절 대표기도문 ①

참 좋으신 하나님, 주님의 귀한 은혜와 사랑에 감사와 찬송과 영광을 돌립니다. 벌써 1년의 시간을 거의 다 지나고 있습니다. 남은 한 달의 기간을 통하여 더욱 주께 영광 돌리는 복된 시간이 되도록 인도하여 주옵소서.

대강절로 지키는 오늘 이 시간 주의 강림을 기다리는 복된 성도들 되게 하여 주옵소서. 대강절은 예수 그리스도의 탄생을 고대하는 기간입니다. 오늘부터 시작되는 대강절 기간을 통하여 주의 오심을 준비하게 하시고, 이들을 이 땅에 보내신 하나님의 사랑을 기억할 수 있는 순간순간들이 되도록 인도하여 주옵소서.

우리의 죄를 사하시며, 사단의 세력을 결박하시고, 승리하기위하여 임재하신 주님을 찬양합니다. 주께서 우리에게 오시지 않으시면 우리는 영원히 구원을 얻지 못하였음을 고백합니다. 주의 은혜로 받은 구원에 감사하는 성도들이 되게 하여 주옵소서.

대강절 기간만 주님의 임재를 기다리지 않게 하시고, 이제는 우리가 다시 오실 주님을 기대할 수 있도록 인도하여 주옵소서. 다시 오셔서 세상을 심판하시고, 하나님의 나라를 이루실 그 날을 사모하게 하여 주옵소서. 주의 승리의 날을 기뻐하도록 인도하여 주옵소서.

우리에게 큰 기쁨의 좋은 소식으로 임재하신 주님을 찬양합니다. 주 오심을 세계 열방이 즐거워하게 하시고, 함께 기뻐할 수 있는 은혜가 있게 하여 주옵소서. 높은 곳에 계셔서 낮은 우리를 구원하기 위하여 오신 그 뜻을 지켜 준행하게 하셔서 이 땅 가운데 소외되어지고, 어려움 당하고 있는 모든 사람들에게 주의 사랑을 나눌수 있게 하여 주옵소서. 주께서 우리를 섬기셨듯이 우리도 그들을 섬기길 원합니다.

주님의 크고 놀라운 사랑을 감사합니다. 그 은혜와 사랑에 감격하게 하여 주옵소서. 그 감사함으로 주를 찬양하게 하여 주옵소서. 세상을 변화시킬 수 있는 은혜의 물결을 허락하여주옵소서.

임마누엘 되시어, 우리와 함께 하시는 주님을 찬양합니다. 예배 가운데 함께 하시며, 성령으로 충만케 하여 주옵소서. 말씀을 전파하실 목사님 위에 함께하사 주를 찬양하□□□□□□□ 일어나게 하시고, 죄를 회개하는 일들이 있게 하□□□ 주를 위하여 헌신을 □□□는 결단의 시간이 되게 하여 주옵소서.

복된 찬양으로 주께 영광 돌리는 성가대 위에 함께하사 주를 찬양하는 일들이 주 오시는 그날까지 계속되게 하여 주옵소서. 예배의 주관자 되시며, 우리를 위하여 이 땅에 오신 예수 그리스도의 이름으로 기도드립니다. 아멘.

대강절 대표기도문 ②

하늘에는 영광이 되고, 땅에는 기뻐하심을 입은 모든 사람들에게 평화의 왕으로 오신 주님을 찬양합니다. 이 아들을 보내시기까지 우리를 사랑하신 하나님께 모든 영광을 돌립니다. 거룩한 주일을 허락하시고, 주의 전으로 우리의 걸음을 인도하셔서 온 맘을 다해 온 정성을 다해 주를 섬기게 하시니 감사합니다. 오늘 모여 예배하는 이 시간이 즐겁고 복된 시간 되도록 인도하여 주옵소서.

임마누엘의 하나님!
지금 우리는 대강절 기간으로 지키고 있습니다. 주의 임재하심을 기다리며, 죄악 가운데 있는 영혼들을 구원하시기 위하여, 이 땅에 그리스도로 임재하실 주님을 기다립니다. 날마다 주를 고대하며 기대하며 살아갈 수 있도록 함께 하여 주옵소서.

하나님이 우리와 함께 하심을 보이시기 위하여 임마누엘로 임재하신 주님을 사랑합니다. 주의 흘리신 보혈이 우리를 자유케 하고, 주께서 선포하신 말씀이 우리를 진리로 인도합니다.

주의 은혜를 덧입은 우리가 이제 죄의 노예가 되지 않게 하시고 주의 자녀됨을 온 세계에 선포하게 하여 주옵소서. 해마다 12월이 되면 세상은 온갖 소음으로 가득합니다. 주를 찬양해야 할 입술들이 자신의 거만함을 드러내며, 거룩한 모습으로 주의 임재를 기다려야 할 당신의 백성들이 거룩함을 잃은 채 흔들리고 있습니다. 주의 오심을 바르게 인식하는 일들이 일어나길 원합니다. 주님 역사하여 주옵소서. 교회 각 기관들이 저마다 주의 오심을 기뻐하며 축하하기 위하여 분주히 움직입니다. 특별히 발표회를 준비하는 교회학교와 청소년부를 축복하셔서, 주께 영광이 되어지고, 이를 준비하는 학생들에게는 좋은 추억거리가 되도록 인도하여 주옵소서. 온 교회가 하나 되어 주의 오심을 기뻐하게 하여 주옵소서.

우리 주위에 있는 사람들을 돌아봅니다. 날씨가 여전히 많이 추워져도 따뜻이 누울 자리가 없는 이들을 따뜻한 보살핌의 손길을 기다리고 있습니다. 우리가 그들에게 나아가 주의 사랑으로 세상을 사랑하는 일들을 몸소 행할 수 있도록 함께 하여 주옵소서. 살아있는 신앙의 증거를 보이는 일들이 있길 원합니다.

대강절을 지키며, 우리가 주의 오심도 기다릴 수 있게 하여 주옵소서. 재림의 주를 기억하며, 날마다 준비하여 살아가도록 깨우쳐 주옵소서. 오늘 우리에게 허락하신 말씀을 통하여 우리의 믿음을 다시 한번 점검하는 시간이 되게 하시고, 성령의 은혜를 체험하는 시간이 되게 하여 주옵소서. 목사님에게 큰 은혜로 함께 하여주옵소서. 예수 그리스도의 이름으로 기도드립니다. 아멘

성탄절 대표기도문 ①

할렐루야, 존귀와 영광을 받으시기에 합당하신 주님, 성탄의 복된 아침입니다. 이 땅의 구주로 오신 예수 그리스도를 찬양합니다. 오늘 우리가 그 기쁨으로 모여 주를 찬양합니다. 충만한 은혜로 임재하여 주옵소서.

하늘의 높은 보좌를 버리시고, 베들레헴 마구간에 오신 주님의 큰 사랑이 우리를 구원하였음을 믿습니다. 임마누엘로 우리에게 임하셔서 하나님의 손길을 친히 보이신 것을 감사합니다. 소경을 고치시고, 앉은뱅이를 일으켜 걷게 하시고, 문둥이에게 깨끗함을 주시고, 귀머거리가 들으며, 죽은 자가 살아나고, 가난한 자에게 복음을 전파하신 주님의 사역을 기억합니다. 모든 묶인 자들에게 산 소망이셨던 주님을 기억합니다.

이제 우리가 그 소망을 증거 하는 심령들이 되게 하여 주옵소서. 2000년 전에 우리에게 오시어 갈보리 십자가를 지시고, 우리를 대신하여 죽으신 주님의 은혜를 생각할 때 무한 감사를 드립니다.

죽기까지 하나님 아버지의 뜻에 순종하신 그 순종을 우리가 배울수 있게 하시고, 우리도 주의 뜻에 순종하는 은혜가 있게 하여 주옵소서. 세상의 많은 사람들은 성탄의 의미도 제대로 알지 못한 채 서로 즐기며, 자신을 즐겁게 하는 시간을 보냅니다.

성탄절의 주인 되신 예수님은 잊은 채, 쾌락을 찾아 헤매고 있습니다. 이런 악이 끊어질 수 있도록 역사하여 주옵소서. 모든 기관들이 힘써 성탄을 준비합니다. 발표회를 위하여 수고하는 교회학교와 청소년부를 축복하시고, 선생님들의 수고가 큰 열매로 돌아 오도록 인도하여 주옵소서. 예배를 섬기기 위하여 수고하는 봉사의 손길들도 있습니다. 모두가 하나로 어우러져 기쁨이 충만한 예배가 되어지길 원합니다. 아름다운 봉사의 손길들이 끊이지 않도록 인도하여 주옵소서.

올해가 다 지나갑니다. 한 해를 인도하신 하나님께 감사하게 하시며, 주를 위해 헌신하겠다 다짐한 모든 것들을 새롭게 다질 수 있도록 인도하여 주옵소서. 성탄의 복된 메시지를 들고 강단에 서신 목사님 위에 함께하시며, 항상 강건함으로 채워 주옵소서. 목회에 전력 하실 수 있는 좋은 환경들이 마련되도록 역사하여 주옵소서.

성도들을 위해 강단에서 무릎으로 기도하실 때마다 들으시는 역사가 있게 하여 주옵소서. 이 땅에 왕으로 오시어 우리를 섬기고 우리를 위하여 죽으시며, 부활하신 예수 그리스도의 이름으로 기도드립니다. 아멘.

성탄절 대표기도문 ②

할렐루야, 거룩한 성탄의 아침에 온 교회가 다 일어나 주 나심을 찬양합니다. 우리의 구주로 낮고 낮은 곳에 임하시어, 우리에게 생명을 주신 주님을 찬양합니다. 동방박사들이 예수님을 찾아 황금과 유향과 몰약을 드리고, 목자들도 주께 경배하는 좋은날입니다. 성탄의 이 기쁜 아침, 우리가 주를 찬양하고 경배하고자 모였습니다. 우리에게 임재하시며 우리의 예배를 기쁨으로 받아 주옵소서.

오직 하나님께 영광 돌리는 복된 성탄이 되길 원합니다. 성탄의 기쁜 소식이 온 세계에 퍼져 나가 많은 사람들이 주 오심을 축하하며, 사랑을 나눕니다. 주의 이름으로 나누는 사랑의 정성들이 끊이지 않도록 역사하여 주옵소서.

우리에게 구세주로 오시어, 임마누엘로 동행하시고, 부활 승천하시어 승리하신 주님을 찬양합니다. 우리를 자녀 삼아주시고, 권세를 허락하시고, 주의 자녀로 살아가게 하신 것을 감사합니다. 이 날이 우리에게는 소망의 날이요, 구원의 날임을 선포합니다.

주님 정말 감사합니다. 몇 주 전부터 주님의 나심을 축하하기 위해 분주히 움직인 많은 손길들이 있습니다. 성탄 축하 장식을 하며 성탄 음식을 준비하고, 발표회를 하며, 찬양대의 아름다운 찬양으로 주께 영광 돌리는 많은 손길들을 축복하시고 온 교회 모든 성도들이 함께 즐거워하며 기뻐하는 복된 성탄 되기를 원합니다. 그러나 이 시간 여전히 어려운 곳에서 많은 도움의 손길을 기다리고 있는 분들이 계십니다. 따뜻한 사랑을 나눌 수 있는 마음의 여유를 가질 수 있도록 은혜를 베풀어 주옵소서.

주의 사랑을 몸소 실천할 수 있는 나눔이 있게 하여 주옵소서. 우리가 즐기는 기쁨 때문에 그들이 더욱더 쓸쓸해지지 않도록 은혜를 베풀어 주옵소서. 피 값으로 사신 교회를 위해 기도합니다. 성탄의 큰 감격이 날마다 더하는 교회가 되게 하시고, 나아가 예수의 사랑을 전하는 복된 교회 되도록 역사하여 주옵소서. 지역을 섬기며, 사회에 봉사하고, 바른 믿음과 삶을 나눌 수 있는 교회가 되도록 인도하여 주옵소서.

전 세계 열방에 주의 복음을 전하기 위해 성도들을 파송하는 교회가 되게 하시며, 헌신하는 성도들이 일어나게 하여 주옵소서. 주께서 베푸신 사랑을 이젠 나눌 수 있는 교회가 되게 하여 주옵소서. 성탄의 기쁜 소식을 같이 나눌 목사님께도 함께 하사, 우리가 기쁨 중에 주를 만나도록 인도하여 주옵소서. 말씀을 통하여 주님을 깊이 깨닫는 시간이 되길 원합니다. 특별히 성가대가 온 정성으로 주심을 찬양합니다. 거룩한 향기 되게 하여 주옵소서. 우리의 구세주 되시려 이 땅에 오신 예수 그리스도의 이름으로 기도드립니다. 아멘.

 하나님이여 내게 응답하시겠으므로 내가 불렀사오니
내게 귀를 기울여 내 말을 들으소서(시 17:6)

절기와 기념일에 따른 대표기도문

신년감사예배 대표기도문
설날주간 대표기도문
삼일절기념주일 대표기도문
어린이주일 대표기도문
어버이주일 대표기도문
현충일기념주일 대표기도문
맥추감사절 대표기도문
종교개혁주일 대표기도문
추수감사주일 대표기도문
송구영신예배 대표기도문

신년 감사예배 대표기도문 ①

모든 것의 시작과
끝이 되시는 전능하신 하나님!

지난 한 해도 은혜 가운데 지켜주시고 우리에게 새로운 한 해를 허락하시니 감사합니다. 은혜와 사랑으로 시작하는 해가 되게 하시고, 열매와 응답으로 마무리 되어지는 한 해가 되게 하여 주옵소서.
지난 1년간의 삶을 통해 우리의 믿음이 더욱 자라게 하시고, 삶의 터전을 넓히시며, 한층 더 하나님께로 나가게 하신 크신 은혜에 감사합니다. 우리의 이런 감사가 날마다 넘쳐나도록 인도하여 주옵소서.

사랑하는 교회를 이곳 가운데 세워주시고, 주의 복음과 말씀을 증거 하는 터전을 삼아 주신 것을 감사합니다. 우리 교회가 올 해에는 더욱더 주의 역사를 감당해 내는 능력 있는 교회로 인도하여 주옵소서. 각 기관마다 주의 큰 사랑으로 덧입혀 주셔서, 모든 기관들이 부흥을 경험하게 하시며, 주의 일을 합력하여 선을 이룰 수 있도록 인도하여 주옵소서.
새로 세운 기관장들을 축복하시며 각 기관들을 이끌 때에 주께서 주신 지혜로 아름답게 이끌 수 있도록 함께 하여 주옵소서. 우리 교회가 주위의 많은 사람들에게 좋은 소문이 나는 교회가 되길 원합니다. 이웃을 사랑하며, 섬기고 봉사하는 교회가 되길 원합니다.

많은 선교사들을 보내며, 주님, 바른 교회로 성장하도록 역사하여 주옵소서. 성도들의 모든 가정도 도우셔서, 이제 새로운 계획을 가지고 출발하는 가정도 있습니다. 계속적인 하나님의 도우심을 기다리는 가정도 있습니다. 온 교회 모든 가정을 성령으로 충만케 하여 주옵소서. 올 해에는 웃음과 사랑이 넘쳐나는 복된 가정이 되도록 인도하시고 가정에서 천국을 맛 보도록 역사하여 주옵소서.

이 나라와 민족을 위해 기도합니다. 지난 한 해도 어려웠던 것을 기억합니다. 경제가 되살아나는 한 해가 되길 원합니다. 고단한 심령들이 없게 하시고 새로운 희망을 품고 살아가는 나라가 되도록 인도하여 주옵소서. 정직과 봉사가 넘쳐나는 정치가 되게 하여 주옵소서. 나뉘어진 남과 북이 하나 되게 하시어 온 맘으로 주를 섬길 수 있는 복된 땅으로 변화시켜 주옵소서. 함께 손을 잡고 주를 찬양하며 경배하는 날을 속히 우리에게 허락하여 주옵소서.

새해 우리에게 좋은 말씀을 들려주실 목사님께 함께 하사, 올 한 해도 인도하여 주옵소서. 말씀을 준비하실 때마다 큰 은혜를 경험하게 하시고, 그 말씀을 통하여 모든 영혼들이 살아나는 역사가 있게 하옵소서. 교회의 모든 계획들을 운영해 나가실 때에 주의 섭리로 도와주옵소서. 성가대의 아름다운 찬양이 올 한 해도 이 성전에 가득하길 원합니다. 우리의 삶을 영원토록 인도하실 예수 그리스도의 이름으로 기도드립니다. 아멘

신년 감사예배 대표기도문 ❷

또 다른 새해를 우리에게
허락하신 삶의 주관자 되신 하나님!

　주님의 귀한 사랑에 감사와 찬송을 드립니다. 지난 한 해를 주의 은혜 가운데 보내게 하시고, 희망찬 새해를 맞이하게 하신 주께 영광을 돌립니다.
　다사다난했던 한 해가 물러가고 이제 새 해가 밝았습니다. 새해의 첫 주일 우리가 주께 예배하며 나아갑니다. 올 한 해도 주안에서 승리하는 복된 한 해가 되도록 인도하여 주옵소서. 지난해에 아픈 상처들이 있다면 이제 싸매어 주시고, 잊어야 할 일들이 있다면 기억나지 않게 하시며, 선한목자 되신 예수 그리스도의 은혜로 날마다 감사할 수 있는 한 해가 되도록 인도하여 주옵소서.

　좋으신 하나님,
　올해에는 무엇보다도 우리의 믿음이 성장하는 한 해가 되길 원합니다. 그동안의 불신앙이 확신으로 바뀌게 하시고, 주를 향한 불붙는 마음들이 일어나도록 역사하여 주옵소서. 세상을 이길 수 있는 믿음을 주시고, 세상 가운데 주를 증거할 수 있는 십자가 군병으로 세워지도록 인도하여 주옵소서. 어려움과 시험이 우리의 앞을 가로막지 않게 하시며, 주 성령께서 친히 도우사 세상에서 승리하는 삶으로 인도하여 주옵소서.

물질의 문제가 우리 믿음의 발목을 잡지 못하게 하시고, 건강의 문제가 우리의 봉사의 손길을 멈추지 못하도록 인도하여 주옵소서. 더욱더 주의 거룩을 닮아가는 복된 삶을 살아가도록 역사하여 주옵소서.

　성도들의 가정을 위해 기도합니다. 새해에 계획한 모든 것들이 주 안에서 이루어지길 원합니다. 주의 응답과 확신 가운데 살아가는 가정들이 되길 원합니다. 온전한 구원이 이루어지지 않는 가정이 있다면 가정 구성원 모두가 주를 섬길 수 있는 복된 은혜를 주옵소서. 사랑과 섬김이 가득한 가정이 되도록 역사하여 주옵소서.

　교회를 위해 기도합니다. 이 곳에 주의 성전을 세우시고 복음을 증거 하게 하시니 감사합니다. 우리 교회가 이웃을 섬기며, 세상에 그리스도의 사랑을 전할 수 있는 교회가 되도록 역사하여 주옵소서. 진행되는 모든 일들마다 주의 선한 손이 도우시어 감당되어지게 하시고, 좋은 소문들이 날마다 들려올 수 있도록 주장하여 주옵소서.

　목사님을 위해 기도합니다. 새로운 한 해의 목회를 계획하고 기도하는 가운데 계시오니 주님이 친히 들으시고 응답하여 주옵소서. 말씀을 증거 하실 때마다 성령의 능력이 나타나게 하시며 회개하는 일들이 불일 듯 일어나도록 역사하여 주옵소서. 우리구주 예수 그리스도의 이름으로 기도드립니다. 아멘

설날주간 대표기도문 ①

은혜로우신 하나님!
주님의 사랑을 진심으로 감사드립니다.

　우리 민족의 명절 설을 맞이하게 하시어, 온 가족들이 한 자리에 모여 주를 찬양할 수 있는 은혜의 시간을 주시니 감사합니다. 새해의 시작을 가족들이 함께 모여 사랑과 덕담을 나누는 이 좋은 명절에 주의 사랑을 풍성히 느끼는 시간이 되게 하옵소서.
　설 주간을 맞이하여 이제 고향에 내려간 성도님들도 계신 줄 압니다. 가는 길과 오는 길을 안전하게 지켜 주시고, 고향에 계신 부모님들도 건강으로 인도하여 주옵소서. 가족에 대한 사랑을 깊이 느끼는 시간이 되게 하여 주옵소서.

　또한 명절을 통하여 본 교회를 찾은 사랑하는 지체들도 있습니다. 주의 은혜로 함께 하여 주옵소서. 교회를 통해 믿음을 키우고 이제 각 처소로 나아가 각자의 삶을 살며, 세상에서 빛과 소금의 역할을 감당할 때에 큰 은혜를 베풀어 주옵소서. 이들을 통하여 들리는 소문이 아름답고 복된 소식들이 들려지도록 인도하여 주옵소서.

　이제 명절 연휴를 보내고 다시 직장에서 생활할 때에 올 한해가 승리하는 한 해가 되도록 인도하여 주옵소서. 직장에서 두각을 나타내며, 기쁨을 맛보는 한 해가 되도록 인도하여 주옵소서.

명절이지만 국방의 의무를 다하기 위하여, 먼 곳에 나가 일을 하며, 복음을 전하는 이유로 가족을 찾지 못한 사랑하는 가족들이 있습니다. 위로하여 주시고 다음 명절에는 온 가족이 다같이 모일 수 있게 하시며, 서로의 사랑을 확인하는 시간이 되게 하여 주옵소서.

주의 피 값으로 세우신 교회가 주의 사랑을 나눌 수 있는 교회 되길 원합니다. 명절이지만 소외되고 외면되고 있는 이웃을 사랑으로 섬기게 하여 주옵소서. 이럴 때 일수록 주의 귀한 사랑을 더불어 나눌 수 있는 은혜를 허락하여 주옵소서.

이 나라와 민족의 앞날을 주님 주장하시길 원합니다. 점점 더 악해져가고 강퍅해져 가는 이 세대 속에서도 주의 은혜를 기억하는 나라 되게 하여 주옵소서. 경제가 다시 일어나게 하시며, 온 국민들이 평안한 삶을 살아가도록 인도하여 주옵소서.

오늘도 강단에서 말씀을 증거하시는 목사님을 성령의 강한 손으로 붙잡아 주옵소서. 우리의 심령에 큰 은혜가 되게 하여 주옵소서. 예배의 주관자가 되시어 우리의 예배를 기쁘게 받아 주옵소서. 우리 구주 예수 그리스도의 이름으로 기도드립니다. 아멘

설날주간 대표기도문 ❷

사랑과 은혜가
충만하신 하나님!

　좋은 날을 우리에게 허락하시고, 민족 고유의 설을 맞이하여 온 가족이 함께 모여 주를 찬양하게 하시니 감사합니다. 그동안 교회를 떠나 각자의 처소에서 생활하던 가족들이 함께 모여 주의 성전을 찾고 주께 예배합니다. 주님 우리의 예배를 기쁘게 받아 주옵소서.

　온 가족들이 오랜만에 만나 서로 사랑의 떡을 나누며, 식사를 하고, 어른들에게 세배를 올리며, 덕담을 주고받는 좋은 명절입니다. 이 명절을 통하여 가족의 사랑이 더하여지고, 서로의 사랑을 확인할 수 있는 시간이 되게 하여 주옵소서.

　좋으신 하나님,
　가족들이 함께 모여 덕담을 나눌 때에 믿음을 격려하는 일들이 있기를 원합니다. 서로의 믿음을 격려하여 세상에서 승리하게 하시고, 믿음의 가족으로 세워질 수 있는 은혜가 있게 하여 주옵소서.
　모든 가족들의 건강을 지켜 주시고 가정을 떠나 저마다의 삶의 터전에서 살아갈 때에 건강하게 하시고 안전으로 지켜 보호하여 주옵소서. 어려움 당하는 일들이 없게 하시고, 좋은 소식들이 들려오도록 함께 하여 주옵소서.

고향에 계신 부모님들의 건강과 안전 때문에 마음 조리는 자녀들도 있을 줄 압니다. 부모님의 건강을 주님 지켜 주시고, 수시로 고향을 찾을 수 있는 은혜를 허락하옵소서.

추운 날씨에 설날이지만 만나야 할 가족이 없고, 또 무슨 이유로 가족을 만나지 못하는 많은 사람들이 있습니다. 그들을 위로하시고 희망과 기쁨이 회복되게 하여 주옵소서. 그리하여 다음 명절이라도 감격스러운 만남이 있게 하여 주옵소서.

우리 교회가 이제 이웃을 섬기는 교회 되길 원합니다. 세상에서 밀리고 힘들어 지친 영혼들을 위로하게 하시고 사랑을 나누는 교회가 되도록 인도하여 주옵소서. 온 교회 모든 성도들이 진정한 사랑으로 교제하게 하시고, 천국 공동체가 아름답게 이루어지도록 인도하여 주옵소서.

오늘도 우리에게 필요한 말씀을 주시기 위해 강단에 오르신 목사님을 성령으로 붙잡아 주옵소서. 우리의 영이 살아나는 말씀이 선포되도록 인도하여 주옵소서. 우리를 사랑하시는 우리 구주 예수 그리스도의 이름으로 기도드립니다. 아멘

삼일절 기념주일 대표기도문

살아계신 하나님!

　우리 민족이 일본의 억압과 압제 가운데 있을 때에 영원히 우리를 버리지 아니하시고, 광복과 독립의 은혜를 허락하신 하나님, 감사합니다. 오늘 우리는 삼일절 기념주일로 지킵니다. 나라가 위기에 놓였을 때에 자신의 몸을 불살라 나라를 구한 선조들의 희생을 기념하는 주일입니다. 그들의 희생과 사랑으로 얻은 이 자유를 영원히 지키게 하시고, 우리에게 광복의 은혜를 주신 주께 날마다 감사하는 은혜가 있게 하여 주옵소서.

　한 주간 동안도 주 안에서 승리하다가 다시금 이 자리에 모여 예배합니다. 우리의 예배를 기쁘게 받아 주시고, 오늘 말씀을 통하여 한 주간도 승리하게 하여 주옵소서.
　특별히 주의 은혜로 세운 이 나라와 민족을 사랑해 주시길 기도합니다. 식민지 지배 하에 있던 우리 민족에게 큰 은혜를 허락하시어 광복을 맞게 하시니 감사합니다.
　그러나 안타까운 것은 독립을 얻은 지 얼마 되지 않아 정치적 이념 때문에 한 민족이 전쟁을 벌이고 서로가 서로를 죽이는 일을 통하여 남과 북이 갈라지고 지금은 만나지 못하는 실정에 놓여 있습니다.

주님 우리에게 남과 북이 통일될 수 있는 은혜를 허락하여 주옵소서. 전 세계에 남아 있는 유일한 분단국가 아닙니까?

정치적인 신념들이 깨어지게 하시고, 주의 사랑으로 하나 되어 통일되는 역사가 있게 하여 주옵소서. 남과 북이 통일되는 그날 우리가 손에 복음을 들고 그 땅에 들어가게 하시고, 복음으로 북한 땅을 변화시킬 수 있도록 허락하여 주옵소서.

이 나라와 민족이 더불어 하나님을 섬기게 하여 주시고, 모든 사람들이 살기 좋은 나라가 되도록 인도하여 주옵소서. 이 땅에 복음이 처음 들어왔을 때에 불같은 부흥의 역사들이 일어났습니다. 그 부흥의 역사가 다시금 이 땅을 덮을 수 있도록 인도하여 주옵소서.

교회들의 성장이 멈추고 오히려 쇠퇴해 간다는 소식이 들려옵니다. 주님 자비를 허락하여 주옵소서. 다시 한번 주께 겸비하여 무릎 꿇게 하시고, 주의 은혜의 날을 사모하는 일들이 일어나게 하여 주옵소서. 나라와 민족의 죄를 짊어지고 주께 간구하는 기도의 군사들이 있게 하여 주옵소서.

우리 교회가 먼저 이런 일들에 참여하길 원합니다. 나라와 민족의 영적 회복을 위하여 주께 구할 수 있는 은혜를 주옵소서. 목사님의 말씀을 통하여 주를 더욱더 사랑하게 하실 뿐 아니라, 주를 위해 헌신하는 일들이 일어나게 하여 주옵소서. 우리를 사랑하시어, 자유를 주신 우리 구주 예수 그리스도의 이름으로 기도드립니다. 아멘

어린이주일 대표기도문 ❶

모든 어린이의
아버지 되시는 하나님!

　어린이 주일을 맞이하여 우리가 주께 예배합니다. 신령과 진정으로 드리는 예배가 되게 하시고, 주께서 기쁘게 받으시는 예배되도록 인도하여 주옵소서. 어린아이들이 주께 나오는 것을 막지 말라 하시며, 천국은 어린아이와 같아야 들어갈 수 있다고 말씀하신 주님, 언제나 우리가 어린아이가 부모에게 순종하는 모습을 보이듯이, 우리의 영적 아버지 되신 주께 순종하는 모습을 보이도록 인도하여 주옵소서.

　교회에 속한 많은 어린 심령들이 있습니다. 저들이 교회학교에서 양육되어지고 신앙생활하고 있는 가운데 있습니다. 어렸을 때부터 진심으로 주를 섬기게 하여 주시며, 주의 은혜를 날마다 감사하며 자라나는 어린이들이 되게 하여 주옵소서. 어린 아이들을 가르치는 교사 선생님들께도 함께 하시어, 주께서 어린이를 사랑하듯이 사랑하게 하시고, 한 영혼의 구원을 위하여 수고할 때에 주님 친히 갚아 주옵소서.
　교회학교 교육기관이 날마다 부흥되길 원합니다. 교회가 더욱더 교육기관에 투자할 수 있도록 인도하셔서, 이 교회와 민족을 이끌어 갈 어린이들을 믿음으로 잘 양육할 수 있도록 인도하여 주옵소서.

이들이 자라나는 가정을 위해 기도합니다. 부모를 주신 하나님 감사합니다. 무엇보다도 부모들이 자녀들을 사랑으로 잘 양육할 수 있도록 인도하여 주옵소서. 주의 사랑을 전하며, 믿음을 가르칠 수 있는 부모들이 되게 하여 주옵소서. 자녀들이 집에 있는 것을 즐거워하게 하시고, 부모님을 존경하며 따르도록 역사하여 주옵소서.

저들이 자라는 환경도 주께서 함께 하여 주시길 원합니다. 좋은 친구들을 만나게 하시고, 좋은 선생님을 만나게 하셔서 바른 삶을 배우도록 인도하여 주옵소서. 자신보다는 남을 먼저 생각할 수 있는 어린아이들로 자라길 원합니다. 환경이 점점 어린아이들이 정상적으로 자라기 어려운 환경이 되어 가고 있습니다. 좋은 환경의 터전을 마련할 수 있는 지혜를 모으도록 인도하여 주옵소서.

우리에게 순수한 믿음을 허락하여 주옵소서. 오늘 예배 가운데 함께 하시며, 우리에게 귀한 말씀 주실 목사님을 성령으로 충만케 채워 주옵소서. 우리의 잃어버린 신앙을 회복하는 역사가 있게 하여 주옵소서. 찬양으로, 차량봉사로, 안내위원으로 수고하는 많은 손길들이 있습니다. 축복하여 주옵소서.
　예배의 모든 것을 주께 의탁합니다. 기쁨의 제사가 되게 하여 주옵소서. 예수님의 이름으로 기도드립니다. 아멘

어린이주일 대표기도문 ❷

생명의 근원되신
아버지 하나님!

　지난 한 주간도 주의 은혜로 보호하시다가 오늘 이렇게 주의 전에 나와 예배하게 하시니 감사합니다. 우리가 드리는 예배가 거룩하게 하시며, 정결한 마음으로 드리는 산제사가 되도록 인도하여 주옵소서. 오늘은 어린이 주일입니다. 어린이를 사랑하시고, 그들의 아버지 되신 예수 그리스도의 사랑을 생각하게 하옵소서.
　부모들에게 자녀를 허락하시어 가정에 기쁨이 되게 하신 하나님 감사합니다. 이 아이들을 믿음으로 양육하도록 인도하여 주옵소서. 어린이는 이 나라와 민족을 이끌어갈 차세대 주역입니다. 어린이가 바르게 자라는 나라가 희망이 있는 나라입니다.

　사랑이 많으신 하나님, 이 나라가 어린아이들이 마음껏 자라날 수 있는 좋은 터전이 되길 원합니다. 자신의 꿈을 펼치며 성장하게 하시고, 사랑으로 충만한 어린아이들이 되도록 인도하여 주옵소서.

　교회에서 어린 심령들을 가르치는 교회학교를 위해 기도합니다. 교회학교가 부흥되게 하시고, 어린 아이들에게 주의 사랑을 바르게 가르치는 기관이 되게 하여 주옵소서. 주일이면 교회에 와서 말씀을 듣고 찬양하며 예배하는 모든 어린이들이 주를 영접하게 하시고, 어려서부터 주께 물을 수 있는 지혜로운 어린이들이 되게 하여 주옵소서. 믿음이 날마다 자라나게 하시고, 키와 몸과 사랑도 자라게 하여 주옵소서. 어린아이들에게 주를 사모하는 소망을 주시고, 주를 닮고자 하는 열망을 주옵소서. 가르치는 선생님들께도 함께 하사 감당할 수 있는 은혜를 주옵소서. 어린 영혼들을 사랑할 수 있도록 인도하여 주옵소서. 그로 인하여 우리 교회학교가 풍성해지게 하시고 교회가 더욱더 성장할 수 있는 은혜를 주옵소서.

저들이 자라면서 만나게 될 친구와 선생님들이 있을 줄 압니다. 좋은 친구들을 만나게 하시고 바른 미래를 제시할 수 있는 선생님을 만나게 하여 주옵소서. 또한 저들이 자라나는 가정을 축복해주시길 원합니다. 각 가정이 자녀들을 믿음으로 양육하기에 부족함이 없게 하시고, 물질적인 어려움이나 영적인 문제에 어려움을 당하지 않도록 인도하여 주옵소서.

날마다 어린아이와 같은 심령이 되길 사모합니다. 말씀을 전하실 목사님 위에 성령으로 충만케 하시며, 주를 기뻐하는 예배시간이 되도록 인도하여 주옵소서. 교회가 날마다 든든히 서가며, 좋은 소문들로 가득하도록 인도하여 주옵소서.
어린이를 사랑하시며, 우리의 아버지 되신 우리 구주 예수 그리스도의 이름으로 기도드립니다. 아멘.

어버이주일 대표기도문 ①

거룩하시고,
사랑 많으신 하나님 아버지!

주님의 보좌 앞에 우리가 나아와 주를 경배합니다. 온 맘으로 드리는 예배되게 하시고, 성부 성자 성령 하나님께서 충만하게 임재하는 시간이 되게 하여 주옵소서. 주의 사랑을 확인하는 시간이 되게 하여 주옵소서.

오늘은 어버이 주일입니다. 우리에게 부모님을 허락해 주신 주님 감사합니다. 부모님의 사랑과 돌봄 가운데 오늘의 우리가 있음을 고백합니다. 헌신적인 사랑과 기도가 우리를 만들었음을 고백합니다. 어버이의 은혜에 감사하는 시간이 되게 하여 주옵소서.

우리의 어버이뿐 아니라 주위에서 힘들어하고 있는 많은 어르신들을 돌아보게 하시길 원합니다. 보호시설에서 경로원에서 자녀들의 사랑만을 기다리는 많은 분들이 계십니다. 주님 그들을 위로하시고 세상에서 평안을 허락하여 주옵소서.

아버지의 권위가 무너지고 있는 세대입니다. 각 가정들이 아버지의 권위가 바로 세워지게 하시고, 자녀들이 믿고 따를 수 있는 은혜를 허락하여 주옵소서. 이 땅에서 수고와 고생으로 자녀들을 키웠다는 것을 우리가 기억하게 하시며, 남은 평생을 보살펴 드릴 수 있도록 함께 하여 주옵소서.

어르신들의 건강과 믿음을 위해 기도합니다. 노년이라 많은 곳이 아프고, 지쳐 있을 줄 압니다. 치료의 하나님께서 남은 여생 동안을 건강으로 지켜주시고, 지금보다도 풍성한 믿음을 허락하여 주옵소서. 이제 사회가 어른들을 공경하는 사회가 되길 원합니다. 도덕이 바로 세워지는 사회가 되길 원합니다.

노인 실업문제가 심각한 문제로 대두되고 있는데, 하루속히 이 문제가 해결되도록 인도하여 주옵소서. 그리하여 남은 여생을 아무런 근심과 걱정 없이 주를 온전히 섬길 수 있는 은혜를 주옵소서.

우리 교회가 사회의 어른들을 섬기는 교회가 되길 원합니다. 편안한 안식처를 제공해주며, 남은 여생을 잘 마칠 수 있는 도움을 드리는 교회가 되게 하여 주옵소서. 고향에 계신 부모님 때문에 항상 걱정하고 있는 자녀들도 위로하여 주시고, 자주 찾아뵐 수 있도록 발걸음을 옮기게 하여 주옵소서.

오늘 말씀을 통하여 주를 더욱 사랑하는 시간이 되게 하시고 말씀의 깊이를 경험하는 시간이 되게 하여 주옵소서. 교회에 속한 모든 어르신들에게 평안과 축복을 허락하여 주옵소서.

예배를 돕는 많은 손길들이 있습니다. 그들의 봉사와 헌신으로 인하여 우리가 기쁘게 예배하게 하시고 더욱더 많은 사랑과 헌신으로 섬기게 하여 주옵소서. 우리의 힘이 되신 예수 그리스도의 이름으로 기도드립니다. 아멘

어버이주일 대표기도문 ❷

은혜와 진리의 하나님!

이 땅에 부모를 허락하시어, 우리가 있게 하시고 바른 길로 인도함 받을 수 있도록 역사하여 주신 하나님 감사합니다. 오늘 우리가 어버이주일로 지킵니다. 어버이를 사랑할 수 있는 은혜를 허락하여 주옵소서.

하나님은 우리에게 부모를 허락하시며 어버이를 잘 섬기지 못하는 자는 보이지 않는 하나님을 올바로 섬길 수 없다고 하셨듯이 부모를 공경하지 못하고, 부모의 말에 순종하지 못한다면 감히 눈에 보이지 않는 하나님을 잘 섬긴다는 것은 거짓이란 뜻입니다.

거룩하신 하나님, 우리가 부모를 아름답게 봉양함으로 주를 사랑하는 마음을 드러내게 하여 주옵소서. 주를 섬긴다는 그 이유로 부모님을 멀리하지는 않았습니까?

이런 어리석음을 범하였다면 용서하여 주시고, 온전히 부모의 마음을 기쁘게 할 수 있도록 인도하여 주옵소서. 우리의 부모님은 밤이나 낮이나 자녀들이 잘되길 위하여 눈물로 기도하십니다.

부모들의 기도를 들으사 자녀들이 잘되게 하시고, 부모의 근심거리가 되지 않도록 인도하여 주옵소서. 어머님의 넓은 사랑을 깊이 새기게 하여 주옵소서.

특별히 우리에게 믿음을 주신 부모님들이 계시기에 우리가 이렇게 평안하게 신앙생활을 할 수 있는 줄 믿습니다. 부모에게 물려받은 신앙의 유산을 자녀들에게 나눌 수 있도록 인도하여 주옵소서.

생명의 주관자 되신 하나님!
우리가 언젠가 시간이 흘러 나이가 들면 노인의 위치에 서야 합니다. 지금의 젊음을 자랑하지 않게 하시며, 우리의 노년을 준비하게 하여 주옵소서. 주께서 우리의 근력을 쇠하게 하시고, 우리를 부르시면 우리는 주 앞에 나아가야 합니다.
세상의 지혜가 무엇이겠습니까? 그 날을 준비하는 것이 지혜인 줄 압니다. 우리가 그날을 준비할 수 있는 현명한 자들이 되게 하여 주옵소서. 더욱이 기도하는 것은, 노년에 홀로 계신 분들을 위해 기도합니다. 어느 하나 도움의 손길을 받을 수 없는 분들입니다. 우리 교회가 그분들을 섬길수 있게 하여 주옵소서. 예수님의 사랑을 나눌 수 있도록 인도하여 주옵소서.

교회의 머리되신 하나님!
우리교회가 섬김의 공동체가 되길 원합니다. 소외되어지고, 외면되어진 많은 사람들을 주의 사랑으로 섬기는 교회가 되길 원하며 오늘 말씀이 우리의 헌신을 다짐하는 귀한 말씀이 되게 하옵소서.
목사님을 강건함으로 붙드시고, 목회에 전념하실 때에 승리하게 하여 주옵소서. 예수 그리스도의 이름으로 기도드립니다. 아멘

현충일 기념주일 대표기도문

나라를 세우시고,
운행하시며 인도하시는 주님!

　우리가 이 땅에 태어나 주를 찬양하게 하시니 감사합니다. 주의 은혜로 만들어진 이 나라가 온전히 주를 섬길 수 있는 나라 되게 하여 주옵소서.
　나라가 큰 어려움에 처해 있을 때에 나라를 구하기 위하여 자신의 몸을 희생하여 나라를 구한 민족 선열을 기념하는 주간입니다. 자신의 몸을 불살라 나라를 구한 그 거룩한 희생을 기억하게 하여 주옵소서. 그분들의 거룩한 희생이 없었다면 오늘의 자유와 평화는 얻어지지 못했을 겁니다. 그들이 피로 세운 나라를 이제 더욱더 발전된 나라로 평화와 자유가 가득한 나라로 만들어 주옵소서.

　전쟁을 통하여 사랑하는 부모를 잃거나, 자식을 잃거나, 남편과 가족을 잃은 많은 사람도 있습니다. 그들을 위로하여 주시고 아직도 남과 북이 통일되지 않아 이산가족이 만남을 가질 수 없는 현실입니다. 남과 북이 속히 통일 되게 하시어, 가족이 가족을 찾고 자녀가 부모를 찾을 수 있는 은혜를 허락하여 주옵소서.
　나라와 민족을 위해 주께 간구합니다. 경제가 많이 어렵지만 경제가 다시 회복되는 은혜가 있게 하시고, 선진국의 대열에 하루 속히 들어설 수 있도록 인도하여 주옵소서.

나라가 부해지며 강해질수록 주의 은혜를 기억하는 나라가 되길 원합니다. 주를 망각하지 않게 하시고, 바른 나라로 세워지도록 인도하여 주옵소서.

국방의 의무를 다하고 있는 국군장병들이 있습니다. 나라를 위해 자신의 젊음을 바치는 저들의 헌신과 수고가 헛되어지지 않도록 역사하여 주옵소서. 세계의 전쟁이 그치게 하시고 주의 평화가 넘쳐나도록 인도하여 주옵소서. 전쟁의 소문들은 사라지게 하시고, 평화와 사랑의 소문만이 들려지도록 인도하여 주옵소서. 전쟁의 무기를 만드는 곳에 헛된 국력이 낭비되지 않도록 이끌어 주옵소서.

우리는 또한 주의 군사입니다. 이 세상의 주관자이신 주님께서 사단과의 영적인 싸움에서 날마다 승리하게 하시어, 개선가를 부르며 주께 나아가는 은혜를 허락하여 주옵소서.

예배의 모든 순서를 주님께 의탁합니다. 말씀을 전하시는 목사님을 강건한 능력으로 채워주옵소서. 말씀이 전파되는 곳에 회개와 부흥의 역사가 일어나게 하여 주옵소서. 교회에 속한 모든 기관들도 부흥하는 은혜를 경험하게 하여 주옵소서. 모든 것을 주께 드립니다. 우리 구주 예수 그리스도의 이름으로 기도드립니다. 아멘

맥추감사절 대표기도문

**항상 기뻐하라, 쉬지말고 기도하라,
범사에 감사하라 말씀하신 주님!**

　오늘 우리가 범사에 감사하는 마음으로 맥추 감사주일을 지킵니다. 주를 향한 감사의 제물을 드리는 시간이 되게 하여 주옵소서. 범사에 감사하는 시간이 되게 하여 주옵소서. 주께서 베푸신 은혜를 기억하는 시간이 되게 하여 주옵소서.
　맥추감사절을 통하여서 우리로 하여금 감사에 대해 생각하게 하시니 감사합니다. 겨울의 추위를 이기고 자란 보리가 봄에 결실을 하고, 추수하여 감사하는 시기입니다. 비록 우리가 보리를 키우며 추수하지는 않지만, 우리를 늘 일용할 양식으로 먹이시는 주께 감사하는 시간이 되게 하여 주옵소서.

　주님, 우리에게 늘 감사의 고백이 있길 원합니다. 주어진 하루의 삶이 불평들로 가득하지 않길 원합니다. 우리의 눈을 밝히시어 감사의 제목들을 발견하게 하시고, 기쁨과 감격을 날마다 감사하는 성숙한 성도가 되게 하여 주옵소서.

　이곳에 주의 교회를 세우시니 감사합니다. 주를 영접할 수 있는 은혜를 주시니 감사합니다. 좋은 목사님을 통하여 날마다 좋은 꼴을 먹이시니 또한 감사합니다.

사랑하는 가족을 주시고, 부모를 섬기게 하시고, 부부가 사랑하게 하시며, 자녀들을 사랑 가운데 양육하게 하시니 감사합니다. 좋은 이웃을 주시니 감사합니다. 주를 섬기며, 직장을 가지고 세상을 살아갈 수 있는 건강을 주시니 감사합니다. 희망을 가지고 세상을 살아가게 하시니 감사합니다.

감사하는 자에게 감사의 제목을 더하시는 주님, 날마다 주께 감사하게 하시어, 감사의 제목이 더 풍성해 지도록 인도하여 주옵소서. 교회에 속한 모든 성도들의 가정에도 감사가 넘쳐나게 하여 주옵소서. 저들이 섬기는 직장 속에서도 감사한 일들이 일어나게 하여 주옵소서.
특별히 교회에 봉사하는 헌신을 통하여 감사와 감격이 넘쳐나기를 원합니다. 억지로 하는 봉사와 섬김이 아니라, 참된 감사에서 나오는 봉사와 섬김이 있게 하여 주옵소서.

우리가 드리는 예배도 감격된 예배가 되길 원합니다. 주의 임재가 충만한 예배가 되길 원합니다. 말씀을 통하여 우리를 감사게 하실 목사님을 큰 능력으로 채워 주옵소서. 교회가 감사의 공동체가 되도록 인도하여 주옵소서. 서로 감사와 사랑을 격려하게 하여 주옵소서. 우리의 감사의 근원 되시는 예수 그리스도의 이름으로 기도드립니다. 아멘

종교개혁주일 대표기도문 ①

진리의 주,
하나님을 찬양합니다.

우리의 주관자로 지금 이 자리에 임재하신 주님께 영광을 돌립니다. 우리가 바르게 하나님을 예배할 수 있게 하시고, 믿음을 통한 자유를 체험하게 하여 주옵소서.

오직 은혜, 오직 성령, 오직 믿음을 외치며 참된 믿음을 고백하며 종교개혁을 일으켰던 종교개혁주일입니다. 우리의 믿음이 바른 믿음이 되길 원합니다. 사람들의 생각이나, 전통적인 견해가 아닌 성경에 의한 그리고 성령님에 의한 바른 신앙으로 성장하길 원합니다.

교회가 타락하고 세속화 되어갈 때에 하나님께서는 루터를 통하여 교회를 바른 길로 돌이키시며, 교회가 세상에서 감당해야 할 일들을 감당케 하신 줄 믿습니다. 우리의 행위로서가 아니라, 주의 은혜와 믿음으로 구원을 얻음을 고백합니다.

거룩하신 하나님,
혹이나 우리의 믿음이 율법적이지는 않습니까? 교회에 나와야 하니까 교회에 나오고, 감사함이 없는 예물을 드리며, 감동이 없는 찬양을 하고, 말씀에는 전혀 귀를 기울이지 않은 채, 종교인으로 살아가고 있지는 않습니까? 우리의 삶을 돌아보게 하여 주옵소서. 우리 심령 가운데 새로운 부흥의 물결이 일어나길 기대합니다.

많은 사람들이 이제 교회가 다시 한번 개혁되어야 한다고 말합니다. 그만큼 교회가 타락했음을 증명하는 말일 것입니다. 세상을 바꾸어야 할 교회가 세상에 휩쓸려 함께 물들어가며 부정과 부패와 물질이 주관하는 공동체가 되었다면 주님 치료의 손길을 발하여 주옵소서.
　오직 믿음으로 돌아가게 하시고, 오직 은혜의 복음을 증거 하게 하여 주옵소서. 그로 인하여 신앙의 참 자유를 누리게 하시고, 믿음의 기쁨이 넘쳐나게 하여 주옵소서. 세상 가운데 희망의 메시지를 전달하게 하시고, 구원의 등대가 되어 지도록 축복하여 주옵소서.

　사단의 세력이 교회를 틈타지 않게 하시며, 사랑의 공동체, 말씀의 공동체, 교제와 헌신의 공동체로 성장하도록 인도하여 주옵소서. 모든 성도들에게도 세상을 이길 힘을 주옵소서. 바른 믿음을 갖게 하시고, 우리의 믿음이 모든 사람들에게 덕을 끼치는 믿음이 되길 원합니다. 혼탁한 세상 가운데 여전히 맑은 물을 흘려보내는 성도들이 되길 원합니다.
　모든 사람들이 온갖 부정한 방법으로 부와 명예와 권력을 모은다고 할지라도 그들을 부러워하지 않게 하시고 바르게 살아가고 있는 것을 자랑하게 하여 주옵소서.
　오늘 말씀을 통하여 우리의 신앙이 다시 한번 바르게 세워지는 시간이 되길 원합니다. 우리의 심령을 바르게 세워 주옵소서. 우리 구주 예수 그리스도의 이름으로 기도드립니다. 아멘

종교개혁주일 대표기도문 ❷

날마다 진리의 길로
인도하시는 주님!

　이 땅에 부흥의 물결을 허락하시고, 복음을 심으시며, 주의 백성들을 일으키신 거룩하신 하나님, 주님의 큰 사랑에 진심으로 감사드립니다. 복음의 황무지로 전혀 주의 말씀을 듣지 못했던 이 땅에 선교사들을 통해 복음의 씨를 뿌리시고, 성령으로 큰 부흥을 일으키시며 주안에서 날마다 성장하는 교회들로 자라게 하시니 감사합니다. 이 나라 가운데 많은 주의 백성이 일어나게 하시니 감사합니다. 100년이 넘는 역사 가운데 부흥의 물결이 계속되게 하시는 은혜를 감사합니다.

　이제 그 부흥의 물결이 오늘 우리에게까지 이어져 우리가 이 전에 나와 주께 예배하며 간구합니다. 우리의 예배를 받아 주옵소서. 주의 전에 오르는 자들의 발걸음들이 복되게 하시고, 힘차게 하시며, 자원하는 심령들이 되게 하여 주옵소서.
　하나님께 나아오는 자는 반드시 그가 계신 것과 그를 찾는 자들에게 상 주시는 이심을 믿어야 할 것이라 말씀하신 주님, 이제 우리가 주가 계신 것을 믿고 주께 나옵니다. 주께서 주시는 상을 바라며 주의 전을 찾습니다. 한없는 은혜로 충만하게 하여 주옵소서. 교회가 세상 가운데서 감당해야 할 역할을 감당하지 못하여 부패하고 타락해져갈 때, 루터를 통하여 바른 복음을 제시하게 하고, 종교개혁을 통하여 세상을 구원하는 기독교로 세워 주심을 감사합니다. 오늘 종교개혁 주일을 맞아서 교회가 무엇을 감당하며 사회에 봉사해야 하는지를 생각하게 하여 주옵소서.

교회가 그 자리에 그대로 안주하고 있으면 썩어질 수밖에 없습니다. 날마다 변화되는 교회가 되게 하시고, 살아있는 교회, 세상에 바른 삶을 제시할 수 있는 교회 되게 하여 주옵소서.

교회 밖에서는 교회가 변질되었기 때문에 변화되고 개선되어야 한다는 말들이 일어납니다. 세상이 사용하는 불의한 방법들이 여전히 교회 가운데 있다면, 불의한 방법들을 버릴 수 있는 용기를 허락하여 주옵소서. 세상에서 빛과 소금으로 살아 있을 수 있는 교회 되게 하여 주옵소서.

단 위에서 말씀을 증거 하시는 목사님을 성령의 강한 손으로 붙잡아 주옵소서. 우리의 심령 가운데 회개하는 일들이 일어나게 하시고, 죄를 통회하는 역사가 있게 하여 주옵소서. 주를 향한 열정들을 회복하는 시간이 되게 하여 주옵소서.

우리가 항상 개혁되어지는 자들 되길 원합니다. 주의 은혜로 도와주옵소서. 우리 구주 예수 그리스도의 이름으로 기도드립니다. 아멘.

추수감사주일 대표기도문 ①

할렐루야!

　우리의 감사의 제목이 되신 주님을 찬양합니다. 우리에게 감사의 제목을 날마다 주셔서 주께 감사하게 하시고, 베푸시는 은혜를 누리며 살게 인도하시니 감사합니다. 오늘 우리가 드리는 이 예배 가운데도 감격이 있게 하시고, 감사가 있게 하시며, 주의 사랑이 가득한 시간이 되도록 인도하여 주옵소서.
　1년의 삶을 지켜주시며, 봄에 뿌린 곡식을 거두게 하신 주께 감사하는 추수감사절입니다. 주께서 우리의 삶을 도우심을 감사하여 드리는 절기입니다. 모든 성도들의 입술마다 감사가 넘쳐나도록 인도하여 주옵소서. 1년을 시작하며 계획한 것이 이제 마무리하는 단계에 이르렀습니다.

　지난 1년의 삶을 돌아보면 정말 주의 은혜가 여전히 우리를 돕고 계심을 확인할 수 있습니다. 주의 은혜 아니면, 살아올 수 없었던 나날임을 고백합니다.
　우리가 지금 이 자리에 나와 예배할 수 있는 것도 주께서 우리에게 하루하루의 생명을 연장시켜 주심이요. 주를 향한 믿음을 갖게 하심인 줄 압니다. 사랑하는 가족을 주시고, 좋은 직장을 주시고, 좋은 교회를 주시니 감사합니다.

감사의 제목들이 날마다 늘어나게 하시니 감사합니다. 주를 향해 간구하는 신앙이 아니라, 감사하는 신앙이 되게 하여 주옵소서. 주님은 추수 때에 고아와 과부들을 위하여, 어려움에 처한 자들을 위하여 곡식을 모두 거두어들이지 말고, 남겨 둘 것을 명령하셨습니다.

우리의 풍요에만 치중하지 말고 여전히 어렵고 힘들어하는 사람들을 위하라는 주의 명령인 줄 압니다. 우리의 생활이 먹고 살만하다고 해서 아무런 문제 없이 살아간다고 해서, 힘들고 피곤한 인생을 살아가는 주의 많은 사람들을 외면하지 않게 하여 주옵소서. 주께서 말씀하신 섬김이 일어나도록 인도하여 주옵소서.

온 교회가 감사의 공동체가 되게 하시길 원합니다. 불평과 불만이 교회에 들어오면 순간에 교회를 병들게 합니다. 불평의 입술을 제하시고, 나누는 모든 말들마다 사랑과 격려가 넘쳐나도록 인도하여 주옵소서.

목사님의 말씀을 통하여 감사의 제목들이 생각나게 하시고 감사하지 못했던 부분들까지도 감사할 수 있는 은혜를 주옵소서. 찬양대의 감사로 올리는 찬양을 기쁘게 받아 주옵소서. 어린 교회학교부터 장년들에 이르기까지 감사와 격려가 넘치게 하여 주옵소서.

감사와 찬송을 받으시기에 합당하신 예수 그리스도의 이름으로 기도드립니다. 아멘

추수감사주일 대표기도문 ❷

할렐루야
좋으신 하나님!

　우리에게 복된 날을 주시고, 추수감사절로 오늘 예배를 드리게 하시니 감사합니다. 일 년의 수고를 결실로 거둘 수 있도록 인도하시니 감사합니다. 추수감사절을 통해 다시 한번 감사를 드릴수 있게 하시니 더욱 감사합니다. 우리 예배 가운데 기쁨과 감격이 있게 하여 주옵소서.

　이스라엘 백성들은 주의 도우심을 경험할 때마다 단을 세우고 감사의 제사를 주께 드렸습니다. 그들은 가는 곳마다 단을 세웠고 주를 예배하며, 감사하기를 쉬지 않았던 것을 봅니다.

　거룩하신 하나님!
　우리도 주의 도우심과 선하심을 경험할 때마다 감사할 수 있는 은혜를 허락하여 주옵소서. 감사의 제단을 쌓게 하시고, 주의 도우심을 찬양하게 하여 주옵소서.
　1년 동안의 삶 가운데 주의 선한 손이 우리를 여전히 인도해 왔음을 고백합니다. 많이 힘든 일도, 어려운 일들도 있었지만, 이렇게 또 감사의 자리에 서게 하시니 감사합니다. 사랑하는 가족과 한 자리에 모여 감사하게 하시니 감사합니다.

고아들의 아버지 되시는 하나님,
우리에게 임한 풍요로움 때문에 어려움 가운데 있는 사람들을 외면하지 않도록 인도하여 주옵소서. 경제가 많이 어려워지고 실업자가 늘어가며 이로 인해 가정이 무너져 혼자 되어진 사람들이 늘어갑니다. 도움의 손길을 기다리는 사람들이 늘어갑니다.
추수할 때에 고아와 과부를 위하여 곡식의 전부를 거두어들이지 말 것을 명하시며, 그들의 생명을 책임지라고 말씀하시는 주님, 그들을 돌아볼 수 있는 은혜를 허락하여 주옵소서. 우리의 평안과 안위만을 위해 구하지 않도록 인도하여 주옵소서.

나라와 국가를 위해 기도합니다. 주를 찬양하는 나라가 되게 하여 주옵소서. 주께 감사하는 나라가 되게 하여 주옵소서. 빈부의 격차가 줄게 하시고, 강한 자는 약한 자를 돌보게 하시며, 서로의 여유로움을 나눌 수 있는 국민들이 되길 원합니다. 교회 공동체가 먼저 실천하게 하시고, 사랑의 나눔의 본을 보일 수 있도록 인도하여 주옵소서.

말씀을 통해 우리에게 감사의 의미를 깨닫게 하실 목사님을 성령의 충만함으로 채워 주옵소서. 교회가 감사의 제목들을 발견하여 감격하는 시간이 되게 하여 주옵소서. 우리의 삶의 지금까지 인도하신 주님 감사합니다. 앞으로의 모든 삶 가운데서 여전히 주께 감사하게 하여 주옵소서. 예수 그리스도의 이름으로 기도드립니다.
아멘.

송구영신예배 대표기도문 ①

인생의 주관자가 도시고,
생명의 주인되신 거룩하신 아버지 하나님!

　1년의 삶을 마감하며, 또 다른 한 해를 맞이하기 위하여 우리가 오늘 이 자리에 모였습니다. 1년의 시작과 끝을 주께 드리기 위하여 송구영신 예배로 모였습니다. 우리의 예배 가운데 임재하여 주옵소서. 감사가 있게 하시고, 새해에 대한 희망이 있게 하여 주옵소서.
　지난 한 해를 은혜 가운데 인도하시고 보호하신 주의 은혜와 사랑을 감사합니다. 말 그대로 다사다난 했던 한 해였습니다. 감사의 일들도 있었고 때로는 우리를 힘들게 하는 일들도 있었고, 우리의 믿음을 다시 한번 확인해야 하는 경우도 있었고, 가족에 대한 사랑을 절실히 느끼게 하는 일들도 있었습니다. 그 모든 일들 가운데서 여전히 주의 사랑을 느끼게 하시니 감사합니다.

　한 해가 시작되면서 주께 다짐했던 모든 제목들을 돌아봅니다. 온전한 믿음과 봉사를 보이겠다고 다짐했지만 여전히 실패했던 우리의 모습을 돌아봅니다. 한 해를 또 지나 보내야 한다는 안타까움이 앞섭니다.
　다가오는 한 해를 다시 다짐해 봅니다. 우리의 다짐이 지켜질 수 있는 한 해가 되도록 인도하여 주옵소서. 주의 도우심을 체험하는 일 년이 되도록 인도하여 주옵소서.

감사의 일들이 불일 듯 일어나도록 역사하여 주옵소서. 우리 교회가 이제 새롭게 맞이하는 일년을 통하여 부흥되어지는 역사가 있길 원합니다. 각 기관들을 축복하셔서, 각 기관들이 살아나게 하시며, 주의 은혜를 체험하는 일들이 있게 하여 주옵소서.

기관마다 세워진 기관장들을 축복하시고, 한 해를 지혜롭게 이끌 수 있도록 은혜를 주옵소서. 새롭게 집분을 받은 직분자들을 위해 기도합니다. 장로님으로, 권사님으로, 집사님으로 임직 받은 모든 분들이 주를 향한 온전한 헌신이 있게 하여 주옵소서. 주께 봉사하는 기쁨이 넘치도록 인도하여 주옵소서.

담임목사님을 위해서 기도합니다. 목사님의 가정을 축복합니다. 목회의 어려움을 경험하지 않게 하시며, 승리하는 목회로 인도하여 주옵소서. 주의 사랑을 더욱 더 깊이 느끼는 한 해가 되도록 인도하시고, 주께 간구하는 것마다 이뤄지는 역사가 있게 하여 주옵소서.

온 교회 모든 성도들의 가정 가정마다 주의 눈동자로 지키시며 평안이 있게 하옵소서. 가정 가운데 사랑과 격려가 넘쳐나도록 인도하여 주옵소서. 새로운 인생을 시작해야 하는 한 해를 맞은 성도들이 있습니까? 감당할 수 있는 은혜를 주옵소서.

오늘 말씀을 통하여 승리를 다짐하는 한 해가 되게 하시고, 주를 위한 헌신을 결단하는 한 해가 되도록 인도하여 주옵소서. 에벤에셀의 하나님을 경험하는 한 해가 되도록 동행하여 주옵소서. 날의 시작과 끝을 주관하시는 예수그리스도의 이름으로 기도드립니다. 아멘.

송구영신예배 대표기도문 ❷

우리의 삶의
인도자가 되신 주님!

지난 1년의 삶을 하나님의 은혜 가운데 살게 하시고, 오늘 송구영신 예배로 주의 전에 나오게 하시니 감사합니다. 이 시간 우리의 감사가 넘쳐나는 시간이 되게 하여 주옵소서. 1년 동안 지었던 모든 죄를 회개하고 주께 용서받으며, 새로운 한 해를 다짐하는 시간이 되게 하여 주옵소서.

지난 한 해를 돌아보면 주께 감사할 수밖에 없음을 고백합니다. 주의 도우심이 없었다면 하루라도 살아갈 수 없었던 우리를 능력의 손으로 이끄시고, 승리하게 하신 은혜를 감사합니다. 올 한 해도 도우셨거니와 다가오는 한 해도 여전히 주의 도우심이 함께하는 한 해가 되도록 인도하여 주옵소서.

무엇보다도 우리의 신앙과 인격이 성장하는 한 해가 되길 원합니다. 주를 향한 열정을 회복하게 하시고, 헌신을 다짐하게 하시며 자라난 인격으로 모든 사람들을 너그럽게 대할 수 있도록 인도하여 주옵소서. 믿음의 진보가 있길 원합니다. 흔들리지 않는 믿음으로 성장되길 원합니다. 또한 주님, 우리의 삶을 돌아보사, 우리가 1년을 살아갈 때에 부족함이 없게 하여 주옵소서.

이 나라와 민족을 위해 주께 간구합니다. 다가오는 한 해는 경제적인 성장이 있길 원합니다. 더욱더 성숙한 국민들이 되길 원합니다. 물질 만능주의로 달려가지 않게 하시고, 사람들의 따뜻한 정을 나눌 수 있게 하여 주옵소서. 실업의 문제가 해결되게 하시고, 어려움 가운데 있는 많은 사람들이 희망을 보게 하여 주옵소서.

우리 교회가 이제는 성숙한 교회로 자라나는 한 해가 되길 원합니다. 맡은 바 직분에 충성을 다하게 하시고, 주를 기쁨으로 섬기는 은혜가 있게 하여 주옵소서. 서로의 믿음을 격려하여 세상에서 승리하게 하시고, 각 기관마다 부흥하는 역사가 있게 하옵소서.

목사님과 가정을 위해 기도합니다. 목회에 온전히 전념하게 하시며, 교회를 이끌며, 성도들을 양육할 때에 주님 지혜를 주옵소서. 생명의 말씀으로 먹일 수 있도록 인도하시며, 바른 길을 제시하도록 역사하여 주옵소서.

성도들의 가정도 눈동자같이 지켜 주옵소서. 승리하는 한 해가 되길 원합니다. 주의 선한 손이 돕는 한 해가 되길 원합니다. 새롭게 출발을 다짐하며 계획한 모든 것들을 성실히 지켜 행할 수 있는 시간 시간들이 되게 하여 주옵소서. 주의 거룩을 닮아가는 한 해가 되길 원합니다. 주를 향해 믿음으로 일어나는 일들이 있게 하여 주옵소서. 예수 그리스도의 이름으로 기도드립니다. 아멘

 나의 반석이시요 나의 구속자이신 여호와여 내 입의
말과 마음의 묵상이 주님 앞에 열납되기를 원하나이다
(시 19:14)

심방 대표 기도문

- 대심방 대표기도문
- 첫돌 감사예배 대표기도문
- 개업 감사예배 대표기도문
- 수연·고희 감사예배 대표기도문
- 출산가정 심방대표기도문
- 이사한 가정 심방대표기도문
- 신앙생활을 시작한 가정 심방대표기도문
- 병원입원 심방대표기도문
- 장례예배(임종시) 대표기도문
- 장례예배(하관시) 대표기도문

대심방 대표기도문 ①

은혜로우신 하나님,
감사와 찬송과 영광을 돌립니다.

하나님께서 우리 교회를 축복하셔서 이제 대 심방으로 각 가정들을 방문할 수 있도록 인도하신 은혜 감사합니다. 오늘부터 시작되는 대심방을 통하여 목사님과 성도들이 각 가정을 돌며, 주의 이름으로 문안하고, 축복할 때에 주님 동행하여 주시고 큰 복으로 함께 하여 주옵소서.

임마누엘의 주님!
이제 우리가 가정들을 심방할 때에 그 가정에 문제가 해결되게 하시고, 고쳐야 할 점 들이 고쳐지는 시간이 되게 하시며, 주의 은혜를 회복하는 역사가 있게 하여 주옵소서. 목사님께서 각 가정을 위해 기도할 때에 그 기도가 열납 되게 하시며, 뜻한 바대로 이루어지도록 역사하여 주옵소서.

우리의 기도를 들으시는 하나님!
이 가정을 위해 기도드립니다. 주를 위한 열심히 특별한 가정입니다. 주의 교회를 아름다운 모습으로 섬기며, 봉사하는 가정입니다. 큰 은혜를 허락하여 주옵소서. 앞으로 이보다 더 주를 잘 섬길 수 있는 환경들이 만들어지도록 역사하여 주옵소서.

주의 말씀으로 충만한 가정 되길 원합니다. 물질의 어려움을 경험하지 않는 가정 되길 원합니다. 건강의 은혜가 넘쳐나는 가정 되길 원합니다. 감사함이 샘솟는 가정되길 원합니다. 주님, 함께하여 주옵소서.

귀한 자녀들에게도 함께 하사 큰 능력으로 도우시고, 학업을 하는 가운데 있사오니 지혜의 손길로 도와주옵소서. 귀한 자녀들에게 좋은 비전을 주시고, 주를 향한 소망을 품을 수 있도록 역사하여 주옵소서. 믿음의 좋은 스승을 만나게 하시며, 좋은 친구들을 만나게 하셔서 이 세상에서 바른길 가게 하여 주옵소서.

삶의 터전인 직장 위에 함께 하사 날마다 번창하는 직장이 되게 하시고, 직장생활에서도 승리하도록 인도하여 주옵소서.
대심방이 시작되었습니다. 마치는 그날까지 큰 역사를 경험하는 복된 시간 되도록 인도하여 주옵소서. 주의 사랑이 모든 성도들의 가정 가정마다 충만하게 하여 주옵소서.

대심방에 심방대원으로 함께 동참하는 수고를 아끼지 않는 성도들에게도 같은 은혜로 함께 하여 주옵소서. 목사님의 말씀이 승리의 말씀으로 선포되도록 인도하여 주옵소서. 가정의 주 되신 예수 그리스도의 이름으로 기도드립니다. 아멘.

대심방 대표기도문 ❷

좋으신 아버지 하나님!

우리에게 귀한 시간을 허락하시고, 이렇게 대 심방기간을 맞이하여 주께 예배하게 하시니 감사합니다. 주를 찬양하며 주께 헌신하는 복된 가정들을 심방할 때에 큰 은혜 주시고, 주의 이름으로 문안할 때에 도우시는 역사가 있게 하여 주옵소서. 대심방 기간을 통하여 목사님과 성도들의 각 가정마다 방문합니다. 각 가정의 기도제목을 나누며, 말씀을 선포하고, 축복을 선포할 때에 성령의 능력으로 임재하여 주옵소서.

은혜의 하나님,
우리 교회에 좋은 ○○ 성도님들을 보내주시고, 하나 되어 주를 섬기게 하시는 은혜를 감사합니다. 성도의 교제와 사랑이 언제나 넘쳐나게 하시고, 주 오시는 그날까지 서로의 믿음을 격려하는 일들이 일어나게 하여 주옵소서. 가정의 가장으로 세워주신 아버님을 기억하시고 주께 헌신하는 가운데 있사오니, 큰 은혜로 도와주옵소서. 무엇보다도 자녀들에게 믿음의 본을 보일 수 있게 하시어, 자녀들이 부모의 신앙을 본받을 수 있게 하여 주옵소서. 가정의 경제적인 생활을 책임지기 위하여 일을 할 때도 즐거움이 넘쳐나게 하시며 어려움 당하지 않도록 인도하여 주옵소서.

가정을 돌보며, 자녀들을 양육하는 어머니에게도 함께 하사, 기도하며 자녀들을 양육케 하시고, 사랑과 존경으로 남편을 섬길 수 있게 하여 주옵소서. 기도로 가정을 세우게 하시고, 찬양으로 감사가 넘쳐나는 가정을 만들도록 인도하여 주옵소서.

슬하에 귀한 자녀를 주시니 감사합니다. 믿음 안에서 아름답게 성장하게 하시고, 바른 길로 가게 하시며, 세상을 살아가는 지혜와 능력을 허락하여 주옵소서. 자녀들이 이 가정에 기쁨이 되길 원합니다. 저들의 장래와 미래에도 축복하시고, 사랑으로 함께 하여 주옵소서. 교회에서 봉사는 가정입니다. 주를 섬기는 복된 가정이오니 주를 섬기는 가정이 잘됨을 이 가정을 통해 보여줄 수 있는 축복을 허락하여 주옵소서. 주의 선한 손이 날마다 돕는 은혜를 경험하게 하여 주옵소서.

목사님께서 이제 이 가정에 합당한 말씀을 증거 하실 때에 큰 은혜가 임하게 하시며, 해결되어져야 할 문제의 응답을 듣는 시간이 되게 하여 주옵소서. 심방에 동참한 귀한 성도님들에게도 동일한 은혜와 사랑으로 충만하게 채워 주옵소서.
대심방 기간이 마치는 시간까지 늘 강건함으로 도우시고, 은혜 가운데 심방이 마쳐지도록 인도하여 주옵소서. 사랑이 많으신 우리 주 예수 그리스도의 이름으로 기도드립니다. 아멘.

첫돌 감사예배 대표기도문

생명의 근원되시는
아버지 하나님!

　우리에게 귀한 생명을 주시고, 하나님의 은혜 가운데 아름답게 자라게 하시다가 오늘 이렇게 첫 돌 감사예배로 드리게 하시니 감사합니다. 그 은혜에 감사하여 온 교회 성도님들과 친척들이 같이 모여 첫 돌을 축하합니다. 축하를 받는 귀한 가정에 하나님의 은혜와 사랑이 늘 충만하도록 인도하여 주옵소서.
　사랑하는 부부로 만나게 하시고, 주 안에서 결혼케 하시며, 가정에 자녀를 허락하시니 감사합니다. 주께서 주신 생명을 주께 드리는 마음으로 아름답게 키울 수 있도록 인도하여 주옵소서.

　이제는 각자의 인생만을 책임져야 하는 위치가 아니라 사랑하는 자녀를 양육해야 되는 부모의 위치가 됐음을 깨닫게 하시어, 더욱더 가정에 대한 책임을 감당하게 하시고, 사랑으로 자녀를 양육하도록 인도하여 주옵소서.

　귀한 자녀가 자라나는 과정 가운데 어려움이 없게 하시고 자녀를 키울 때 감당해야 할 물질적인 문제들이 해결되도록 인도하여 주옵소서. 사랑하는 자녀를 위해 기도합니다. 이 세상에 생명을 주시고 일 년간 자라게 하시니 감사합니다.

지금껏 살아온 날보다 앞으로 살아가야 할 날이 훨씬 많은 자녀이오니, 주님, 한없는 사랑으로 함께 하여 주옵소서. 세상에서 승리하는 삶을 살아가도록 역사하여 주옵소서. 무엇보다도 사랑하는 자녀가 믿음 안에서 자라나길 원합니다. 주를 경외하게 하시며, 주의 뜻을 구하는 지혜를 주옵소서.

이제 이 자녀가 자라나면서 만나야 할 많은 사람들이 있는 줄 압니다. 친구를 만나야 하고, 선생님을 만나야 하고, 이웃을 만나야 하고, 또 자라나 좋은 가정을 이루어야 합니다. 이렇게 많은 모든 만남 가운데 주께서 함께 하사 좋은 만남이 있게 하시고, 서로 세워주는 만남들이 있게 하여 주옵소서.

사랑하는 부모들이 자녀를 위해 눈물로 기도하게 하시고 말씀을 가르치며, 주의 사랑을 가르치게 하여 주옵소서. 또한 이 자리를 축복해 주시기 위해 참석한 친척들과 성도들을 돌아보시고, 서로의 기쁨을 축하하는 이 모습이 더욱더 아름다워 지도록 인도하여 주옵소서. 특별히 사랑하는 자녀의 할아버지와 할머니를 건강으로 도우셔서, 손자가 자라나는 기쁨을 맛보게 하여 주옵소서.

말씀을 전하시는 목사님을 성령의 큰 은혜로 채우시며 살아가는 데 필요한 영의 양식을 증거하게 하여 주옵소서. 예배를 기쁘게 받아 주시길 원하오며, 우리 구주 예수 그리스도의 이름으로 기도드립니다. 아멘.

개업 감사예배 대표기도문 ①

전능하신 아버지 하나님,
귀한 은혜와 사랑을 진심으로 감사드립니다.

　주의 은혜로 지금까지 인도하여 주시고, 날마다 도우사 주의 선한 손을 맛보게 하시니 감사합니다. 주께 영광 돌리며 주를 찬양하는 삶을 살아가는 우리 모두가 되게 하여 주옵소서.
　이제 사랑하는 성도님이 새로운 삶의 터전을 마련합니다. 새로운 일을 시작하여 개업 감사예배로 주께 영광 돌립니다. 주께 먼저 예배의 단을 쌓고 시작하는 이 일이 주안에서 승리하게 하시고 확장 되는 은혜가 있게 하여 주옵소서.

　야베스의 기도와 같은 승리가 이 사업장 위에 있길 원합니다. 복의 복을 더하여 주시고, 그 복을 통하여 날마다 성장하게 하시며 주의 거룩한 손으로 도우사, 이 사업의 터전이 확장되게 하시고, 환난을 면케 하시는 은혜를 주시며, 주의 모든 날에 승리할 수 있는 은혜를 허락하여 주옵소서.

　'네 시작은 미약하였으나, 네 나중은 심히 창대하리라' 말씀하신 아버지 하나님, 오늘 이렇게 시작하는 사업의 터전 위에 창대해지는 은혜를 허락하여 주옵소서. 자금의 회전이 빠르게 진행되어지길 원합니다. 손길들이 바빠지는 은혜가 있길 원합니다.

여기에 오가는 많은 사람들이 좋은 소문을 내게 하셔서 소문에 소문을 듣고 찾을 수 있는 은혜가 있게 하여 주옵소서. 무엇보다도 우리를 기억해야 할 것은 주를 경배하는 일입니다. 이 일이 주를 위해 헌신할 수 있는 좋은 여건이 되게 하시며, 주님을 위해 봉사하는 일들에 지장을 받지 않도록 역사하여 주옵소서.

사람이 감당하는 일이 아니라, 주께서 허락하셔야 할 수 있는 일임을 기억하게 하시며, 겸손히 주께 무릎 꿇는 아름다운 은혜가 있게 하여 주옵소서. 결국은 믿음의 기도가 승리한다는 것을 이 사업장을 통하여 보여 주옵소서.

이제 새롭게 출발하여 여러모로 불안함도 있겠으나 평안을 허락하여 주옵소서. 두려움이 없게 하시고, 담대함으로 승리하게 하시며 이곳 가운데 뛰어난 이름으로 허락하여 주옵소서.

교회에서도 열심히 주를 섬기며 봉사하는 가정입니다. 큰 은혜로 도와주옵소서. 성령의 충만으로 함께 하시며, 주의 기업의 터전이 되도록 인도하옵소서.

목사님의 말씀을 통하여 하나님의 뜻이 선포될 때에 감사하게 하시고, 삶의 목표로 정해지도록 인도하여 주옵소서. 개업을 축하하기 위하여 함께 모여 예배하는 모든 성도들도 같은 은혜로 채워 주옵소서. 우리의 근원 되시는 예수 그리스도의 이름을 기도 드립니다. 아멘.

개업 감사예배 대표기도문 ②

우리의
기업이 되시는 주님!

태초에 하나님이 천지를 창조하시고, 선한 땀을 흘려 생명을 유지하라 말씀하신 아버지 하나님, 오늘 귀한 성도님의 생활의 터전에서 개업 감사예배로 드리게 하신 은혜와 사랑을 감사합니다. 이 터전을 축복하오니, 이 터전을 통해 영광 받으시고, 주를 드러내는 역사가 있게 하옵소서.

먼저 주께 예배함으로 이 터전의 모든 일을 시작하는 이 정성을 기쁘게 받아 주옵소서. 주님께서 허락하셔야만 승리할 줄 믿사오니 큰 능력으로 도우시고, 이 곳에서 두각을 나타내는 사업장으로 승리하도록 인도하여 주옵소서. 사업을 준비하면서 여러 가지로 신경을 쓰고, 바쁘게 움직였을 줄 압니다. 수고의 대가가 기쁨으로 돌아오도록 인도하여 주옵소서.

"눈물로 씨를 뿌리는 자는 기쁨으로 단을 거두리로다"

주께 구하며 간구하오니 기쁨으로 열매들을 거둘 수 있는 복된 터전이 되도록 인도하여 주옵소서. 이 터전 위에 큰 복을 허락하시길 원합니다. 복의 복을 허락하여 주옵소서. 날마다 사업장이 늘어나는 감사를 체험하게 하시고, 주께서 강한 손으로 도우사, 어려움이 이 곳을 지나가는 유월의 은혜를 허락하여 주옵소서.

이제부터 시작하는 이 사업장으로 인하여 온 가족이 경제적인 어려움을 경험하지 않으며, 오히려 물질의 부유함으로 주를 기쁘게 섬길 수 있는 은혜가 있게 하여 주옵소서.

사업을 시작하면서 만나야 할 많은 사람들이 있을 줄 압니다. 사람을 통하여 역사하시는 주께서 좋은 만남이 있게 하시고, 만나지는 사람들마다 도움이 되는 손길들을 만나게 하여 주옵소서.

하나님께서 세워주신 이 사업장을 통하여 복음의 좋은 소식이 날마다 더해지는 역사가 있게 하여 주옵소서. 평안의 소문이 나게 하시어 날마다 찾는 이가 더해지는 역사가 있게 하여 주옵소서.

무엇보다도 새롭게 사업을 시작하는 이 가정 위에 큰 믿음을 더하여 주옵소서. 이 일이 믿음의 전진을 가져올 수 있는 귀한 일이 되길 원합니다. 신앙생활에 발목을 잡지 않게 하시며, 오히려 감사의 제목들이 날마다 생겨나게 하셔서 믿음 또한 날마다 성장함을 경험하게 하여 주옵소서.

새롭게 시작하는 일이라, 여러 가지 불안하며 초조한 일들이 있을 것입니다. 마음의 놀라운 평안을 허락하여 주옵소서. 주께서 주시는 평화가 넘치게 하여 주옵소서. 목사님을 통하여 증거 되는 말씀이 이 사업장에 충만하게 하시며 주의 영광을 드러내는 사업장이 되게 하여 주옵소서. 우리 구주 예수 그리스도의 이름으로 기도드립니다. 아멘.

수연·고희 감사예배 대표기도문 ①

생명의 주관자 되시고,
인류의 생사화복을 주관하시는 하나님!

주님의 놀라운 사랑에 진심으로 감사와 찬송을 드립니다. 이 땅에 생명을 허락하신 이도 여호와시요, 삶을 유지하게 하신이도 여호와시요, 은혜 가운데 천국으로 인도함 받게 하시는 이도 여호와 인줄 믿습니다.

오늘 이렇게 기쁘고 복된 날을 허락하시고, 고희 감사예배로 주께 영광 돌리게 하신 은혜와 사랑을 감사합니다. ○○년 전에 이 땅에 귀한 성도님을 보내주시고, 주를 의지하며 일평생 살게 하시다가 오늘 고희를 맞아 주께 감사드리게 됨을 무한 감사드립니다.

날을 허락하시고 생을 인도하신 여호와 아버지 하나님께 감사의 예배를 드리는 이 정성을 기쁘게 받으시고 놀라운 평안과 축복으로 덧입혀 주옵소서. 입술에 감사와 찬양이 날마다 넘쳐나도록 역사하여 주옵소서.

지금까지 ○○ 성도님의 삶을 은혜 가운데 인도하셨거니와 남은 여생도 주의 은혜로 도우시며 강건케 하시어 주께서 부르시는 그날 기뻐하며 주께 나아갈 수 있는 은혜를 허락하여 주옵소서. 슬하에 귀한 자녀들과 손자 손녀들이 있습니다. 저들을 축복하여 주시길 원합니다.

부모에게 참된 기쁨은 자녀들이 잘되는 것을 보는 것이며, 자녀들을 통하여 위로와 사랑을 받는 것일 줄 압니다. 사랑하는 모든 자녀들을 축복하시고 세상에서 승리하게 인도하여 주옵소서.

자녀 또한 부모에게 기쁨이 되게 하시고 진심으로 부모를 사랑하며 섬기는 은혜가 있게 하여 주옵소서. 무엇보다도 남은 여생 가운데 주의 은혜가 함께 하길 원합니다. 강건케 하는 은혜가 넘치길 원합니다. 믿음을 지키며 주께서 부르시는 그날을 준비하게 하여 주옵소서.

이 자리에 이 기쁜 날을 축복하기 위하여 함께 모인 모든 분들에게도 신령한 은혜를 허락하여 주옵소서. 함께 축복하며 나누는 귀한 사랑을 기쁘게 받아 주옵소서. 모든 분들에게도 장수하는 은혜가 있길 원합니다. 자녀들이 정성을 다해 이 잔치를 베풀었으니 모든 잔치의 순서가 은혜 가운데 진행되게 하시고, 찾아와 축하하는 모든 분들이 즐거워할 수 있는 시간이 되게 하옵소서.

목사님을 통하여 선포될 말씀이 성도님과 가족들에게 위로가 되게 하시며, 가정을 인도하는 능력의 말씀이 되게 하여 주옵소서. 성도님이 날마다 무릎으로 주께 간구하는 모든 기도의 제목들을 들으시며 응답하여 주옵소서. 우리와 늘 함께 하시는 예수 그리스도의 이름으로 기도드립니다. 아멘.

수연·고희 감사예배 대표기도문 ❷

할렐루야,
좋으신 아버지 하나님!

이렇게 복되고 좋은 날을 허락하시어, 우리가 함께 모여 사랑하는 ○○ 성도님의 고희를 축하하며 예배하게 하시니 감사합니다. 주의 은혜로 도우사 지금껏 인도하시고 오늘 이 감사의 자리를 맞게 하시니 더욱 감사를 드립니다. 70여 평생을 주를 의지할 수 있는 믿음을 주시니 더욱 감사합니다. 오늘 모여 이 자리를 축복하는 이 예배가 주께 영광되는 시간을 허락하여 주옵소서.

귀한 ○○ 성도님을 우리 교회에 보내주시고 기쁨과 즐거움으로 교회를 섬기며 봉사하게 하신 은혜를 감사합니다. 무엇보다도 구원의 기쁨과 확신을 얻게 하시니 감사합니다. 또한 자녀들을 믿음으로 인도하게 하시니 더욱 감사합니다. 사랑하는 자녀들이 부모들의 믿음을 본받아서 여전히 세상 가운데서도 신앙을 지키게 하시고, 주를 증거 하는 자녀들이 되도록 인도하여 주옵소서.

평생의 삶을 돌아볼 때에 눈물을 흘려야 할 적도 많았고, 근심 가운데 있어야 할 때도 있었습니다. 이제 그 눈에 눈물을 닦아 주시고 한없는 기쁨이 충만한 인생이 되게 하여 주옵소서. 강건한 능력으로 채우사 남은 여생을 건강하게 마칠 수 있는 은혜를 주옵소서.

사랑하는 자녀들을 위해 축복합니다. 이들이 부모에 기쁨이 되어지길 원합니다. 부모에게 들려지는 소식들이 승리의 소식들로 들려지게 하시고 감사의 소식들이 들려지도록 축복하여 주옵소서. 무엇보다도 형제 우애를 허락하여 주시고 서로가 서로를 아끼며 사랑하게 하시고, 가족의 기쁨을 누리게 하여 주옵소서.

자녀들의 정성으로 베풀어진 이 귀한 잔치 자리가 기쁨이 가득하게 하시고, 참석한 모든 분들이 즐겁고 복된 시간을 보내도록 인도하여 주옵소서. 모든 순서의 진행이 매끄럽게 진행되도록 역사하여 주옵소서.
우리가 기억해야 할 것은 우리는 언젠가는 건강이 쇠약해지고 백발이 늘어나며 늙어진다는 것입니다. 젊었을 때에 겸손하게 주를 의지하도록 인도하여 주옵소서. 우리의 강건함을 자랑하지 않게 하시며 겸손의 은혜를 허락하여 주옵소서.

목사님을 통하여 선포되어질 말씀이 이 자리를 충만하게 채우시며, 기쁨이 되고 위로가 되는 말씀이 되게 하시며, 자녀들과 이 자리에 모인 모든 분들의 삶의 목표를 삼을 수 있는 말씀되게 하여 주옵소서. 오늘 진행되는 모든 순서를 주께 의탁합니다. 우리 구주 예수 그리스도의 이름으로 기도드립니다. 아멘.

출산가정 심방 대표기도문 ①

이 세상의 모든 것들을 만드시고
창조하신 거룩하신 아버지 하나님!

    오늘 귀한 가정에 사랑하는 자녀를 주시고 은혜 가운데 출산하게 하시어 감사의 예배를 드리게 하시니 무한 감사합니다. 사랑하는 성도님들이 하나님의 섭리와 계획 가운데 만나게 하시고 교제하는 가운데 결혼케 하시어 아름다운 가정을 가꾸게 하시다가 잉태케 하시고 오늘 귀한 자녀를 출산케 하시니 감사합니다.

    이제 이 가정에 주신 귀한 자녀가 이 세상에서 승리하게 하시고 날마다 무럭무럭 자라날 수 있는 은혜를 허락하여 주옵소서. 출산의 모든 과정을 잘 인도하신 하나님께서 이 아이의 앞길을 인도하시고 주의 눈동자가 영원히 함께 하사 주의 보호하심을 경험하는 은혜가 있게 하여 주옵소서.

    자라나는데 필요한 건강을 주옵소서. 지혜를 주옵소서. 부모가 사랑과 기도로 자녀를 양육할 수 있는 은혜를 주옵소서. 이제 식구가 하나 더 늘었습니다. 이 가정에 필요한 물질들이 채워지게 하시고 넉넉할 수 있는 은혜를 허락하여 주옵소서.
    주께서 이 가정에 이 자녀가 필요하시기에 보내 주신 줄 압니다. 주께 감사하는 가정이 되게 하시고, 믿음의 본을 보이며 자녀에게 아름다운 신앙을 물려줄 수 있는 가정되게 하여 주옵소서. 가정에 큰 기쁨이 되는 자녀로 성장하도록 인도하여 주옵소서.

산모를 위해 기도합니다. 주의 은혜로 출산하게 하시니 감사합니다. 이제 몸조리를 하며 건강을 다시 회복하게 하시고 몸의 모든 기관들이 제 자리를 찾을 수 있도록 인도하여 주옵소서. 산후조리 과정을 통하여 이전보다 더욱 건강하도록 산모를 붙들어 주옵소서.

이제는 부모로서의 역할을 감당해야 합니다. 부모로서 자녀들에게 모범을 보이게 하시고 사랑하는 모습만 보일 수 있도록 인도하여 주옵소서. 함께 모여 이 기쁜 일을 축복하는 모든 성도들에게 큰 은혜로 함께하여 주옵소서. 항상 기쁨이 넘쳐나는 교회가 되게 하여 주옵소서.

말씀을 전하실 목사님께도 함께 하사 좋은 말씀으로 이 가정을 채우게 하시고, 귀한 자녀를 양육할 때에 인도함 받을 수 있는 말씀을 허락하여 주옵소서. 감사하여 주께 예배하는 이 시간을 축복하여 주옵소서.

우리 구주 예수 그리스도의 이름으로 기도드립니다. 아멘.

출산가정 심방 대표기도문 ❷

생명의 창조자이신
하나님 아버지!

　인간의 모든 생사화복을 주관하시는 하나님 아버지, 주님의 귀한 은혜와 사랑을 진심으로 감사드립니다. 사랑하는 ㅇㅇ 성도님 가정을 우리 교회에 인도하여 주시고 이 가정에 귀한 새 생명을 허락하신 은혜를 감사드립니다. 출산의 모든 가정을 인도하신 하나님께 영광을 돌립니다.
　사랑하는 새 생명을 이 가정에 허락하셨으니, 이 자녀가 자라기에 합당한 은혜를 또한 허락하여 주옵소서. 부모들에게 귀한 자녀를 아름답게 성장시킬 수 있는 능력을 주시고, 자녀를 믿음으로 양육할 수 있도록 인도하여 주옵소서.

　이 자녀가 세상에서 살아가는 동안 필요한 것들을 채워주시기 원하며 자라며 성장하는 과정 속에 치러야 할 병치레도 잘 감당할 수 있게 하시고 강건하게 성장할수 있도록 인도하여 주옵소서.
　귀한 자녀의 장래를 축복합니다. 만나야 할 좋은 친구들을 만나게 하시고, 인생에서 바른길 가게 하시며, 좋은 스승을 만나게 하시고 온전히 주를 섬기며 예배할 수 있는 은혜를 허락하여 주옵소서. 이제 부모들이 이 자녀를 위해 기도하며 양육할 때에 기쁨이 넘쳐나도록 인도하여 주옵소서.

산모를 위해 기도합니다. 출산의 모든 과정을 은혜로 인도하셨으니 이제 몸조리하는 과정에 더 큰 은혜를 허락하여 주옵소서. 빠른 회복이 있게 하시고 이전보다 더 강건하여질 수 있는 은혜를 주옵소서.

이 가정에 믿음과 성장을 위해 기도합니다. 한 교회 성도로 만나게 하시고, 봉사하며 주를 섬기게 하시니 감사합니다. 더욱더 성장한 신앙의 가정이 되게 하시고, 날마다 주를 찬양하며 예배하는 가정이 되게 하여 주옵소서.

가정이 천국 되게 하시고, 남편과 아내가 서로 사랑하며 아름다운 덕을 나누게 하시고, 자녀가 자라나는 것을 보며 즐거워할 수 있는 가정이 되도록 인도하여 주옵소서. 함께 모여 출산을 축하하는 모든 성도님들에게 은혜를 덧입혀 주옵소서. 감사의 제목들이 교회에서 늘어나게 하시니 감사합니다. 날마다 감사하는 교회 되도록 인도하여 주옵소서.

목사님께서 주시는 말씀이 이 가정에 힘이 되게 하시고, 주 안에서 승리하는 가정되게 인도하여 주옵소서. 예배의 모든 순서를 주께 의지합니다. 큰 축복으로 함께 하여 주옵소서. 우리의 생명의 근원 되신 예수 그리스도의 이름으로 기도드립니다. 아멘.

이사한가정 심방 대표기도문 ①

은혜로우신 하나님 아버지,
새로운 거처를 허락하심에 감사드립니다.

  주님, 사랑하는 성도님 가정을 축복하시고 동행하여 주셔서 오늘 이 자리에 함께 예배하게 하심을 감사드립니다. 이제 이 가정이 새로운 곳으로 이사 와서 주께 감사의 예배를 드립니다. 우리의 예배를 받아주시고 주께 영광 돌리는 복된 예배가 되도록 인도하여 주옵소서.
  거룩하신 하나님, 이제 은혜로운 거처를 정할 수 있게 하시니 감사합니다. 주의 은혜로 집을 구입하게 하시니 감사합니다. 가족 모두가 편안하고 평화로운 안식처가 되도록 인도하여 주옵소서. 사회생활하면서 지치고 피곤한 육신이 가정에 돌아와 온전한 회복을 경험하게 하시고 새 힘을 얻어 다시 사회생활에서 승리하게 하여 주옵소서.

  사단의 세력을 결박하시며, 주의 천사가 이 가정을 호위하며 안위하게 하셔서 이 가정이 복된 가정이 되게 하시고, 어려움이나 환난을 경험하지 않는 가정이 되도록 인도하여 주옵소서. 무엇보다도 신앙에 바로 선 가정이 되길 원합니다. 남편과 아내가 서로의 믿음을 격려할 수 있게 하시고, 자녀들이 부모의 믿음을 본받을 수 있는 가정이 되도록 인도하여 주옵소서.

교회에서도 주를 섬기며 봉사할 때 큰 기쁨을 얻게 하시고, 특별히 주께 헌신하는 가운데서 주님께서 주시는 갑절의 축복을 누리는 가정이 되도록 인도하여 주옵소서.

주님, 세상에 안식을 취할 거처를 주신것도 이렇게 감사하고 고마운 일인데, 우리에게 영원한 안식처를 주시니 무한 감사합니다. 주께서 우리를 부르시는 그날, 우리는 영원한 피난처에서 쉬게 될 것입니다. 그날을 고대하며 살아가는 복된 우리가 되도록 인도하여 주옵소서.

이 가정에 경제적인 부분을 주님 헤아려 주시옵소서. 경제적인 어려움이 없게 하시고, 필요한 물질을 충만으로 채워 주옵소서. 건강한 가정이 되게 하시며, 병으로 인해 고생하거나 어려움 당하지 아니하도록 지켜 주옵소서. 사랑으로 가득찬 가정되게 하시며, 항상 기쁨이 넘쳐나는 가정이 되게 하여 주옵소서. 믿음의 유산을 후손들에게 까지 나누어줄 수 있는 은혜를 주옵소서.

목사님께서 이 가정에 합당한 말씀을 증거 하실 때에 이 집에 꼭 필요한 말씀이 되게 하시고, 하나님의 영이 함께 하여 주옵소서. 축하하기 위하여 같이 예배하는 모든 성도님들에게도 큰 은혜로 함께 하여 주옵소서. 우리 구주 예수 그리스도의 이름으로 기도드립니다. 아멘.

이사한가정 심방 대표기도문 ❷

우리의 영원한 피난처요,
안식처이신 주님을 찬양합니다.

　오늘 사랑하는 성도님 가정이 귀한 집으로 이사하여 주께 감사한 마음으로 예배를 드립니다. 주님 우리의 예배를 기쁘게 받으시고 한없는 사랑을 충만하게 부어 주옵소서.
　그동안도 여러 손길로 도우시고 인도하시다가 오늘 이곳으로 이사하여 감사하게 하시니 감사합니다. 이제 이곳에 터를 잡고 생활을 시작할 때에 주의 도우심을 경험하게 하시고, 평안한 쉼을 얻을 수 있는 안식처가 되도록 인도하여 주옵소서. 가족 모두가 가정의 참사랑을 느낄 수 있는 터전이 되게 하여 주옵소서.

　더욱 기도하는 것은 이 가정이 이 주위를 변화시키는 믿음의 전진 기지가 되길 소원합니다. 주위의 이웃들을 만날 때에 좋은 이웃을 주시고, 주를 섬기지 않는 이웃들에게 주의 사랑을 증거 하여 구원할 수 있는 은혜를 허락하여 주옵소서.

　새로운 곳으로 왔으니 더욱더 열심히 주를 섬기게 하시고, 교회에도 충성하며, 하나님을 기쁘게 해 드리는 일들을 잘 감당하도록 역사하여 주옵소서. 교회에서 맡은 바 직분에 충성하게 하시고, 지금보다도 큰 능력으로 주일 일을 행할 수 있는 은혜를 주옵소서.

이 가정이 천국 되길 소망합니다. 이 땅에서 천국을 맛보는 가정이 되도록 인도하여 주옵소서. 남편과 아내가 더욱더 사랑하게 하시고, 자녀들이 부모를 존경함으로 따르게 하시며, 부모들은 자녀를 믿음으로 양육하도록 인도하여 주옵소서. 믿음의 공동체를 경험하게 하시고, 서로가 가족 된 것을 자랑하는 일들이 일어나도록 역사하여 주옵소서.

이 땅 가운데 터전을 허락하셔서 삶을 살게 하신 것을 감사하는 이 시간에 우리의 영원한 터전을 생각하게 하여 주옵소서. 지금 우리가 거하고 있는 이 땅은 잠시 머물다 가야 하는 땅입니다. 우리에게 영원한 안식처가 있음을 기억하게 하시고, 그곳을 소망하며 살아갈 수 있는 은혜를 주옵소서. 영원한 안식처가 우리에게 허락되었음을 감사하게 하여 주옵소서.

이 가정이 하나님의 도우심을 경험하는 가정이 되길 원합니다.
믿음의 본질을 지키는 가정되게 하시고, 물질의 어려움이 이 가정을 덮치지 않게 하시고, 건강한 육신을 보전할 수 있도록 역사하여 주옵소서.
목사님과 함께 축하하기 위해 모인 모든 성도들에게도 한없는 사랑과 능력으로 충만하게 채워 주옵소서. 주님이 주시는 기쁨으로 성도의 기쁨을 같이 나누는 은혜가 늘 함께 하여 주옵소서. 우리 구주 예수 그리스도의 이름으로 기도드립니다. 아멘.

신앙생활을 시작한가정 심방 대표기도문 ①

은혜로 구원하여 주신
하나님 아버지 감사합니다.

    우리가 오늘 이 자리에 모여 함께 예배하고 주를 높이게 하시니 감사드립니다. 이제 사랑하는 성도님이 믿음의 출발을 다짐했습니다. 주를 믿고 의지하길 원하오니 믿음의 은혜를 허락하여 주시고, 큰 확신으로 세상에서 승리할 수 있도록 인도하여 주옵소서. 주를 알지 못하고 살아가다가 주의 살아계심을 기억하며 나아왔습니다. 한없는 은혜를 부어 주옵소서.

    우리 모두가 성도님의 신앙이 잘 성장되길 위해 기도하게 하시고, 신앙을 돕고 격려하는 일들이 일어나게 하여 주옵소서. 주의 말씀을 읽을 때마다 깨닫는 은혜를 주시고, 주의 말씀을 들을 때마다 성령에 감동되게 하시며, 교회 생활도 빠르게 적응하게 하시길 원합니다.

    교회에서 진행되는 모든 일들이 낯설지 않게 하시고, 찬양의 은혜를 허락하시어 입술에 감사가 넘치도록 인도하여 주옵소서. 기도의 문도 열려 기도할 때마다 들으시는 주의 능력을 체험하게 인도하여 주옵소서. 사단의 세력이 감히 틈타지 않게 하시며, 주의 천사가 안위하며 보호하셔서 인생에서 승리하게 하옵소서.

주 오시는 그날까지 믿음의 경주를 아름답게 마칠 수 있도록 인도하여 주옵소서. 주님, 이 가정이 이제 온전한 그리스도의 가정이 되게 하시고, 주일이면 손에 손을 잡고 온 가족이 주의 전을 찾을 수 있는 은혜를 베풀어 주옵소서.

신앙생활을 할 때 여러 가지 방해되는 일들이 일어날 때마다 믿음으로 이기게 하시고, 매일마다 베푸시는 은혜에 감사하는 일들이 있게 하여 주옵소서. 믿음의 큰 확신을 주옵소서. 견고한 반석 위에 믿음의 집을 짓게 하여 주옵소서.

이제 교회가 신앙생활을 도울 때에 잘 섬길 수 있게 하시고, 해가 거듭해 갈수록 교회에 깊게 들어오게 하시길 원합니다. 신앙을 결단한 이 가족에게 큰 축복을 더하여 주옵소서. 세상의 모든 죄를 결단하여 끊게 하시고, 주를 위해 성결한 삶을 살아갈 때에 세상에서 얻지 못했던 부와 명성으로 이 가정을 채워 주옵소서. 그리하여 주를 믿는 것이 가장 복된 일임을 증거 하게 하여 주옵소서.

목사님의 말씀이 증거 될 때에 죽은 영이 살아나는 역사가 있게 하여 주옵소서. 주의 이름으로 방문하는 이 가정에 유월절의 은혜가 있게 하여 주옵소서. 역사의 주관자 되시는 우리 구주 예수 그리스도의 이름으로 기도드립니다. 아멘

신앙생활을 시작한가정 심방 대표기도문 ❷

참 좋으신 은혜의 하나님 아버지,
주님의 귀한 사랑에 감사와 찬송을 드립니다.

오늘 우리가 모여 주께 예배함은 귀한 가정이 믿음을 결단하고 주를 섬기기를 다짐하여 주께 감사의 예배를 드립니다. 이제부터 시작되는 모든 신앙생활에서 승리하는 은혜가 있게 하여 주옵소서. 사단의 세력과 담대히 싸워 승리의 노래를 부르도록 인도하여 주옵소서.

하나님은 죄악으로 멸망할 수밖에 없는 우리들을 불쌍히 여기사 독생자 아들 예수 그리스도를 보내시고, 그를 십자가에 죽으심으로 우리를 구원하셨고 그의 부활과 더불어 우리에게 부활의 소망을 주시고, 저 천국을 차지하게 하셨습니다.

그러나 안타까운 것은 많은 사람들이 이 진리를 믿지 않고, 부인하는 일들입니다. 주께서 사랑하는 성도님을 인도하여 주셔서 이전에 믿지 못했던 이 진리가 믿어지게 하시니 감사합니다. 주님만이 구원자이심을 확신하게 하시니 감사합니다. 더욱이 믿음을 결단하는 마음으로 심방을 허락하고 예배하게 하시니 감사합니다.

주의 말씀이 영원히 믿어지는 역사가 있게 하여 주옵소서. 주의 은혜를 체험하는 가정이 되게 하여 주옵소서. 말씀을 읽는 것이 즐거워지게 하시고, 찬양하는 것이 감사하게 하시며, 말씀을 들을 때에 깨닫는 은혜를 주옵소서. 주께 늘 기도하게 하시고 이제 기도의 무릎으로 날마다 세상에서 승리하며 살아갈 수 있게 인도하여 주옵소서. 간구하는 기도마다 응답되어지고 기도의 확신 가운데 살아가는 은혜가 있게 하여 주옵소서.

교회가 하나 되어 성도님의 신앙생활을 도울 수 있도록 인도하여 주옵소서. 믿음의 성장을 위하여 중보 하며 나가는 일들이 있게 하여 주옵소서. 교회 생활에도 빠르게 적응하게 하시고, 교회의 모든 일들을 감사하게 여기며 순종하는 마음으로 나갈 수 있도록 인도하여 주옵소서.

주위의 모든 여건들이 신앙생활을 감당하기에 합당한 여건들이 되게 하시고, 힘들고 어려울 때마다 더욱더 주를 찾는 성숙한 신앙인으로 자라도록 함께 하여 주옵소서. 주님의 살아계심을 확신하는 일들이 일어나게 하여 주옵소서. 주님께서 택하셨으니 주님 오시는 그날까지 우리의 믿음을 여전히 보일 수 있도록 인도하여 주옵소서.
말씀을 증거 하실 목사님도 성령으로 충만케 채우시고, 믿음의 진일보를 드러내는 복된 말씀이 선포되도록 인도하여 주옵소서. 함께 예배를 도우며, 이 가정을 위해 중보 하길 다짐하는 모든 성도들에게 동일한 은혜와 사랑으로 채워 주옵소서. 우리 구주 예수 그리스도의 이름으로 기도드립니다. 아멘.

병원입원 심방 대표기도문 ①

여호와 라파의 하나님!

날마다 우리에게 살아가는 날을 허락하시고, 인도하여 주시니 감사합니다. 주님의 도우심과 인도하심이 없으면 단 하루고 살아갈 수 없는 연약한 존재임을 고백합니다. 성실하신 하나님께서 이른 아침부터 저녁까지 모든 것들을 운행하시고, 주관하시기에 우리의 삶이 아름다운 줄 믿습니다.

사랑하는 ○○ 성도님이 주의 은혜 가운데 주께 헌신하며 봉사하다가 이렇게 육신이 연약하여 병원에 입원하게 되었습니다. 주의 위로가 함께 하길 원합니다. 이번 기회를 통하여 육신이 건강하다는 것이 얼마나 복이 되는 일인가를 다시 한번 기억하게 하시고 감사하는 은혜가 있게 하여 주옵소서.

상한 부분을 치료하시고 깨끗하게 하셔서 이전보다 더욱더 건강한 육신을 회복할 수 있도록 인도하여 주옵소서. "나는 너를 치료하는 여호와 라파"라 말씀하신 주님, 주께서 치료하는 광선을 발하사 온전케 하여 주옵소서. 육신의 연약함이 강건함으로 바뀌는 시간이 되도록 인도하여 주옵소서. 사랑하는 ○○ 성도님이 참으로 바쁘게 인생을 살아갔습니다.

이제 인생의 멈춤 가운데서 자신의 인생을 다시 한번 돌아보게 하시고, 하나님을 깊이 생각할 수 있는 복된 시간이 되도록 인도하여 주옵소서. ○○ 성도님의 건강 회복을 위해 기도하며, 간호하는 사랑하는 가족에게도 함께 하시어, 가족 간의 사랑이 더욱더 깊어지는 시간이 되게 하시고, 서로가 서로를 격려하며 날마다 세워줄 수 있는 은혜가 충만한 가족이 되길 원합니다.

　우리의 육신이 약해지면 병원을 찾는 것처럼, 우리의 영을 날마다 점검하게 하시고, 연약하여질 때마다 주께 구하므로 강건한 영이 되도록 인도하여 주옵소서. 사랑하는 ○○ 성도님의 빠른 쾌유가 있기를 간절히 원합니다. 더욱더 강건한 모습으로 가정으로 돌아오게 하시고, 주를 섬길 수 있는 은혜를 날마다 베풀어 주옵소서.
　이전보다 더욱 주를 사랑하고, 가정을 사랑하는 계기가 되도록 인도하여 주옵소서. 온 교회 성도들이 온전한 치유를 위해 기도하오니 응답하여 주시고, 건강을 돌아보는 의사 선생님과 의료진에게도 함께 하사 바르게 치료할 수 있도록 인도하여 주옵소서. 몸의 모든 기관들이 빠르게 회복되도록 인도하여 주옵소서.

　목사님께서 말씀으로 위로하실 때에 힘이 되게 하시고, 의지가 되도록 인도하여 주옵소서. 날마다 우리의 삶을 주관하시는 우리 구주 예수 그리스도의 이름으로 기도드립니다. 아멘.

병원입원 심방 대표기도문 ❷

생명의 주관자 도시고, 인도자 되시며,
삶을 은혜로 날마다 도우시는 아버지 하나님!

    주님의 크신 사랑을 진심으로 감사를 드립니다. 사랑하는 성도들과 함께 이곳 병원을 찾아 주께 간구합니다. 우리의 간구를 들어 주옵소서.
    주께서 사랑하는 ㅇㅇ 성도님을 지금까지 인도하시고 도우신 은혜와 사랑을 감사드립니다. 이제 육신의 연약함으로 인해 수술을 기다리고 있습니다. 한없는 은혜를 허락하시어, 수술이 성공적으로 마칠 수 있게 하시고, 그로 인하여 이전보다 더욱 강건한 육신을 회복하도록 인도하여 주옵소서.

    수술을 집도하는 의사 선생님에게도 집중력을 허락하시고, 수술하는 손길을 도우사 의료사고를 막으시고, 성공리에 수술이 잘 마쳐질 수 있도록 인도하여 주옵소서. 수술실에 들어가야 하는 두려움 때문에 많이 불안하고 초조해하는 줄 압니다. 주님, 평안을 허락하여 주시길 원합니다.
    담대함을 허락하여 주옵소서. 무엇보다도 나을 수 있다는 확신을 주시고, 담대함을 허락하여 주옵소서. 주께서 치료하는 광선을 발하사 치료하시고, 깨끗하게 하시므로 살아있는 간증 거리가 되도록 인도하여 주옵소서.

이 일을 통하여 사랑하는 성도님이 주께 더욱더 가까이 나가는 계기가 되길 원합니다. 하나님의 도우심이 절실히 필요하다는 것을 다시 한번 느끼는 시간이 되게 하시고, 이 일을 통하여 교회 모든 성도들이 더욱더 뜨겁게 중보 하며 나아갈 수 있는 은혜가 있게 하여 주옵소서.

주께서 우리를 돕지 않으시고 인도하시지 않으시면, 단 하루도 살아갈 수 없는 존재들임을 고백합니다. 약하디 약하며, 연약한 존재임을 고백합니다. 주님, 날마다 우리의 삶을 인도하여 주옵소서.

ㅇㅇ 성도님의 질병과 수술을 걱정하며 기도하는 사랑하는 가족이 있습니다. 온 가족에게 놀라운 평안으로 함께 하여 주옵소서. 눈에서 눈물을 거두시고, 근심이 사라져 찬송이 되게 하여 주옵소서. 다시는 이 일로 인하여 근심하지 아니하도록 인도하여 주옵소서.

사랑하는 ㅇㅇ 성도가 이제 수술을 마치고 회복할 때에 빠르게 회복되게 하시며, 모든 육신의 기관들이 제 자리를 찾게 하시고, 원활하게 움직일 수 있도록 인도하여 주옵소서. 작은 의료사고라도 일어나지 않도록 역사하여 주옵소서.

이제 회복되어 다시 주의 전에 나와 주께 봉사하는 그 모습을 보길 원합니다. 사랑하는 가족을 섬기는 모습을 보길 원합니다.

주님, 은혜를 허락하여 주옵소서. 예수 그리스도의 이름으로 기도 드립니다. 아멘.

장례예배(임종시) 대표기도문 ①

인생의 주관자가 되시며,
우리의 영원을 인도하시는 하나님 아버지!

사랑하는 ㅇㅇ 성도님의 임종을 맞이하여 주께 간구합니다.
지금껏 주의 은혜로 인도하시어 아름다운 날을 살게 하시고 오늘 주께서 부르시기에, 오라 하시기에 주 앞에 나아갑니다. 사랑하는 가족을 잃어 비통해하며 슬픔에 잠긴 가족을 먼저 위로하여 주옵소서. 눈물을 거두어 주시고, 사랑하는 가족을 잃은 아픔을 딛고 일어설 수 있도록 인도하여 주옵소서. 주님께서 위로자가 되사 어루만져 주시고 동행하여 주옵소서.

사람이 태어나고 죽음을 주께 있음을 고백합니다. 이제 주께서 이 땅 가운데 보내셔서 살게 하시다가 오늘 주의 계획한 바 있으셔서 부르심을 믿습니다. 사랑하는 성도님이 영원히 거할 안식처가 있음을 감사합니다. 믿음을 갖게 하시어 천국을 소유하게 하시니 감사합니다. 이제 육신의 피곤함을 쉬게 하시고 온 몸과 마음과 영이 주 앞에서 편안한 안식을 얻을 수 있도록 인도하여 주옵소서.

우리의 인생은 하루하루가 수고와 탄식의 날들임을 고백합니다. 이 날이 지나 우리의 영원한 날이 이를 것을 기억하도록 인도하여 주옵소서.

사랑하는 성도님의 임종을 바라보면서 언제 가는 주님이 우리도 부르신다는 것을 기억하게 하여 주옵소서. 그 날을 준비하며 살아가는 현명한 자들이 되도록 인도하여 주옵소서.

이제 진행되어야 할 장례의 모든 절차를 주님께 의탁합니다. 은혜롭게 진행되게 하여 주옵소서. 온 교회 모든 성도들이 힘껏 도울 수 있도록 은혜를 베풀어 주옵소서. 슬픔을 당한 가족이 위로함을 받는 시간이 되게 하여 주옵소서. 장례 기간 동안의 날씨도 주께서 주관하여 주시고, 절차 절차마다 안전으로 도와주옵소서.

사랑하는 성도님이 지금껏 지켜온 믿음의 길을 되돌아봅니다.
어떠한 어려움과 시련이 닥쳐와도 주를 버리지 아니하며 주를 향한 사랑이 끊이지 않았음을 봅니다. 교회에 헌신하여 주의 일에 힘쓰고, 사랑하는 가족을 위해 자신을 희생하는 아름다운 삶을 사셨습니다. 이제 우리가 그의 삶을 기념하게 하시고, 그 헌신과 사랑의 봉사를 기억하게 하여 주옵소서.

목사님을 통하여 이 가정을 위로하여 주옵소서. 말씀으로 상한 심령이 치료되게 하여 주옵소서. 장례의 모든 절차를 주께 의탁하오며 우리 구주 예수 그리스도의 이름으로 기도드립니다. 아멘.

장례예배(하관시) 대표기도문 ❷

**사람의 생사화복을
주관하시는 능력의 하나님 아버지!**

　오늘 우리가 사랑하는 성도님의 하관 예배를 드리기 위해 주께 모여 예배합니다. 인생이 흙이기에 흙에서 왔다가 흙으로 돌아가는 시간입니다.
　아픔을 당한 사랑하는 가족을 위로하여 주시고, 슬픔을 같이 나누기 위해 이 자리에 참석한 모든 분들에게 큰 위로가 넘치도록 인도하여 주옵소서.

　태초에 하나님이 흙으로 사람을 지으시고, 코에 생기를 불어넣어 생명체로 다니게 하셨습니다. 우리의 인생이 끝나면 우리는 다시 흙으로 돌아가야 합니다. 이제 주께서 주신 생을 은혜 가운데 마치고 주께로 돌아가는 사랑하는 성도님을 기억합니다.

　그동안 인생을 살면서 주를 위해 헌신하며 봉사하고 직분을 맡아 수고하며, 교회를 세우기에 수고를 아끼지 않았음을 봅니다. 사랑하는 가족을 위해 자신을 희생하고 헌신된 삶을 살았음을 지켜보았습니다. 이제 인생의 수고를 접고 주께서 주신 영원한 안식의 자리에 이르렀으니, 그곳에서 영원한 안식을 누리게 하시고, 평안케 하여 주옵소서.

이제 사랑하는 가족을 주께로 떠나보낸 가족들을 위로하시길 원합니다. 가정의 큰 기둥을 잃고 힘들어하며, 슬퍼하는 가족을 위로하여 주옵소서. 눈에서 눈물을 거두어 주시고, 아픔을 딛고 일어설 수 있는 힘을 주옵소서.

주께서 사랑하는 성도님을 이제 부르셨듯이 우리도 언젠가는 주님의 부르심을 받게 됩니다. 주께서 오라 하시면 세상의 모든 것들을 내어 놓고 주께 나아가야 하는 인생입니다. 우리의 삶의 날을 자랑하지 않게 하여 주옵소서. 우리의 강건함이나 부함이나 명예를 자랑하지 않게 하여 주옵소서. 영원히 거할 안식처가 있음을 기억하며 날마다 주를 경외하는 마음으로 살아가도록 인도하여 주옵소서.

장례기간 동안 이모양 저 모양으로 수고한 많은 손길들을 축복하여 주옵소서. 슬픔을 같이 나누기 위해 수고를 아끼지 아니한 손길들 위에 주의 도우심이 넘치게 하여 주옵소서. 장례의 모든 과정을 지켜주신 하나님께 감사를 드립니다.

이제 고인을 영원히 작별해야 하는 시간입니다. 목사님께서 말씀하실 때에 가족과 성도들에게 큰 위로가 되게 하시고, 장례식에 참석한 모든 분들에게 은혜가 있게 하여 주옵소서. 모든 순서가 은혜 가운데 마쳐지길 원합니다. 우리 구주 예수 그리스도의 이름으로 기도드립니다. 아멘.

 내 영혼아 네가 어찌하여 낙심하며 어찌하여 내 속에서 불안해 하는가 너는 하나님께 소망을 두라 나는 그가 나타나 도우심으로 말미암아 내 하나님을 여전히 찬송하리로다(시 42:11)

말씀에 의지한
대표기도문

> 태초에 하나님이 천지를 창조하시니라 땅이 혼돈하고 공허하며 흑암이 깊음 위에 있고 하나님의 영은 수면 위에 운행하시니라(창 1:1-2)

천지를 창조하시고,
여전히 섭리로 운행하고 계신 하나님!

오늘도 여전히 우리의 삶 가운데 개입하시고, 말씀으로 우리의 삶을 새롭게 창조하시니 감사합니다. 6일 동안의 창조사역을 통하 보시기에 심히 좋았다 말씀하신 하나님, 우리의 삶 또한 주께서 보시기에 심히 좋은 삶이 되길 원합니다.

주께서 지으신 세상을 보시고 보시기에 심히 좋았다 말씀하신 것은 그 모양이나 크기의 아름다움이 아니라 주의 말씀대로 주의 계획대로 되어졌기 때문임을 압니다.

좋으신 하나님, 우리의 삶도 주의 말씀대로 주의 계획대로 운행되어지길 원합니다. 그로 인하여 주께서 심히 기뻐하는 삶을 살도록 인도하여 주옵소서.

태초의 세상은 혼돈과 공허와 흑암이 뒤덮인 무질서의 세계였습니다. 그러나 주께서 말씀으로 천지를 창조하실 때, 혼돈은 질서로 공허는 충만으로, 흑암은 광명으로 바뀐 것을 봅니다.

창조의 하나님!

우리의 삶에도 개입하셔서 혼돈 가운데 살아가고 있는 삶에 질서가 있게 하시고, 모든 것이 비어 있으며, 무엇으로도 만족하지 못하는 공허의 심령 가운데, 성령의 충만으로 함께 하여 주옵소서. 어두움 가운데 다니며 빛의 자녀임을 잃어버린 우리에게 빛으로 오셔서 밝히 보이시고 빛의 자녀로 거듭나도록 인도하여 주옵소서. 하나님이 창조한 세상에 죄가 들어오면서 사망과 고통이 들어왔음을 고백합니다.

우리의 심령 가운데도 죄가 들어오면, 사망과 고통이 들어옴을 고백합니다. 날마다 우리의 심령을 새롭게 하사 죄 가운데 거하지 않게 하시고, 주께서 주시는 새 생명이 날마다 공급될 수 있도록 인도하여 주옵소서.

우리의 삶을 운행하시는 하나님!
주의 신은 여전히 수면 위에 운행하고 계심을 기억하게 하여 주옵소서. 독수리가 자신의 둥지를 지키기 위해 둥지 위를 위엄 있게 날 듯이, 오늘도 성령께서 우리의 삶을 지키시며, 보호하시기 위해 우리와 늘 함께 하고 계심을 고백합니다. 주의 보호하심 가운데 있음을 고백하게 하여 주옵소서.

창조의 한가운데 우리 인간이 있음을 봅니다. 이 세상 모든 만물을 다스리며 관리할 수 있는 은혜를 허락하여 주옵소서. 세상의 그 어떤 것도 우리를 주장할 수 없음을 확신하며, 오직 주께서 주신 힘으로 세상에서 승리하게 하여 주옵소서. 창조의 주 되신 예수 그리스도의 이름으로 기도드립니다. 아멘.

여호와께서 이르시되 나의 영이 영원히 사람과 함께 하지 아니하리니 이는 그들이 육신이 됨이라(창 6:3)
나를 주 앞에서 쫓아내지 마시며 주의 성령을 내게서 거두지 마소서(시 51:11)

거룩하신 성령 하나님!

　　하나님의 뜻대로 살아가야 할 우리가 오히려 세상과 함께하며 세상을 변화시켜야 할 우리가 세상에 휩쓸려 살아가므로 하나님의 거룩한 성품을 잃었음을 고백합니다. 하나님이 사람을 지은 것을 한탄하실 정도로 우리가 죄악으로 치솟았음을 고백합니다.

　　하나님의 뜻을 거스르며 살아가는 우리를 보시며 한없는 눈물로 한탄하시는 주님의 모습을 봅니다. 더 이상 죄로 물든 사람들과 함께 할 수 없어서 스스로 성령을 거두시고 세상을 심판하시는 하나님의 모습을 봅니다. 그러나 노아를 통하여 새롭게 당신의 나라를 이루시길 원하시는 하나님의 희망도 봅니다.

　　하나님, 그러나 우리는 기억합니다.
　　우리를 죄 가운데 그대로 놔두지 않으시고, 당신의 아들 독생자 예수 그리스도를 이 땅에 보내어 십자가에 죽게 하시고, 그의 흘리신 피로 우리를 구속하신 사랑을 기억합니다.
　　우리가 부르는 날마다의 찬송처럼 하늘을 두루마리 삼고 바다를 먹물 삼아도 그 크신 하나님의 사랑을 다 기록할 수 없습니다. 다윗이 하나님 앞에 우리아의 아내 밧세바를 취하며, 우리아를 전쟁터로

보내어 죽이는 살인죄를 저질렀을 때, 하나님은 나단 선지자를 통해 그에게 회개케 하셨고, 다윗은 하나님의 긍휼을 힘입어 주께 나아갔습니다. 그러했기에 다윗은 주의 인자를 좇아 나를 긍휼히 여기시며 주의 많은 자비를 좇아 내 죄를 도말하여 달라고 기도했습니다.

주님, 오늘 우리에게도 긍휼을 베풀어 주옵소서. 주의 많은 자비를 좇아 우리의 죄과를 도말하여 주옵소서. 주께서 구하시는 제사는 상한 심령인 줄 압니다. 상하고 통회하는 마음으로 주께 나아오니 주님 한없는 은혜를 부어 주옵소서. 그로 인하여 구원의 기쁨과 감격이 다시금 우리를 주장하도록 인도하여 주옵소서.

심각한 범죄 가운데서도 여전히 하나님께 나아가야지만 용서함을 받을 수 있다는 것을 기억하게 도와주옵소서. 죄를 지을수록 하나님으로부터 멀어지는 것이 아니라, 주께 나가 죄를 고백함으로 정결함을 얻을 수 있도록 인도하여 주옵소서. 우리의 피난처는 오직 유일하신 하나님뿐임을 고백하게 도와주옵소서.

한없는 자비로 늘 함께 하시는 예수 그리스도의 이름으로 기도드립니다. 아멘.

내가 너로 큰 민족을 이루고 네게 복을 주어 네 이름을 창대하게 하리니 너는 복이 될지라 너를 축복하는 자에게는 내가 복을 내리고 너를 저주하는 자에게는 내가 저주하리니 땅의 모든 족속이 너로 말미암아 복을 얻을 것이라 하신지라(창 12:2-3)

복의 근원이 되시고, 믿음의 시작이 되시는 하나님!

우상 가운데 있던 아브라함을 불러내시어 믿음의 조상을 삼으시고, 그를 복의 근원 만드신 하나님, 오늘 그 하나님을 기억하며 우리 또한 어두움 가운데 불러내시어 빛의 자녀로 부르시고 우리를 통하여 세상을 축복하실 하나님을 기대합니다.

하나님, 우리는 주의 존귀한 자녀입니다. 우리는 큰 민족을 이루게 될 것이며, 우리의 이름은 주로 인하여 세상에서 창대해 질 것이고, 모든 사람들이 우리를 복의 근원이라 부르게 될 것입니다.

감히 어느 누구도 우리를 넘어뜨리거나 쓰러뜨리지 못하는 것은 주께서 우리를 축복하는 자에게 복주시고, 우리를 저주하는 자에게 저주하시기 때문입니다. 우리가 하나님의 사랑으로 날마다 충만한 자녀임을 기억하게 하여 주옵소서.

하나님, 우리도 아브라함처럼 여전히 하나님의 말씀만을 좇아가길 원합니다. 갈 바를 알지 못했지만, 주의 말씀에 순종했던 아브라함처럼, 주의 말씀에 순종하게 하시고, 순종하는 자가 받는 복을 누릴 수 있도록 축복하여 주옵소서. 믿음이 없던 아브라함을 하나님의 열심히 믿음의 조상을 만들었던 것처럼, 오늘 우리의 영 가운데 개입하셔서 우리에게 큰 믿음을 허락하여 주옵소서. 주위에서 일어나는 많은 일들이 우리의 믿음을 자라게 하는 일들이 되게 하시며, 좋은 일을 통하여서도 나쁜일을 통하여서도 여전히 자랄 수 있는 믿음을 가질 수 있도록 축복하여 주옵소서.

아브라함의 가정을 택하셔서 믿음의 가정 삼으신 하나님,
우리의 가정을 택하시길 원합니다. 우리 가정이 믿음의 가정되길 원합니다. 신앙의 대가 끊이지 않게 하시며, 대를 거듭해 갈수록 주를 향한 사랑이 더하여 지도록 인도하여 주옵소서. 할아버지가 자녀들에게 믿음을 가르치게 하시며, 자녀들은 기쁨으로 주를 섬길 수 있는 복된 가정되도록 은혜를 허락하여 주옵소서.

우리를 통하여 세상을 축복하실 하나님을 찬양합니다. 하나님은 모든 일을 당신의 사람들을 통하여하신다는 것을 기억합니다. 우리를 구원하실 뿐 아니라, 동역자로 부르셔서 하나님의 일을 감당케 하시니 감사합니다. 더욱 주께 헌신하는 모습으로 살게 하시고, 하나님의 복을 나누는복된 자들 되게 하여 주옵소서. 우리를 어둠 가운데서 불러내시어 복의 근원 삼으신 예수 그리스도의 이름으로 기도드립니다. 아멘.

> 하나님이 그들의 고통 소리를 들으시고 하나님이 아브라함과 이삭과 야곱에게 세운 그의 언약을 기억하사 하나님이 이스라엘 자손을 돌보셨고 하나님이 그들을 기억하셨더라(출 2:24-25)

이스라엘의
고통가운데 계신 하나님!

430년이나 되는 기나긴 고통의 세월 가운데 말할 수 없는 탄식으로 주께 부르짖는 이스라엘의 기도를 들으시고, 아브라함과 이삭과 야곱에게 세우신 언약을 기억하시어, 이스라엘 가운데 내려 오시고 고통의 세월을 마감케 하신 하나님의 사랑을 진심으로 감사드립니다.

우리가 지금도 여전히 기도할 수 있는 것은 하나님이 우리의 기도를 들으시기 때문입니다. 우리가 여전히 무릎 꿇을 수 있는 것은 하나님께서 우리를 기억하시기 때문입니다. 우리가 여전히 고통 가운데서도 소망을 가질 수 잇는 것은 하나님께서 이 땅 가운데 내려 오시기 때문이며, 우리를 생각하시기 때문입니다.

가난한 자의 아버지 되시는 하나님,
지금도 여전히 수많은 고통 가운데서 하나님의 구원의 손길을 구하며 부르짖는 주의 백성들이 있습니다. 하늘에서 들으시고, 이 땅 가운데 내려오사 고통의 세월을 마감하게 하시며, 주께서 주시는 광명의 빛으로 나아가게 하여 주옵소서. 하나님이 듣지 아니하시면 우리가 그 누구에게 구하겠습니까?

우리를 불쌍히 여기시고 긍휼히 여기시어 우리의 기도를 외면치 마시고, 부족한 입술로 부르짖는 우리에게 큰 은혜로 채워 주옵소서. 하나님은 언약을 기억하시는 분이십니다.

우리를 구원하시기 위하여 독생자를 보내시기로 언약하셨고 누구든지 그 이름을 믿는 자에게는 하나님의 자녀가 되는 권세를 주시기로 약속하셨습니다. 그 언약을 믿고 간구 하오니, 주를 의지하는 우리 모두에게 하늘의 권세를 허락하여 주옵소서.

하나님의 언약은 어제나 오늘이나 변함없이 동일함을 기억합니다. 그러기에 우리가 그 약속을 굳건히 붙잡을 수 있고, 여전히 그 약속을 의지할 수 있습니다. 주의 언약이 변함없는 것처럼 우리의 믿음 또한 변치 않기를 소원합니다.

오늘 우리에게 모세와 같은 지도자를 보내사 바른 길로 인도하시고 광야같이 험한 세상에서 날마다 승리하는 복된 자들 되게 하여 주옵소서. 우리의 응답자 되시는 예수 그리스도의 이름으로 기도드립니다. 아멘

님이 모세에게 이르시되 나는 스스로 있는 자이니라 또 이르시되 너는 이스라엘 자손에게 이같이 이르기를 스스로 있는 자가 나를 너희에게 보내셨다 하라(출 3:14)

이 세상의
근원이 되시는 하나님!

　스스로 이 세상에 계셔서 모든 만들을 창조하시고, 여호와란 이름으로 우리에게 오신 주님을 찬양합니다. 감히 이스라엘 앞에 서기를 두려워하여, 가기를 망설이는 모세에게 지존자로 나타나시어 많은 기적들을 보이시고, 그에게 여호와의 이름을 더하시며, 바로에게로 보내시므로, 바로가 모세를 대할 때에 신과 같이 여기게 하시는 능력의 하나님임을 믿습니다.

　존재 자체이신 하나님!
　오늘 우리에게도 자존자로 임재하여 주옵소서. 스스로 계신 분이시기에, 스스로 창조하실 수 있으시고, 스스로 운행하실 수 있으신 분임을 믿습니다. 우리의 삶의 창조하여 주시고, 스스로 계신 주 하나님을 의지할 수 있는 믿음을 주옵소서.

　이스라엘 백성을 큰 기적으로 이끌어 내시어 약속의 땅 가나안으로 들여 보내시고, 주의 백성 삼으시고, 이제 주의 자녀답게 살도록 허락하신 하나님, 그러나 이스라엘은 하나님의 자녀라는 정체성을 잃어 버리고 가나안에 있는 온갖 우상들을 섬기다 죄악에 빠졌던 것을 봅니다.

혹 우리가 그런 모습으로 살아가고 있지는 않은지 돌아보게 하여 주옵소서. 세상 가운데서 지존자이신 하나님을 기억하여 온 세상 가운데서 승리해야 할 우리가 여전히 세상에 휩쓸리고 세상을 변화시켜야 할 우리가 세상에 이끌리고 있지는 않은지 우리의 삶을 주께 내어 놓게 하여 주옵소서.

주님의 크신 이름인 여호와를 마음속 깊이 새기길 원합니다. 여호와 능력의 하나님으로 우리에게 다가와 주옵소서. 온갖 우상들을 제하시고, 스스로 모든 이름위에 뛰어난 이름으로, 모든 신위에 뛰어나 신으로 오신 하나님을 날마다 찬양하게 하여 주옵소서.
하나님의 자녀임을 기억하게 하시고, 하나님의 자녀임을 자랑할 수 있도록 인도하여 주옵소서.

모세에게 아론의 입술을 허락하신 하나님!
오늘 우리에게 성령의 입술을 더하시어, 모든 이에게 예수 그리스도의 크고 존귀한 이름을 증거하게 하여 주옵소서. 세상에 나가 담대히 복음을 증거할 수 있도록 인도하여 주옵소서. 스스로 계시며 홀로 하나이신 예수 그리스도의 이름으로 기도드립니다. 아멘.

나는 여호와 너희의 하나님이라 내가 거룩하니 너희도 몸을 구별하여 거룩하게 하고 땅에 기는 길짐승으로 말미암아 스스로 더럽히지 말라(레 11:45)

거룩하다, 거룩하다, 거룩하다,
만군의 여호와 그 영광이 온 땅에 충만하시도다.

　이스라엘 백성을 불러내시고, 그들을 주의 자녀 삼으신 하나님! 이제 이스라엘은 주의 자녀 되었기에 아버지이신 하나님을 닮아 가야 합니다. 하나님이 거룩하시기에 오늘 이스라엘도 거룩해야 할 줄 믿습니다. 그러나 우리 스스로 거룩할 수 없음을 고백합니다. 주께서 거룩하다 인정하지 않으시며 그 어떤 노력으로도 우리는 거룩할 수 없습니다. 주님의 능력으로 거룩하길 원합니다.

　태초에 하나님이 지으신 세상은 거룩했습니다. 죄가 그 가운데 들어오므로 거룩이 무너지고, 부패와 부정과 타락이 들어왔습니다. 하나님, 일평생을 살아가면서 주를 닮길 원합니다. 잃어버린 거룩을 회복하길 원합니다.

　하나님은 제사장에게 "여호와께 성결"이라는 글을 항상 머리에 두를 것을 명하셨습니다. 이처럼 주님은 백성들이 거룩하길 원하는 줄 압니다. 이스라엘의 제사장뿐이겠습니까?
　오늘을 살아가는 우리도 여호와께 성결할 수 있도록 인도하여 주옵소서. 썩어져 가는 이 세상에 '성결'의 복음을 증거 할 수 있도록 인도하여 주옵소서.

주님, 거룩이 힘임을 고백합니다. 거룩은 우리를 주께 가까이 가게 하며, 주를 만날 수 있는 유일한 힘인 줄 압니다. 날마다 거룩을 지키기 위해 사단과 싸워 이기게 하시고, 피흘리기까지 우리의 거룩을 지킬 수 있도록 인도하여 주옵소서. 하나님 앞에 설 때에 우리의 거룩을 심판받게 될 것입니다.

세상이 날이 갈수록 거룩을 지키기 힘든 세상으로 바뀌어 가고 있습니다. 거룩을 지키는 자들이 오히려 멸시당하며, 부정하고 부패한 자들이 득세하는 세상이 되었습니다. 그런 세상이기에 주님은 우리에게 더욱 거룩을 원하고 계신 줄 믿습니다. 주 오시는 그날까지 우리의 거룩을 잃지 않도록 인도하여 주옵소서. 주께서 오셔서 신부를 맞을 때에 거룩하고 흠이 없는 신부로 주께 나아가도록 인도하여 주옵소서.

우리의 잃어버린 거룩을 회복할 수 있는 방법으로 제사를 만드신 하나님, 우리가 세상의 죄로 인하여 거룩을 잃었을때에 하나님 앞에 나아가 거룩한 제사로 우리의 거룩을 회복하게 하여 주옵소서. 적극적인 거룩으로 오히려 세상을 거룩케 만드는 주의 군사되길 원합니다. 주님, 우리를 주의 도구로 사용하여 주옵소서. 우리구주 예수 그리스도의 이름으로 기도드립니다. 아멘

이스라엘아 들으라 우리 하나님 여호와는 오직 유일한 여호와이시니 너는 마음을 다하고 뜻을 다하고 힘을 다하여 네 하나님 여호와를 사랑하라(신 6:4-5)

거룩하신 하나님!

　우리에게 거룩한 소망이 있다면 온 마음을 다하고 성품을 다하고 힘을 다하여 주 하나님을 사랑하는 그것입니다. 우리가 마음을 다하고 성품을 다하고 힘을 다하지 아니하면 주를 올바로 사랑할 수 없기에 주께서 우리에게 그 모든 것을 요구하시는 줄 믿습니다.
　주를 온전히 사랑하는 것은 곧 하나님의 말씀을 마음에 새기고 우리의 자녀들에게 부지런히 그 말씀을 가르치며, 집에 앉았을 때에든지 길에 행할 때에든지 누웠을 때에든지, 일어날 때에든지 항상 주의 말씀을 강론하는 것인 줄 압니다.

　하나님, 우리에게 말씀하여 주시고, 말씀하신 그 말씀을 마음에 새기도록 인도하여 주옵소서. 그로 인해 어디로 가든지 말씀과 함께 하게 하시고, 우리뿐만 아니라 사랑하는 자녀들에게도 하나님의 살아계심과 주의 율법을 가르치게 하여 주옵소서.
　사단은 오늘도 우리가 주를 온 맘으로 섬기지 못하도록 세상의 것들로 우리의 마음을 분열시킵니다. 그럴 때일수록 우리의 마음에 파수꾼을 세우게 하시고, 더욱더 주께 열심을 다할 수 있는 은혜를 허락하여 주옵소서. 주의 율례와 법도를 떠난 이스라엘은 결국 멸망으로 무너지고만 것을 봅니다.

이 땅 가운데 주의 자녀로 온전히 살아갈 수 있는 길은 오직, 주의 율례를 지키는 것임을 명심하게 하여 주옵소서. 세상에 어떤 유혹과 타협이 와도 주를 향한 믿음과 소망을 버리지 않도록 인도하여 주옵소서.

주님은 우리에게 주의 율법을 지키면 "네가 건축하지 아니한 크고 아름다운 성읍을 얻게 하시며, 네가 채우지 아니한 아름다운 물건이 가득한 집을 얻게 하시며, 네가 파지 아니한 우물을 얻게 하시며, 네가 심지 아니한 포도원과 감람나무를 얻게 하사 너로 배불리 먹게 하실 것이라" 말씀하셨습니다. 좋으신 하나님, 우리가 주의 율례를 지켜 행하므로 주께서 베푸시는 이 큰 은혜를 경험하게 하여 주옵소서.

우리가 살아가면서 기억해야 할 것은, 여전히 우리의 마음 한 가운데 새겨 두어야 할 말씀은 우리를 종 되었던 집에서 인도하여 내신 여호와라는 사실입니다. 질투하기까지 우리를 사랑하시어, 그 사랑으로 여전히 우리를 당신의 자녀 삼으신 하나님께, 온 맘과 정성과 뜻과 힘을 다하여 하나님을 섬기게 하여 주옵소서. 우리의 힘이 다하는 날까지 주를 섬기길 원합니다. 주님, 도와주옵소서. 우리의 온 맘을 다하여 섬길 우리 구주 예수 그리스도의 이름으로 기도 드립니다. 아멘.

> 이 율법책을 네 입에서 떠나지 말게 하며 주야로 그것을 묵상하여 그 안에 기록된 대로 다 지켜 행하라 그리하면 네 길이 평탄하게 될 것이며 네가 형통하리라 내가 네게 명령한 것이 아니냐 강하고 담대하라 두려워하지 말며 놀라지 말라 네가 어디로 가든지 네 하나님 여호와가 너와 함께 하느니라 하시니라(수 1:8-9)

포로된 자에게 자유를 주시며, 가나안으로 인도하시는 하나님!

모세의 뒤를 이어 이스라엘 백성의 지도자가 된 여호수아에게 가장 큰 걱정은 과연 모세와 같은 지도력을 발휘할 수 있을까?
모세와 같이 능력을 행할 수 있을까?
이스라엘 백성들이 나에게 순종하고 따를 것인가? 하는 문제 였습니다. 이 많은 문제 가운데서 고민하며 힘들어하는 여호수아에게 하나님은 나타나셔서 말씀하셨습니다. 강하고 담대하라고.

하나님, 우리가 이 땅 가운데서 무엇으로 강하며, 무엇으로 담대할 수 있겠습니까? 그것은 오직 주의 말씀뿐임을 고백합니다. 주께서 말씀하신 것처럼, 우리가 주야로 주의 말씀을 묵상하게 하시고 입에서 그 말씀을 떠나지 않게 하며, 그 가운데 기록한 대로 다 지켜 행할 수 있는 은혜를 허락하여 주옵소서.

진리와 표준이 없는 세대 속에서, 말씀이 기준이 되게 하시고, 우리의 삶이 좌로나 우로나 치우치지 아니하도록 인도하여 주옵소서. 우리의 푯대 되는 예수 그리스도를 바라보며 인생의 항로를 운행해 나가도록 인도하여 주옵소서. 모세의 시종으로 출발했던 여호수아가 여호와의 종까지 되었던 것을 봅니다.

우리를 인도하셔서 사람의 종으로 출발하지만, 여호와의 종으로 인정받을 수 있는 은혜를 허락하여 주옵소서. 여호수아에게 강하고 담대함을 허락하시지 않으셨습니까?

오늘 우리에게도 강하고 담대함을 허락하여 주옵소서. 사람을 두려워하는 것이 아니라, 오직 여호와만을 두려워하며, 신뢰할 수 있도록 인도하여 주옵소서.

우리가 어디로 가든지 늘 우리와 함께 하시겠다고 약속하신 언약의 하나님, 늘 우리와 동행하여 주옵소서. 주와 동행하는 기쁨을 맛보게 하시고, 한걸음 한걸음 주 예수와 함께 날마다, 날마다 걷게 하여 주옵소서.

예수와 함께 동행하므로 우리의 삶이 형통으로 일관되도록 인도하여 주옵소서. 말씀이 우리의 삶을 지배하길 소원합니다. 말씀을 통하여 하나님의 뜻을 찾는 우리 모두가 되게 하여 주옵소서.

우리를 강하고 담대하게 하시는 예수 그리스도의 이름으로 기도드립니다. 아멘.

> 만일 여호와를 섬기는 것이 너희에게 좋지 않게 보이거든 너희 조상들이 강 저쪽에서 섬기던 신들이든지 또는 너희가 거주하는 땅에 있는 아모리 족속의 신들이든지 너희가 섬길 자를 오늘 택하라 오직 나와 내 집은 여호와를 섬기겠노라 하니(수 24:15)

모든 신 위에 뛰어난 하나님!

이 세상을 살아갈 때에 오직 주만 섬기기로 다짐합니다. 세상의 헛된 신을 버리고 유일하신 하나님만을 사랑하길 소원합니다. 우리의 믿음이 성실과 진정이 되게 하여 주옵소서. 온전히 주만 섬길 수 있도록 은혜를 베풀어 주옵소서. 자신의 마지막 유언을 하는 여호수아는 이스라엘 백성들에게 온전한 신앙을 가질 것을 권면합니다.

자신의 가족은 여호와만 섬기기로 다짐했음을 천명하며 이스라엘에게 바른 믿음을 선택할 것을 요구합니다. 그렇습니다. 하나님 믿음은 선택인줄 압니다. 우리가 세상을 택 할 것인지, 하나님을 택할 것인지, 세상의 풍요와 안위를 택할 것인지, 주를 위한 희생과 헌신을 택할 것인지, 모든 것이 선택인 줄 압니다.

이 많은 선택의 순간들 가운데 오직 주의 말씀이 우리의 선택의 기준이 되게 하여 주옵소서. 그 선택을 통하여 성실과 진정으로 주를 섬길 수 있기를 원합니다. 바른 길을 선택하게 하여 주옵소서. 주께 영광 돌리는 것이 무엇인지 판단하게 하시고, 의를 위하여 핍박받음을 감사하게 하여 주옵소서. "우상은 사람의 손으로 만든 것이라 입이 있어도 말하지 못하며 귀가 있어도 듣지 못하며 입이 있으나 호흡도 할수 없는 것들이며 그것을 만든자나 의지하는 자가 다 이것과 같은 것이라" 말씀하신 하나님, 우리 마음 가운데 있는 우상들을 제하여 버리고 우리의 마음을 이스라엘의 하나님 여호와께로 향하게 하여 주옵소서. 거룩하시며 질투하시는 하나님 앞에 우리의 믿음을 여전히 보일 수 있도록 인도하여 주옵소서.

생명의 주관자 되신 하나님!
우리의 마지막도 여호수아와 같기를 소망합니다. 우리가 인생을 마치는 그날, 나와 나의 가족이 여호와만 섬기게 하시고 마지막 유언으로 믿음을 남길 수 있도록 인도하여 주옵소서.
그로 인하여 세상에서 가장 큰 유업인 믿음을 사랑하는 자녀들에게 물려줄 수 있도록 허락하여 주옵소서. 자손만대에 이르기까지 주를 향한 믿음을 소유하는 믿음의 증거가 되는 가정되게 하여 주옵소서. 예수님의 이름으로 기도드립니다. 아멘.

나는 너희를 위하여 기도하기를 쉬는 죄를 여호와 앞에 결단코 범하지 아니하고 선하고 의로운 길을 너희에게 가르칠 것인즉(삼상 12:23)

기도를 들으시고,
그 기도에 응답하시는 하나님!

우리가 이 땅을 위해 주께 기도하길 원합니다. 은혜의 성령께서 오셔서 이 땅을 회복시키시고, 성령의 불로 태우사 주의 거룩을 회복시켜 주옵소서. 황무한 이 땅을 하늘의 하나님 돌아보시고, 외면치 마시며 임재하여 주옵소서. 주의 한없는 자비와 긍휼을 의지하여 주께 나아오니 부흥의 은혜를 주옵소서.

사무엘의 고백을 기억합니다.
주님, 우리 또한 모든 사람들을 위하여 기도하기를 쉬는 죄를 범치 않도록 인도하여 주옵소서. 이스라엘의 사사된 사무엘은 이스라엘을 품에 품고 날마다 주께 나아가 마치 자신의 죄인 것처럼 주께 구했습니다.

응답하시는 주님!
사무엘의 그 심정을 우리에게 주옵소서. 날마다 온 백성들을 가슴에 품고 주께 구할 수 있도록 인도하여 주옵소서. 우리의 기도가 너무 이기적인 기도였음을 고백합니다. 우리의 평안과 안위와 구원만을 구하고 주의 나라와 의를 구하지 않았음을 고백합니다. 나라와 민족을 위해 이 땅에서 힘들어하는 고아와 과부들을 위해 구하지 않았음을 고백합니다. 이제 우리의 완악한 마음을 깨뜨려 주사 나라와 민족을 위해 구하게 하시고, 버림받고 소외당한 많은 사람들을 위해 구할 수 있도록 인도하여 주옵소서.

  이 땅이 여호와의 이름을 두시기에 합당한 땅이 되길 원합니다. 주께서 우리를 주의 백성 삼으신 것을 기뻐하는 땅이 되길 원합니다. 사단의 세력을 결박하시고, 성령의 의로 함께 하사 정의가 하수같이 공의가 물같이 흐르도록 인도하여 주옵소서.

  이스라엘에는 바른 지도자 사무엘이 있었습니다. 우리나라에도 바른 지도자를 허락하여 주옵소서. 여호와 하나님을 무엇보다도 경외하게 하시고, 말뿐 아닌 진심으로 온 국민을 사랑할 수 있는, 자신을 희생하여 나라를 세울 수 있는 지도자를 주옵소서.

  가난과 고통가운데 있는 북한 땅을 위해 기도합니다. 우리가 그 땅을 위해 기도하는 것을 쉬지 않도록 인도하여 주셔서 남과 북이 하나 되어 주를 찬양하는 그 날이 하루 빨리 이루어질수 있기를 간절히 원합니다.

  쉬지 말고 기도하는 은혜가 우리 가운데 있기를 원합니다. 기도의 응답자 되시는 예수 그리스도의 이름으로 기도드립니다. 아멘.

> 여호와께서 여로보암의 죄로 말미암아 이스라엘을 버리시리니 이는 그도 범죄하고 이스라엘로 범죄하게 하였음이니라 하니라 (왕상 14:16)

우리의 죄악을
용서해 주시는 하나님!

하나님의 백성이 주께 돌아오길 원하시며 날마다 회개의 기회를 베푸시는 주님, 그 한없는 은혜와 사랑을 감사합니다. 북이스라엘의 첫 번째 왕이었던 여로보암이 처음에는 하나님의 뜻대로 왕의 임무를 시작했지만, 점점 하나님으로부터 멀어졌고, 결국에는 이스라엘 전체를 범죄케 하였습니다.

이런 여로보암에게도 하나님은 징계하시는 것이 아니라, 네 번씩이나 되는 회개의 기회를 주셨습니다. 벧엘에 쌓아 놓은 단이 갈라지는 사건을 통하여, 여로보암의 손이 마르게 하는 사건을 통하여 하나님의 젊은 선지자가 주의 말씀대로 행하지 않으므로 죽는 사건을 통하여, 그리고 여로보암의 아들을 취하는 일을 통하여도 계속적으로 회개의 사인을 여로보암에게 보냈습니다.

그러나 여러보암은 여전히 회개하지 아니하였고 그 죄로 인하여 멸망의 길을 걷게 되었던 것을 봅니다. 여로보암의 마음이 하나님으로부터 점점 멀어질 때에 아픈 심정을 가지시고 그가 돌아오길 기다리시는 하나님의 모습을 봅니다. 주님, 주님은 여전히 우리에게 회개의 기회를 베풀고 계십니다.

죄악 된 삶 가운데 묻어 지내는 우리를 바로 징계하는 것이 아니라, 우리에게 한없는 회개의 기회를 베풀어 주시는 분이십니다. 하나님, 우리가 우리가 그 회개의 기회를 잃지 않도록 인도하여 주옵소서. 죄악 가운데 있더라도 회개의 기회를 만나게 하시고, 그를 통하여 주께로 회복될 수 있는 은혜를 허락하여 주옵소서.

여로보암은 이스라엘의 왕의 직분을 가지고 있었기에 하나님께서는 그의 직분 때문에 여로보암의 죄가 곧 이스라엘의 죄라 명하셨습니다. 여로보암이 가지고 있던 대표성 때문입니다.

하나님, 우리는 저마다의 대표성을 가지고 있습니다. 가정에서 가장으로, 직장에서는 직장을 대표하는 자로, 교회에서는 교회와 각 기관을 대표하는 자로 세웠습니다. 그러기에 우리의 죄는 우리의 죄로 끝나는 것이 아니라, 내가 대표하고 있는 죄로 인정됩니다.

회개의 하나님!
우리가 이것을 잊지 않도록 인도하여 주옵소서. 우리의 죄는 우리의 죄로 끝나는 것이 아님을 기억하게 하셔서. 날마다 죄와 싸워 이길 수 있도록 인도하여 주옵소서. 그러기에 죄를 멀리해야겠습니다. 그러기에 죄에서 승리해야 하겠습니다. 우리를 이기게 하여 주옵소서. 죄를 사하시고 도말하시는 예수 그리스도의 이름으로 기도드립니다. 아멘.

> 복 있는 사람은 악인들의 꾀를 따르지 아니하며 죄인들의 길에 서지 아니하며 오만한 자들의 자리에 앉지 아니하고 오직 여호와의 율법을 즐거워하여 그의 율법을 주야로 묵상하는도다(시 1:1-2)

복 있는 자를
만나시길 원하시는 하나님!

우리가 복된 자 되길 원합니다. 하나님이 보시기에 복된 심령되어지길 원합니다. 악의 꾀에도, 죄인의 길에도 서지 않고, 오만한 자와 함께 하지 않겠습니다. 오직 여호와의 말씀만을 주야로 묵상하여 삶의 기준을 삼겠습니다. 여호와의 말씀이 우리의 삶을 풍성케 하는 그 기쁨을 만끽하겠습니다.

의인을 복주시되 시냇가의 심은 나무가 시절을 좇아 과실을 맺는 형통의 은혜를 베푸시며, 악인은 큰 바람으로 그의 지경을 흩으시고, 의인은 주께서 인정하시는 통로로 행하게 하시는 것을 믿습니다. 우리의 삶이 의롭게 하시고, 그 의로운 삶으로 인하여 형통의 은혜를 체험케 하여 주옵소서.

우리가 의인으로 서있는 그 자체가 복임을 기억하게 하여 주옵소서. 하루라도 하나님을 부인하지 않게 하시고, 입으로 고백되는 말들마다 감사의 열매를 맺게 하여 주옵소서.

걸음걸음을 주님 친히 지키사 악으로 달려가지 않게 하시고, 주의 전을 향하여 달려 나올 수 있는 은혜를 주옵소서. 우리의 영혼을 강하게 붙드사 주를 보게 하시고, 말씀으로 채워지는 역사가 있게 하여 주옵소서. 악인이 잘되고 있음을 바라보며 실족하지 않게 하시고, 최후의 결과를 믿는자 되도록 인도하여 주옵소서. 오직 주만 신뢰하며 따르게 하시길 원합니다.

주께 구하는 자가 복이 있음을 고백합니다.
주를 찾는 자가 복이 있음을 고백합니다.
주 뜻대로 행하는 자가 복이 있음을 고백합니다.
악인과 함께 하지 않는 자가 복이 있음을 고백합니다.
주의 말씀이 온 심령을 주장하는 자가 복이 있음을 고백합니다.
주의 성실과 진리를 믿는 자가 복이 있음을 고백합니다.
강하고 담대함으로 주를 섬기는 자가 복이 있음을 고백합니다.
시와 찬미와 신령한 노래로 주께 나가는 자가 복이 있음을 고백합니다.
온 맘과 생명 다해 주 사랑하는 자가 복이 있음을 고백합니다.
주의 이름이 선포되는 것을 기뻐하는 자가 복이 있음을 고백합니다.
복된 심령을 사모하게 하여 주옵소서.
예수 그리스도의 이름으로 기도드립니다. 아멘

> 여호와는 나의 목자시니 내게 부족함이 없으리로다 그가 나를 푸른 풀밭에 누이시며 쉴 만한 물 가로 인도하시는도다(시 23:1-2)

우리의 목자 되시는
주님을 찬양합니다.

어느 곳에 거해야 하고, 어디서 안식을 취하여야 할지 모르는 우리를 당신의 우리 안으로 부르시고, 친히 다스려 주시니 감사합니다. 여호와가 우리의 목자 되시므로 우리는 안전하게 거할 수 있고 푸른 초장에서 좋은 꼴을, 쉴만한 물가에서 맑은 물을 먹을 수 있음을 고백합니다.

주의 지팡이는 우리를 깊은 수렁에서 건져내시고 주의 막대기는 사나운 원수 앞에서 우리를 보호합니다. 주께서 우리의 머리에 기름을 바르심으로 우리의 삶은 풍요로워지고, 주의 선하심과 인자하심이 늘 우리와 함께 하기에 우리는 날마다 즐거워할 수 있습니다.

우리가 목자이신 주님을 찾기 전에 먼저 우리를 찾으시고, 기뻐 어깨에 둘러매시며 우리로 즐거워하시는 그 주님을 우리 또한 기뻐합니다. 우리가 안전할 수 있는 것은 주님이 우리의 목자이시기 때문입니다.

선한 목자 되신 주께서 우리의 음성 하나하나를 기억하시고, 분별하시며, 친히 이름을 부르시고 양의 문으로 들어오라 하십니다. 이제 우리가 그 문으로 들어가 참된 안식을 얻길 원합니다.

주께서 배불리 먹이실 은혜의 식탁을 기다립니다. 다윗이 그 많은 위험과 죽음의 고갯길에서도 여전히 즐거워 할 수 있었던 것은 주를 향한 확실한 신뢰와 주를 의지하는 믿음이었습니다. 우리에게도 동일한 은혜를 허락하옵소서.

어떤 상황과 환경 가운데서도 주로 인하여 즐거워하게 하시고 깊은 수렁에서나, 사망의 음침한 골짜기에서도 안전할 수 있도록 인도하여 주옵소서.

목자는 양을 지키기 위해 온 밤을 가득 지세우는 것처럼 성령님은 오늘도 변함없이 우리를 지키기 위해 운행하고 계심을 믿습니다. 주님의 이름은 강한 성루이기에 우리가 그곳에 달려가 안전을 얻습니다. 이제 그 평안한 곳에서 영원히 주를 찬양하게 하여 주옵소서.

주의 은혜에 날마다 감격하게 하시고, 베푸시는 선하심과 인자하심을 언제나 따르게 하여 주옵소서. 연약한 양이기에 주를 의지할 수밖에 없음을 고백합니다. 주의 도우심이 없으면 한 날도 살아갈 수 없는 우리입니다.

상한 갈대를 꺾지 마시고, 꺼져가는 심지를 끄지 말아 주옵소서. 늘 주만 찬양하길 기대합니다. 우리의 선한 목자 되신 예수 그리스도의 이름으로 기도드립니다. 아멘

여호와께서 너를 지켜 모든 환난을 면하게 하시며 또 네 영혼을 지키시리로다 여호와께서 너의 출입을 지금부터 영원까지 지키시리로다(시 121:7-8)

이스라엘의 파수꾼이 되시어, 늘 그들의 삶을 지키시는 하나님!

우리의 입을 모아 성전으로 올라가며 이 시편의 찬송을 드립니다. 예루살렘을 둘러싸고 있는 높은 산이 이스라엘을 적으로부터 보호하는 것이 아니라, 오직 여호와만이 이스라엘을 보호하실 수 있습니다. 그는 우리를 실족지 않게 하시는 분이시며, 우리를 위하여 스스로 잠을 청하지도 않으시는 분이십니다.

우리가 낮이나 밤에도 안전하게 거하는 이유는 낮의 해가 우리를 상치 못하도록, 밤의 달이 우리를 해치 못하도록 주께서 지키시기 때문입니다. 우리가 그 주님을 향하여 우리의 눈을 들게 하여 주옵소서. 산을 바라보지 않게 하시고, 우리를 도우시는 주께로 우리의 눈을 들 수 있게 하여 주옵소서.

이스라엘이 어느 곳에서 도움을 찾겠습니까?
오직 여호와께만 있습니다. 우리에게도 마찬가지입니다. 우리가 눈을 들어 세상의 산들을 바라보지 않게 하시고, 여호와만 구할 수 있도록 인도하여 주옵소서.
주님, 고백합니다. 우리는 때로 세상의 권력에 의지하려 하고, 부만 바라며 즐거워하려 합니다.

다른 사람을 넘어뜨려서라도 우리가 일어서려 합니다. 버려야 할 악의 모습들이 여전히 우리 가운데 남아 있음을 고백합니다. 이런 세상의 없어질 것들로 우리의 안전을 찾지 않게 하여 주옵소서. 언제 변함이 없을 하나님의 안전으로 우리가 안전할 수 있도록 인도하여 주옵소서.

파수꾼의 하나님!
우리가 오직 주께만 구할 수밖에 없는 상황을 만들어 주옵소서. 그로 인하여 오직 주만이 우리의 도움이시라는 것을 깨닫게 하여 주옵소서. 주께 구하는 도움만이 진정한 요청임을 고백하게 하여 주옵소서.

많이 힘들어하는 형제자매들이 있습니다. 주님 그들에게 도움이 되어 주옵소서. 하나님의 보호하심이 그들과 늘 함께 하여 주옵소서. 여호와의 성전을 찾을 때에 주의 도우심을 감사하며 주의 전에 나오게 하여 주옵소서.

살아있는 간증으로 하나님의 전을 채우게 하여 주옵소서.
주님, 도와주옵소서. 우리에게 주의 도움이 필요합니다. 예수님의 이름으로 기도드립니다. 아멘